Mathematics Education Theory and Practice

数学教育的理论与实践

SHUXUE JIAOYU DE
LILUN YU SHIJIAN

姜宏彬 任蕾 著

广东旅游出版社
GUANGDONG TRAVEL & TOURISM PRESS
悦读书·悦旅行·悦享人生

中国·广州

图书在版编目（CIP）数据

数学教育的理论与实践/姜宏彬,任蕾著.—广州：广东旅游出版社,2018.8
ISBN 978-7-5570-1425-4

Ⅰ.①数… Ⅱ.①姜… ②任… Ⅲ.①数学课—教学研究—中小学 Ⅳ.① G633.602

中国版本图书馆 CIP 数据核字 (2018) 第 161679 号

数学教育的理论与实践
SHUXUE JIAOYU DE LILUN YU SHIJIAN

广东旅游出版社出版发行
（广州市越秀区环市东路 338 号银政大厦西座 12 层 邮编：510180）
廊坊市国彩印刷有限公司印刷
（廊坊市广阳区曙光道12号）
广东旅游出版社图书网
www.tourpress.cn
联系电话：020-87347732
710毫米 ×1000毫米　16 开　13 印张　252 千字
2019 年 1 月第 1 版 第 1 次印刷
定价：52.00 元

[版权所有　侵权必究]

本书如有错页倒装等质量问题，请直接与印刷厂联系换书。

前　言

　　数学作为一门实际应用的基础学科，要求学生具备严谨的逻辑思维。《义务教育数学课程标准（2015年版）》指出：义务教育阶段的数学课程是培养公民素质的基础课程，具有基础性、普及性和发展性，使数学教育面向全体学生，实现人人都能获得良好的数学教育，不同的人在数学上得到的发展也不相同。由此可见，数学教育的对象是全体学生，必须使数学教学方法和模式为所有的学生所接受，而要做到这一点，就必须加强数学教育的理论和实践研究，创新数学教学模式，推动数学教育的创新性发展。

　　中小学阶段尤其是中学阶段的数学是一门综合性比较强的学科，而且在中学这个学习阶段，数学的学习是极为重要的。这个时间段内的数学学习是打基础的阶段，对于学生兴趣的引导、后续更高层次的学习都起着非常重要的作用。相反，这个时期的学习如果出现偏差，就会给后续的数学学习带来很多的阻碍。与此同时，社会信息多元化对创新人才的需求和培养，相应地给中小学数学教育创新提出了更高的要求。因此，在中小学数学教学的过程中就要加强对于数学教育模式和方法的创新性研究，通过不断地改进教学方式与方法，进而更好地提升学生们的学习积极性，推动中小学数学教育的跨越式发展。

　　本书由烟台高级师范学校姜宏彬、安徽省濉溪县实验小学任蕾两位老师撰写，内容大致介绍了数学教育的主要模式以及这些数学教学模式的实施策略。详细来说，本书首先介绍了中小学数学教学的现状、中小学数学的衔接问题以及特征和发展趋势，然后介绍了现阶段比较常用的数学教学模式，如学案导学、合作、概念、探究、分层、翻转课堂、互动、情境、多媒体以及生活化教学等。最后，本书对中小学数学教学的创新性发展、中小学生数学创新思维的培养做了分析。由于笔者时间与精力有限，书中难免存在不足之处，敬请各位读者与同行批评指正。

作者简介

　　姜宏彬，就职于烟台高级师范学校，从事中小学数学教学以及教学管理。

　　任蕾，就职于安徽省濉溪县实验小学，从事小学数学教育教学研究。

目 录

第一章 概述 ……………………………………………………………… 1

 第一节 中小学数学教育的现状及存在的问题 ……………………… 1

 第二节 中小学数学教学的主要观念 ………………………………… 4

 第三节 中小学数学教学的衔接 ……………………………………… 5

 第四节 中小学数学教育的特征 ……………………………………… 9

 第五节 中小学数学教育的发展趋势 ………………………………… 10

第二章 中小学数学学案导学教学模式 ……………………………… 13

 第一节 学案导学教学模式概述 ……………………………………… 13

 第二节 数学学案导学教学的现状 …………………………………… 18

 第三节 学案导学教学模式的实施原则 ……………………………… 20

 第四节 数学学案导学教学模式的实施策略 ………………………… 23

第三章 中小学数学合作教学模式 …………………………………… 29

 第一节 合作教学模式概述 …………………………………………… 29

 第二节 数学合作教学的主要形式 …………………………………… 33

 第三节 数学合作教学需注意的问题 ………………………………… 34

 第四节 数学合作教学的路径 ………………………………………… 37

第四章 中小学数学概念教学模式 …………………………………… 41

 第一节 概念教学的内涵及要素 ……………………………………… 41

 第二节 数学概念的生成方式 ………………………………………… 45

第三节　数学概念教学的现状及存在的问题 …………………… 48

第四节　数学概念教学需注意的问题及实施策略 ………………… 51

第五章　中小学数学探究教学模式 …………………………………… 59

第一节　探究教学模式概述 ………………………………………… 59

第二节　数学探究教学模式的程序 ………………………………… 65

第三节　数学探究教学模式的构建与优化 ………………………… 69

第四节　数学探究式教学的实施策略 ……………………………… 73

第六章　中小学数学分层教学模式 …………………………………… 81

第一节　分层教学模式概述 ………………………………………… 81

第二节　数学分层教学需注意的问题 ……………………………… 86

第三节　数学分层教学的原则 ……………………………………… 88

第四节　数学分层教学的策略 ……………………………………… 92

第七章　中小学数学翻转课堂教学模式 ……………………………… 97

第一节　翻转课堂教学模式概述 …………………………………… 97

第二节　翻转课堂教学模式的优势 ………………………………… 100

第三节　翻转课堂教学模式的原则以及需注意的问题 …………… 102

第四节　翻转课堂教学模式的实施策略 …………………………… 104

第八章　中小学数学互动教学模式 …………………………………… 109

第一节　互动教学模式的概念及要素 ……………………………… 109

第二节　数学互动教学存在的问题及影响因素 …………………… 116

第三节　数学互动教学的原则 ……………………………………… 119

第四节　数学互动教学的策略 ……………………………………… 121

第九章　中小学数学情境教学模式 …………………………………… 127

第一节　情境教学模式简述 ………………………………………… 127

  第二节 数学情境教学中情境的创设 …………………… 132
  第三节 数学情境教学的有效性 ……………………………… 143
  第四节 数学情境教学的优化路径 …………………………… 147

第十章 中小学数学多媒体教学模式 ………………………… 151
  第一节 多媒体教学模式简述 …………………………………… 151
  第二节 数学多媒体教学中存在的问题及原因 …………… 154
  第三节 多媒体之于数学教学的利好 ……………………… 155
  第四节 数学多媒体教学模式的策略 ……………………… 158

第十一章 中小学数学生活化教学 …………………………… 165
  第一节 生活化教学概述 ………………………………………… 165
  第二节 数学生活化教学的误区 ……………………………… 173
  第三节 数学生活化教学的优势 ……………………………… 178
  第四节 数学生活化教学的策略 ……………………………… 179

第十二章 中小学数学教学的创新性发展 …………………… 183
  第一节 数学教学的创新性发展路径 ……………………… 183
  第二节 数学教学中学生创新意识的培养 ………………… 188
  第三节 数学教学中创新性发散思维的培养 ……………… 192

参考文献 ………………………………………………………………… 197

第一章 概述

第一节 中小学数学教育的现状及存在的问题

一、中小学数学教育的现状

（一）小学数学教育的现状

1. 教学辅助工具应用不到位

巧妙地应用教学辅助工具，一方面是帮助教师将知识点展示给学生的需要，另一方面是小学生学习特点的要求。小学生以形象性思维为主，因此，对较为形象的事物更加感兴趣，因此，如果以实物辅助知识点的呈现，那么教学效果会比较好。而目前在使用辅助教学工具方面，还存在一些令人担忧的地方，其中一个最为突出的问题，就是教学辅助工具的使用比较少。例如，教师在讲解一些加减法运算时，就可以借助苹果、香蕉、橘子等学生较为喜欢的水果进行，而教师往往直接就知识点展开教学，在使用多媒体辅助教学方法方面也做得不够到位，这些都值得小学数学教师深思。

2. 对培养学生的数学阅读能力不够重视

谈及阅读，我们都会想到语文或者英语阅读。作为小学数学教师，有效进行数学阅读培养也是学生学好数学的重要保障。小学阶段学生的数学学习是一个不断深化的过程，其中一个十分有趣的问题就是数学题目的题干越来越长，尤其当学生接触到数学应用题之后，会发现想要得出题目正确的结论，挑战的已经不再只是学生对知识点的掌握，其中一个巨大的挑战就是学生的阅读能力。对此，为数不少的教师还没有意识到培养小学生数学阅读能力的重要性。

3. 对小学生的信任度不够

我们通常用娇生惯养四个字来形容父母对子女的溺爱，溺爱现象不仅发生在家庭生活中，学校生活中也存在溺爱现象，那就是教师对学生的溺爱。教师对学生的溺爱主要体现在信任度不够，教师总是怕学生难以有效地掌握知识点，总是怕学生不能顺利地完成题目的运算。因此，总是一味地对学生做指导，结果学生反而失去了独立解决问题的机会，使得学生对教师的依赖性比较大，学生越是依赖教师，克服困难的能力势必很难得到有效提升，这也会使学生数学学习能力的提升受到阻碍。

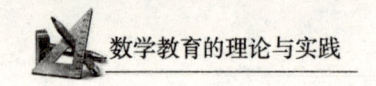

4. 课堂教学趣味性缺失

对于小学生来讲，有趣的课堂教学与枯燥的课堂教学，其教学效果会产生巨大的反差。因此，教师要努力提升课堂教学的趣味性。而目前一些小学数学课堂在课堂教学趣味性方面做得还不如人意，整个课堂教学的趣味性不强，导致学生的积极性不能投入学习中去，影响了学生获取知识的效果。同时，课堂教学的趣味性达不到要求，也会给小学生培养对数学学习的兴趣带来麻烦。小学阶段正是学生对数学学习产生兴趣的关键环节，而无趣的课堂势必会影响学生学习兴趣的提升。

（二）中学数学教育的现状

1. 中学学生的自学能力不强

在当代数学教学的过程中，很多学生在进行数学这门学科的学习时，他们自己根本无法找到数学课程的难点和重点，不清楚自己到底有没有真正地掌握所学的知识，找不到问题的关键，无法利用现有的已经学习完成的知识去回答相关的问题。因此，学生在学习数学的过程中往往只是被动地学习，自觉性差，并且很容易就受到外界因素的干扰，学习时容易分心。

2. 兴趣是数学教师应重点思考和解决的问题

学生在学习数学时没有形成稳定的认知结构，中学数学与小学数学相比，数学知识体系更为系统，问题的内在逻辑关联性更高。这主要表现在教材单元之间的知识衔接，当学生没有完全消化已学的课堂知识，便无法跟进教学的进度，导致学生没有形成系统的数学认知结构。任何一个数学概念的认知盲点都会导致学习的脱节，这也是为什么优生愈优、差生愈差的根本原因。另外，如果学生没有形成对数学学习稳定的认知结构，在连续学习时没有良好的认知基础，这些学生就会逐渐变成所谓的差生，从此一蹶不振，想要继续学好中学数学课堂内容成为不可能完成的任务。

3. 对老教材的依赖较强

新老教材在本质上有很大的不同，新课程将视线放在了对数学知识的发生以及发展过程上，而在实际的学习应用中，中学数学老师不能提高教学的高度，对数学教材的结构不能进行系统的把握。因此，在中学数学教学中普遍存在这样的现象：教师将新教材用传统的教授方式进行教学，难以发挥新教材的真正作用。新教材将知识系统化、专业化，而教师在具体的教学中又一次加入传统教材中烦琐的知识点，从而将清晰的结构打乱，让学生更加难以理解，显然这一过程就脱离了课堂的真正目的。

4. 教学方法没有完全符合新课改要求

教学方法主要包括讲课方法、复习方法以及对于学生的考核评价方法。目前，在新课改教学过程中,讲课方法仍然侧重于老师单独讲解,并且方式方法枯燥单一,没有完成向新课改新教学方法的彻底转变。目前的复习教学过程中,仍然以大量的习题练习为主,然而习题并不能反映学生的整体数学水平。目前的考核评价过程中,没有完全体现新课改的教学理念,考试成绩所占比重仍然比较大,学生平时在学习中、活动中的表现不能在评价中得到合理体现。

5. 应试教育影响着新课程改革的实施

新课程内容强调改变"繁、难、偏、旧"的教学内容,让学生更多地学习与生活、科技相联系的"活"的知识。但在今天这个就业压力比较大、社会竞争激烈的时代,高考仍然是很多学生改变人生命运的一条重要道路。因此,教师的教学重心仍然是围着高考这根指挥棒,这就使得教师在数学教学中注重高考重点知识的教授和解题方法的训练,而学生也一头扎进茫茫题海不回头。

二、中小学数学教育存在的问题

(一)忽略了学生学习主观能动性的培养

长期以来,我国的教育都非常注重学生学习能力的培养,教师孜孜不倦地教育学生怎样学、学什么东西、解决什么问题、遇到问题怎么解决等,这些都是"任务式"的教学方式,让学生的思想受到了严重的束缚和禁锢。这种教学方式只是从客观上教会学生如何完成任务,但是却让他们逐渐丧失了提出问题的能力和路径,他们变得不想提问、不会提问或者无从问起,没有问题才是最大的问题。这主要是在教育的过程中,忽略了学生的主观能动性的发挥。学生长期在"任务式"背景下成长和学习,时间久了就会感觉枯燥烦琐,随之就会产生厌学、逃学的情况,再加上社会上的不良文化和网络的干扰和影响,离家出走、失踪的现象屡见不鲜。所以,"任务式"的教学方法已经不能完全适应现代教育教学的发展,一定要发挥学生的主观能动性,把"要我学"转变成"我要学",从兴趣的培养上来激发学生自主学习的热情。数学的学习比较抽象,不能用实验的方法来把道理具体化,但可以借助现代的信息技术和网络、多媒体技术来实现教育方法的改进,让抽象的事物具体化,把模糊的事物清晰化,让学生更好地理解,从而激发他们的发散思维,使他们爱学习数学,踊跃发问,品尝到创新的乐趣,从主观上培养他们的学习渴望,让学生的学习由被动走向主动,这样才能体现学生学习的主人翁地位。

(二)教师的教学理念没有及时更新

新的时期教师的教学理念和教学方法都得到了较大的扩充,对于教师来说,需要在新的时期,转变自己传统的教学理念和教学方法,但是许多教师没有做到这一点。以教师角色的转变为例,教师在新的时期仍然在课堂中处于主体地位,

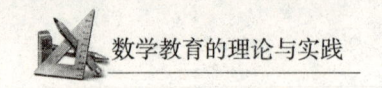

学生仍然处于从属地位，这对于学生的学习来说十分不利。

（三）学生参与学习的主动性比较差

学习过程中，许多学生存在依赖心理，在课堂上往往跟着教师的思维走，在学习的过程中缺乏应该有的积极性和主动性。新课改要求的课前预习、课后复习，大多数学生都做不到，学习的效率和质量比较低。

（四）教师的引导方式不够恰当

教师的正确引导是学生学习数学的重要途径之一，因此，数学教师一定要正确引导学生学习。但是有些教师在教学中，过分重视学生的自主学习能力，没有从整体上考虑学生知识水平的差异性，反而起到了相反的效果。一些学习基础差的学生，数学成绩始终在原地徘徊，学习好的学生，数学成绩也没能得到显著的提升，教师在数学教学中的引导和指导没有起到相应的作用。教师应该重视自身的指导作用，让学生在自由学习时把握一个合适的度。

（五）没有实现因材施教

孔子在春秋时期就提出教育要因材施教，爱因斯坦说"兴趣是最好的老师"，教育教学不在于老师的准备有多充分，而在于教师能否激发学生学习的情趣。数学教育要结合学生的实际情况来营造学习环境和学习气氛，要以培养学生的思维能力和理解能力为基础，逐渐发掘他们的创新潜质和求索意识，从而使其获得更好的变通能力和应用能力。因材施教是我国教育法确定的基本教学原则，但是大部分数学教师的做法都不能很好地与之相适应，教材过于片面，教育模式还是停留在传统阶段，单一的考试形式仍然是教师检验教育质量和选拔人才的唯一标准，在这种背景下实现因材施教，结果和难度可以想象。但要改变现状还需要一定的时间和一系列的改革，现代教学还要以激发学生学习兴趣为突破口，更好地规避教学过程中遇到的错误和问题，达到提高教学质量的目的。

第二节　中小学数学教学的主要观念

一、以教材为本的应试教育观念

教师的职责是教书育人，不是教人应试。但是在现实中，仍然存在教师教、学生学，教师为绩效而教、学生为成绩而学的传统教学观念，甚至在新课改不断推进的21世纪，我们依然处在应试教育的照本宣科状态。这不仅与新课改理念背道而驰，而且严重制约了学生个性的自我发展，与素质教育理念相互排斥，是教育发展的重大问题。

二、因循守旧的课堂教学观念

虽然小学数学教学的基本形式与其他学科一样均以课堂教学为主,但是数学学科有其特殊的地方,数学研究的是我们日常生活中常见的或者自然界所存在的既是虚拟的也是实在的数理问题。如果教师在课堂上一味地向学生教授课本上的数学知识,难免有照本宣科的嫌疑,同时也不能将客观存在的数学信息定格在学生脑海里,这对提高学生数学素养极为不利。

三、强灌硬喂的填鸭式教学观念

以往的教育教学中,由于应试教育思想的影响,许多教师进入了"填鸭式"教学的误区。这种"快速增肥"的灌输式教育,虽然能够在短时间内让学生记住部分知识,但是这样一味地灌输,导致给学生数学公式他就记,给他定律他就背,完全不明白是什么意思,造成的结果就是学生只知"有其表",却不懂得"有其涵"。这样纵然能在考试中暂时得到高分,但是没有形成自己的思想,一遇到实际问题就变得束手无策,这种教学观念非常不可取。

四、坚持以人为本的素质教育理念

数学学科是绚丽多彩的,就像学生的天资条件各异一样,教师的教学理念应该坚持以学生为本,而不是以教材为本。一方面,教师要有因人而异的教学理念。学生拥有不同的个性,对知识的接受能力也不尽相同,教师在教授课本知识的时候,既不能一味地实行"填鸭式"教学,也不能笼统地对学生实行教学"大锅饭"的形式,要在教学之前形成分层异步的教育理念。另一方面,教师要有尊重学生个性发展的意识。素质教育的本质是要提高学生接受知识、运用知识以及创新知识的能力,促使学生既能独立自主又能富有个性化地创造性地学习,达到新课改的要求,实现真正的素质教育。

第三节　中小学数学教学的衔接

一、中小学数学教学的脱节问题

(一)学生身心发展出现变化

学生从小学升入初中,不仅是学习阶段的变化,同时在身心发育上也出现了一个转折。他们的身体发育逐渐成熟,这对心理的发展会产生一定影响,如果这个时期不能对学生进行正确的心理引导,那么就非常容易使学生出现严重的心理问题,进而出现厌学、叛逆、封闭等心理问题。进入初中后,很多学生的数学成

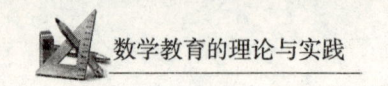

绩会有所下滑，主要是因为学生在小学学习的知识比较简单，初中知识的逻辑性和抽象性比较强，所以学生在接受的过程中会面临一定的难度，甚至感觉无从下手，进而产生厌学、逃避等不良的思想情绪，影响了学习效果。

（二）教师教学方式出现变化

小学数学的内容大多属于基础内容，而且升学压力不大，所以教师在讲课的过程中与学生的互动会比较放松，这也为学生预留出了足够的课堂动手实践时间，学习氛围比较轻松。但是，初中数学的知识量有所增加，同时难度也有显著的提升，还面临着中考的压力，这也使得教师在教学过程中不得不加快节奏，减少为学生预留的动手实践时间，导致学生在学习过程中会不适应，产生厌学的情绪。

（三）学生学习方法出现变化

小学数学教学中，由于顾及学生的认知水平低、接受能力弱，教师在教学过程中往往尽量对知识进行细化和详解，而学生在教学中只要能够跟上教师的思路，并在课下对概念以及定理等进行简单的记忆，就能够有效地解决很多的问题，同时考试时也能取得优异的成绩。由此可见，在小学的学习中，学生的学习主要依赖于教师，自己思考和探索的知识非常少。而升入中学后，学习的内容大量增加，知识面也越来越广，所以教师无法做到对每个知识点都进行详细的讲解，因此学生需要能够主动学习，学会举一反三、独立思考和探索。

（四）四基、四能出现变化

四基主要是指基础知识、能力、思想以及活动；四能主要是指发现问题、提出问题、分析问题以及解决问题的能力。由于小学数学的知识大多是基础性的知识，数学思想渗透不多，所以几乎接触不到四能。但是到了中学后，数学知识的抽象性和复杂性更强，所以需要学生能够建立起四能，提升综合能力。

二、中小学数学教学衔接的内容

（一）教师的衔接

为使小学段和初中段的教学有机地结合起来，可以采取小学教师和初中教师相互研讨的方法，让初中教师每周两次到小学与小学教师共同进行集体备课，研讨教法、学法，并到小学班级代课、听课、查看学生的作业、对学生进行辅导，全面了解小学的教学情况。同时，让小学教师每周两次到初中听课，了解中学教师上课情况和学生的学习过程，这种方法能够有力地促进中小学教学的研究和发展，有利于提高教学质量。

（二）课标的衔接

课程标准是数学教学的指导性文件，它规范了数学教学的操作性，使教师避免了盲目性和随意性。只有吃透了课标的精神，才能把握住教学的脉搏。在每年的寒暑假开学前，可以组织初一的数学教师有计划地学习初中和小学教学课标，了解对小学、初中数学教学的要求是什么，哪些知识在小学数学中已经学过。对于延续性的内容，教师应运用什么样的教学方法过渡等问题，帮助学生顺利地完成小学到初中的过渡。

（三）知识的衔接

数学不同于其他学科，其具有严密的逻辑性、强烈的基础性。为了使小学阶段数学基础知识在初中段发挥应有的作用，必须重视中小学数学教材有关知识的衔接。例如，小学数学教材中角、线段、射线、直线、三角形、正方形等，是初中几何的基本知识；小学中的简易方程就是初中代数中的一元一次方程；小学中分数的通分、分数加减和初中分式的通分、分式加减，是不可分割的；小学中的整数、分数四则混合运算和初中有理数四则混合运算的顺序是相统一的等。总之，小学数学中有很多内容和初中数学具有密切的联系，初中数学实际上都是以小学数学知识为基础，在此基础上进行的扩展、延伸，这一切都为中小学数学教学的衔接创造了有利的条件。

（四）教法的衔接

小学生的思维是以具体的形象思维为主，分析、综合等抽象思维能力相对较差。中学生的抽象思维能力逐渐提高，求新、求异的心理较强。针对上述特点，教师在教学中需要注意：第一，要采用直观、形象的教学方法，充分利用教具和现代化的教学设备，让学生动口、动脑、动手，教学语言要尽可能形象生动、幽默风趣，要努力创造紧张、活泼、积极、和谐的课堂气氛，激发学生学习的兴趣和求知的欲望；第二，要注意知识的层次性，由浅入深、由易到难、循序渐进，借助已有的知识，使新旧知识间建立有机的联系，运用知识迁移规律指导学生学习新知识，进而提高学习效率；第三，要注意启发诱导，调动学生学习的积极性，充分发挥学生的主体作用，改变陈旧的教学模式，引导学生积极动手、动脑，逐步培养学生发现问题、分析和解决问题的能力。在教学中抓重点、破难点、讲关键、重训练，做到精讲多练，注重实效。

（五）学法的衔接

小学和初中的学习方法存在非常大的差异，小学生习惯于死记硬背，理解记忆和自学能力不强，而初中学科门类增加，学科内容也加大、加深，任课教师也有所增加，面对各科教师提出的不同要求，学生不知所措。为此，可以采取初中教师到小学代课，指导学生学习的方法，让学生在小学高年级中就学会自学、学会思考，改变死记硬背的学习方法，培养科学的学习方法，提高学生的自学能力、

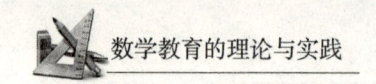

观察能力、记忆能力和思维能力，从而使学生养成良好的学习习惯。这样，学生到初中阶段后会快速适应初中的教学环境、学习环境，对初中教学会起到极大的促进作用。

三、中小学数学教学衔接的措施

（一）全面了解小学数学教与学的情况

利用暑假，对小学五六年级的数学教材和教参进行对照性学习、研究性探讨，明确哪些知识学生应该掌握，通过测试了解学生对所学知识的掌握情况，然后认真分析试卷，并针对薄弱环节补缺、补漏。对将来初中所要用到的基本运算、方法和思想，重点查、补、讲、辅导，使大多数同学处于同一起跑线上。

（二）转换角色，把握学生心理

教师要转换角色来适应初一的学生和教材，要相信每名同学都能学好，要充满爱，积极鼓励学生提出问题和解决问题，从而增强自信心，变成学习的主人。刚刚步入中学的学生对新环境和未来充满期盼，都有重新开始的想法，他们对数学学习的兴趣和良好的学习习惯的养成有着内在的要求。

（三）指导学生养成良好的学习方法

良好的学习方法能够使学生更好地实现对中小学数学的衔接，在小学阶段，教师需要帮助学生养成良好的学习方法。首先，要求学生在每堂课前做好预习，这样在初中数学的学习中虽然学习难度有所增加，但是通过预习能够使学生在学习的过程中更加具有针对性，降低了知识的难度。其次，要求学生认真听讲，跟着教师的思路进行思考，并积极举手回答教师提出的问题。此外，做好复习巩固，通过课后的复习巩固能够帮助学生更好地吸收和消化知识，掌握知识的内在联系，形成一定的知识体系。

（四）贯彻因材施教原则，促进学生共同发展

在同一个班级，学生的学习成绩与认知水平存在一定的差异，而课堂教学是集体活动，只能面向大多数，不能恰如其分地满足每个人的要求。这势必会导致"优生吃不饱、差生吃不了"的矛盾更加突出，分化日趋严重，不可能使教学质量得到显著提高。因此，还必须课后弥补，满足学有余力学生的需求，教师根据择优与志愿相结合的原则，组织数学学科小组，每周1～2次进行活动。活动采用读书讨论或讲授辅导式，内容与课堂教学既有区别又有联系，是课堂教学内容的深化与拓宽。也可以本着"源于课本、高于课本"的原则开展一些竞赛活动，既可以加深学生对书本内容的理解与掌握，又能发展学生的智力，培养能力，发挥创造力，实现学生自身的价值。

同时，为使学习困难的同学跟上全班步伐，教师必须关心他们，解决他们的思想问题，帮助他们克服畏难情绪。利用课后时间，进行跟踪辅导，对他们的质疑积极鼓励，努力消除他们的自卑心理和失落感，增强学习的信心。此外，为克服不良的家庭教育对学校教育产生的负面影响，教师有责任做好与家长的配合工作，争取家长的理解与支持，帮助家长确立正确的家庭教育观和方法。

第四节　中小学数学教育的特征

一、小学数学教育的特征

教学是一种师生互动的过程。作为基础教育中启智的小学数学，要求学生在教师的科学指导下，积极主动地掌握数学知识、技能，提高能力，培养思维，形成端正的学习态度，同时促进身心发展。小学数学不仅具有数学的抽象性、逻辑严谨性和运用广泛性，而且具有其自身的特性，那就是生活性、现实性和体验性。

（一）生活性

生活性即倡导将数学学习回归学生的生活。小学生是从自己现实生活的实践中认识数学的，所以，小学的数学学习应该是学生自己的实践活动，核心思想就是将儿童的数学学习真正回归到学生的生活中去，在学习中时时关注儿童关心什么、经历了什么、对什么感兴趣、在生活中发现了什么等。目的是让数学学习与学生自己的生活充分地融合起来，将数学学习纳入学生的生活背景之中，让他们自己寻找、发现、探究、认识和掌握数学。

（二）现实性

现实性是指儿童的数学是现实的数学。因此，儿童的数学学习，应源于他们的数学现实，这种现实存在于儿童与外部世界的沟通和交流之中，存在于儿童社会生活的实践活动之中。这些现实是小学数学课程的起点，是儿童获得数学的学习活动与生活实践的重要源泉。课程的任务是构建抽象与现实的连续体，因此，小学数学课程的一个重要特征就是沟通抽象数学与现实实践之间的联系，强化数学的学习与运用，真正回归儿童的现实生活。

（三）体验性

体验性是学校的数学教育应当成为一种学生亲身体验解决数学问题的活动，不要总是将整理好的材料提供给学生，而是应尽可能地让学生仔细地观察、粗略地发现和简单地证明。只有这样，才有可能使学生真正经历超越局部的、非单纯接受的问题解决过程。

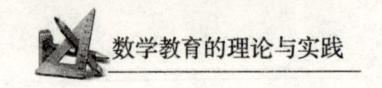

二、中学数学教学的主要特点

（一）教学目标的特点

在中学教学中，数学教学是重要的组成部分，不仅关系到学生未来的发展，也能够为学生日后的学习打好基础。因此，这就需要数学教师认清形势，明确教学目标。具体来说，中学数学教学目标的确定，是由多方面影响因素决定的，主要包括数学学科自身的特点和学生的实际学习情况。中学生还处于懵懂阶段，身心都还没有完全成熟，需要教师加强培养学生学习数学知识的兴趣，帮助学生养成良好的学习习惯，培养学生解决问题的能力，促使学生养成一种积极的学习态度，为以后的学习打好基础。教师要根据这些实际情况设定教学目标，这样才能帮助学生更好地成长。

（二）教学对象的特点

教学模式是根据教学对象来确定的，中学教学对象为青少年，这段时期的学生智力发展迅速，同时对外界干扰的抵御能力也非常差，这就造就了这一时期的学生具有以下特点：精力充沛、可塑性强、兴趣广泛并且求知欲极高。他们很容易受到外界因素的干扰，自信心容易被打击，意志力受损，抽象思维也不能够很好地发挥。因此，在实际教学过程中，教师一定要注意学生的各种特点，采用最合适的引导方法。

（三）教学内容的具体特点

中学是学生离开小学之后新的开始阶段，同时也是学生即将迈入大学校门的准备阶段，所以处在一个承上启下的环节中。这个阶段的学习，对于学生将来的发展至关重要。所以，教师要设计好教学内容，增强学生的学习热情，提高学生数学学科的综合素质。

第五节 中小学数学教育的发展趋势

一、素质教育

自《中国教育改革和发展纲要》颁布以来，通过广大教师对"中小学要由应试教育转向素质教育"这一问题的激烈研讨和教育改革的实践。依据教学大纲、教学内容的结构特征、学生的实际水平和心理规律等，教师设计了素质教育目标，以使学生知识、能力、情感全面协调发展。

二、基础教育

基础教育的内容包括很多，其中以基础知识、基础技能和基本能力为主，根据教学大纲对中小学数学教学目的的要求，中小学数学应该帮助学生学会基本的数学知识，掌握必要的数学技能，培养基本的数学问题处理能力。但是在现实的数学基础教育过程中，教师在技能训练和能力培养方面的工作还存在严重不足。因此，初中数学老师应该坚持以教育科研为先导，严格按照大纲的要求，全面开展中小学数学基础教育工作，提高数学教学质量。

三、教学方式方法改革

在教学过程中，教学方法一直受到相关学者的普遍关注，它是教学过程的主要组成部分，对于教学任务的完成以及教学质量的提高有着十分重要的影响，同时也被认为是教育改革成功与否的重要标志之一。对于中小学数学教育而言，一套好的教学方法能够使学生更好地发掘自身的学习潜力，而一套坏的教学方法，则会直接制约学生自身才能的有效发挥。好的教学方法依赖于老师的主导作用、学生的探究作用以及对先进设备和软件的合理利用。

四、非智力因素培养

在教育界有这样一个普遍认识，那就是"智力因素是成才的基础，非智力因素是成才的阶梯"。但是在现实的初中数学教育过程中，老师往往会忽略非智力因素的影响作用，过分注重智力因素方面的开发。由于原来长时间对非智力因素的忽视，使得现在很多初中学生对数学学习的态度、兴趣、习惯、注意力等存在较大的问题。因此，初中数学老师应该在以后的教学中，加强对非智力因素的重视程度，努力培养学生这一方面的能力，从而在数学教育中不单单进行基础知识的传授，还要加强对学生思维、能力、理性等人格方面的培养。

五、教育评价

在新课改背景下，中小学数学教育离不开相关的教育评价体系，这就要求中小学数学老师必须深刻理解教育评价的真正含义，正确把握其特点和类型，掌握评价的一般过程和方法，从而科学合理地行使教育评价的功能。

第二章　中小学数学学案导学教学模式

第一节　学案导学教学模式概述

一、学案导学教学模式的内涵

学案导学是指以"学案"为载体,以"导学"为方法,教师的指导为主导,学生的自主学习为主体,师生共同合作完成教学任务的一种教学模式。这种教学模式改变了过去老师单纯讲、学生被动听的"灌输式"的教学模式,充分体现了教师的主导作用和学生的主体作用,使主导作用和主体作用实现了和谐统一,发挥出了最大的效益。

在学案导学教学模式中,学生根据教师提前编制好的学案,阅读和了解教材的相关内容,根据学案的提示要求完成对一部分内容的学习。学生们在阅读教材的过程中,可以提出自己的观点或者想法,教师和学生共同探讨和学习。学案导学教学模式既满足了学生思维发展的需要,又对学生的自我发展有着积极的指导作用。在这种教学模式下,教师不仅仅是一个讲授者,更重要的是培养学生的学习习惯和学习意识,教会他们怎样思考、怎样学习,从而在一定程度上提高学生分析问题、解决问题的能力。在长时间的培养下,学生不再是知识的被动接受者,而是主动学习者,学生在主动学习的过程中,不断增强探索问题、分析问题以及解决问题的能力。

二、学案导学教学模式的特点

第一,学案导学教学模式的探索性。主要体现在教师在设计学案的过程中就设计了一些探索性的题目,教师鼓励学生大胆地探索;适时给学生以引导性的帮助,让学生在探索的过程中分析问题、解决问题的能力得到培养和锻炼,最后养成善于探索问题的好习惯。

第二,学案导学教学模式的主体性。主要体现在教师在设计中,充分考虑了学生在课堂学习中的主体性地位,课堂教学的目标是以学生的"学"为主,所以在设计教案时,教师就应该尊重学生,时刻考虑到怎样才能充分发挥学生的主观能动性,让学生真正成为课堂学习的主人。而教师只是起主导性作用,教师引导学生参与并完成一些教学活动,从而让学生的主体性作用得以充分发挥;使学生的主体地位得以确立，让学生真正成为学习的主人，而不是被动地接受知识。

第三，学案导学教学模式的引导性。主要强调的是通过教师的引导，改变传统教学模式中学生被动接受知识的地位，使学生的主体性地位得以体现，学生对问题的探索性在教师的引导下逐渐形成。学案导学教学模式的引导性并不意味着教师就可以放手不管，像放羊式教学一样，让学生在课堂上按照自己的意愿想做什么就做什么，而是还需要教师的正确引导。教师在课堂上起"主导"作用，学生处于学习的"主体"地位，教师和学生需要默契配合，只有教师和学生和谐相处，才能实现教学目标，达到教学的最高境界。

第四，学案导学教学模式的灵活性。主要体现在教师在编写学案过程中的灵活性，教师课堂教学的方法各种各样、灵活多变，不受任何条条框框的限制，机动灵活。这些灵活的教学方法主要体现在学案和教案的编写上，在编写具体的学案时，教师可以根据各种类型的教材，设计的依据一般有如下两条：第一条，对于各种理论知识的内容，一般侧重于设计学习指导方法，这样有学习指导方法的指引，学生在预习时就可以少走弯路，也便于教师引导；第二条，对于了解性的和复习的内容，一般侧重于习题的设计，这样经过梯度习题的训练，使学生加深对知识点的理解和巩固。

第五，学案导学教学模式的开放性。主要体现在学案设计的开放性上，从学案的教学目标、教学内容到教学形式都是具有开放性的，而且学案的体现形式多种多样且不受限制，既可以是针对一节具体教学课的学案，也可以是针对一个具体问题的学案，还可以是针对某一章节内容总结复习的学案。

三、学案导学的基本要素

（一）目标要素

目标是学案导学中体现"导"的作用最明显的地方，决定了学生接下来进行一系列任务的走向。学习目标既是一节课的出发点，也是一节课的落脚点。学生是学习活动的直接行为人，因此，学习目标的主体应为学生。课程标准给出了目标的三维划分，即知识与技能、过程与方法、情感态度与价值观。考虑到导学案的受用者是学生，实际在编写学习目标时，应从学生的视角出发，用更为具体的语言呈现出来。许多人在实践中往往容易犯这样的错误：把目标作为教师要做的事情来陈述，但却没有陈述期望学生发生什么变化；列举了课程所涉及的各种要素，但却没有具体说明希望学生如何处理这些要素；采用过于概括化的方式来陈述目标，但却没有具体指出这种行为所能采用的领域。在确定目标的具体内容时，要从三方面考虑：课程标准与教材的要求、教师预设的教学目标、学生自我行动目的。学习目标应设定在学生的最近发展区内，与学生的学习需要保持一致，并且是学生通过努力可以达到的。按照马斯洛的层次需求理论，只有当学生自己产生学习需要时,他才会有学习的热情,激发出继续学习的强大动力。

(二)情境要素

情境要素是指数学概念提出的背景材料,导学案作为引导学生学习的方案,不应是现成的结论性知识,而应是蕴含知识的背景材料和情境问题,让学生真正面对问题本身。许多教师在设置学习目标时,往往在最后都会提到,通过某种途径,提高学生解决数学问题的能力,但回过头来看教师的教学设计,可以发现,所谓的问题解决,已经退化为一种"解题"。学生面临的不是问题,而是习题。数学问题解决中的问题,指的是在接触这个问题之前从未接触过这种类型的问题,并不清楚这个问题的解决策略和方法,即英文中的 Problem,否则只能是英文中的 question,即一个练习。

(三)问题要素

"问题是数学的心脏",数学发展和前进离不开问题的提出。大数学家希尔伯特曾这样强调:"只要一门科学分支能提出大量的问题,它就充满了生命力;而问题缺乏则预示着独立发展的衰亡或中止。"学案导学的目的,是帮助学生养成自主学习的习惯,使学生学会思考继而学会学习。问题的设置是学案导学设计的关键,亚里士多德有句名言:"思维从疑问和惊奇开始。"在学案导学中,不同的问题有着不同的作用。问题可以激发学生学习兴趣,可以引导学生思维,可以促进学生思考和反思,最为重要的是,问题可以培养学生的创新意识。学案导学中问题的设置,应具有连贯性和层次性,按照由浅入深、由表及里的原则逐层推进。对学生的发展能力而言,教师选编的数学问题要满足三个条件:第一,接受性,学生愿意并且具有考虑它们的知识和能力。第二,障碍性,学生不能直接看出问题的解法和答案,必须经过思考和转化。第三,探究性,学生不能按常规方法套用,需要尝试和探索研究。

(四)知识要素

知识是导学案的重要组成部分,但是必须明确的是,导学案中为学生呈现的知识不应是"遥远世界的客观真理",而应是一种可以探寻的、可以感知的东西。基于知识的表征形式的不同,可以将知识分为陈述性知识、程序性知识和策略性知识。陈述性知识即解释是什么和为什么的问题,程序性知识即说明如何做的问题。学生在使用导学案的过程中,既要明白自己学的是什么,为什么要学习此部分知识,以及采用何种方法学习,更深一层的,学生能够提出自己的假设"如果不是这样,会怎样"。所以,导学案中的知识应侧重程序性知识和策略性知识。

(五)学法要素

爱因斯坦这样解释教育:"教育是,当一个人走出学校时,他忘掉了书本里的一切知识，最终头脑中留存下来的东西。"有科学研究表明，人们能记得自己听到的东西的10%，看到的东西的30%，做过的事情的70%。导学案作为学生学习的一个工具，其实质就是一种学习策略的指示。学生通过导学案学习各种知识，这个学习过程本身就是一种学习方法。学习方法作为一种思想，无须在学案中一字一句写出呈现给学生，而应体现在学习的过程中，让学生去体会这种方法，然后通过自己的语言表现出来，从而掌握这种方法。

（六）评价要素

此处的评价是指为了学习所做的评价，属于形成性评价，而不是终结性评价。在这里，评价发挥的是激励和发展的功能，目的是为学生和教师提供关于学习效果的连续性反馈，以改进下一步的教学。在学习过程中，学生既是学习的主体，又是评价的主体，导学案中的评价目的是激发和培养学生的评价和反思意识。

四、学案导学教学模式的理论依据

（一）建构主义理论

建构主义理论是以认知主义为基础逐渐发展而形成的，建构主义理论的基本思想是：知识的获取无法依靠被动地接受而取得，而是当外部环境与学习者原有认知结构不冲突时，学习者通过人与人之间的协作、交流，利用必要的信息主动把外部环境的知识吸收进来，最后建构成为自己的知识体系。建构主义理论对教学的意义主要在于教师应改变原先"满堂灌"的教学方法，把课堂的"主人"交还给学生，因为知识建构的主体是学生。而教师应该在课堂中尽一切可能去创造一个能够自主学习、合作探究的学习环境，并将学习材料与学习环境相互融合，符合学习者原有的认知结构。当然，建构主义理论并没有完全否定教师在学习者知识建构过程中的干预作用，当学生在自主建构过程中出现了共性问题或者遇到困难时，教师也有必要进行及时的"解疑答惑"。因此，导学案作为建构主义中的外部环境，对于学生的自我建构有很大的帮助，但这同时也要求导学案的编写必须通过创设情境，依据学情，找出学生原有认知与现有认知的冲突点，用认知矛盾去激发学生的学习兴趣。

（二）人本主义理论

人本主义学派的代表人物为马斯洛和罗杰斯，他们的观点主要突出人的尊严、价值、创造力和自我实现的地位，从而使人的自我实现带动潜能的发挥。马斯洛还研究了人类的基本需要并进行了分类，他认为人的需求是分层次发展的，其中最低级的是生理需求，而最高级的则是人的自我实现。人本主义理论对教学的意义在于教师要把学生看成一个"完整的人"，这就要求教师不仅要关注学生的智力水平，还应关注学生的情感、个性、特长等生活各个方面的需求。学案导学作为一个能发挥学生主观能动性的工具与舞台，在课堂中能充分调动学生的积极性，让学生感知自己具备学习的能力并愿意主动学起来、动起来，使学生的信心得到强有力的建立，从而丰富满足自我的精神世界，最终达到自我实现的层次，这就是人本主义理论的伟大之处。

（三）最近发展区理论

"最近发展区"理论的代表人物是苏联教育学家、心理学家维果茨基，他在20世纪二三十年代曾提出：儿童的发展存在着两种水平，我们必须将其区分，如果这两种水平不能够正确区分，在每一种具体的情况下，我们就会遇到困难从而无法在学生发展进程与他受教学可能性之间建立良好的关系。在上述理论中所提到的两种水平，第一个指的就是儿童已经达到的学习水平，而第二种指的是儿童可能达到的学习水平，这两个水平之间的差距就是维果茨基所提出来的"最近发展区"。

"最近发展区"理论最初是对儿童智力发展进行的研究，但对于中小学学生的智力发展与认知能力具有同样深远的影响。因此，学案导学在课堂的使用必须把握好"最近发展区"理论从而使学生快速发展。这就要求教师首先应该清楚地了解学生已经达到的学习水平，对学生的认知能力有一个全面的认识，然后组织安排好学生在经过"最近发展区"的过程中所需的学习材料，也就是对于导学案中哪些是学生独立完成、哪些是小组共同合作探究、哪些是由教师引导探究等加以明确。最后就是在学生需要的时候，给予一定的支持与引导，帮助他们顺利渡过"最近发展区"，并时刻走在学生的前面，带领他们面对新一个的"最近发展区"。

五、学案导学教学模式需注意的问题

（一）教师应增进新课标理念

数学教师要以全体学生为主体，学习先进的教学思想理念，调整完善教学方法，激励和挖掘学生的创造力和发展潜力。注重素质、潜能教育，及时自我反思并改进完善，及时更新调整教学目标和行为。

（二）教师应热爱本职

学案导学的编制程序非常复杂，需要静下心来、仔细研究琢磨，认真参照教学任务和目标，细看课本多分析练习册，了解学生的实际情况。学案导学要依据学生的学习状况、思想情感、行为态度等动态信号的变化，适时调整和恰当改进，引领、助推学生主动、健康、全面地发展。

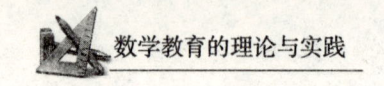

（三）关注层次差异

课堂教学应面向全体，用心关注体贴每一位学生，尊重后进学困生，着重加强对学困生的教育引导。课下主动与他们沟通谈心，激励和帮助他们树立信心，克服难题，努力上进。

（四）注重综合能力培养

优质的学案导学，既关注知识构建，更重视综合能力提高。教师应在三点上引起重视：一是"牵"，导学案的目标要拿出来，让学生看教材，告诉他怎么看，认真想教材上的东西，揣摩教材的意图；二是"导"，设计各个层次的自主学习题目，使学生带着疑问去探索，教师适当点拨；三是"放"，把时间、空间留给学生自主探索，并展现和反思自己的学习成果，使疑难问题在生生交流、合作探究中得到解决。

第二节 数学学案导学教学的现状

一、教材与导学案之间找不到平衡点

目前的问题是，教师在面对以导学案为载体进行教学时，不知道应该如何处理教材与导学案的关系。一些教师认为，教材是主要的，导学案似乎就成了"鸡肋"。教师不放心学生能够顺利完成自学，因此教师采用传统的教学方式进行教学后，导学案就成了"课后作业"，一种检测的工具。此外，一些教师为了节省时间，在设计学案时，将教材内容照搬到学案上，这样看似是在"用"学案，实际上还是在用教材，只不过是一种形式的转化而已。因此，在实际教学中，往往会出现两种情况：一种是导学案全是书上的原文，例题是教材的变式，教师整合多节教材编程导学案，以导学案为出发点进行教学；另一种是导学案是教材的辅助延伸，通过各种习题来加深和巩固知识。

二、导学案的"共性"与师生的"个性"冲突

导学案从个体初编到备课组审核，虽然经过了各个老师的修改和加工，但是反馈到课堂中仍然是全年级一份导学案。教师迫于备课压力，往往是轮流编写，这样导学案的实际编写人其实就只有一位。一名教师编写学案很容易带有个人倾向，一些教师会根据自己的喜好和需要选择自己认为"好"的题目，按照自己认为合适的方式来组织学案。而这样的设计显然无法应对所有的学生，因为各个班级的学生程度存在一定的差异，有的甚至差异很大。一份导学案很难照顾到各个层次的学生，于是就有了程度好的学生认为学案简单而毫无成就感，程度差的学

生认为学案太难而无从入手。就教师而言，每位教师都是一个独特的个体，有自己的教学风格、教学手段，统一一份导学案很容易造成教师教学受到束缚，课堂活动无法有效地展开。这种导学案的共用与教师和学生之间的个性化发展十分矛盾，这种矛盾在现阶段仍然没有得到很好的化解。

三、"强化"功能代替"导学"功能

教科书中的"思考与探究"，这种"问题驱动式"的知识呈现方式，被学案导学中形式化的简短定义所取代。学案导学没有帮助学生深入地去阅读教材，而是以一种知识点罗列的形式将知识呈现给学生，这就造成了学生只知其然而不知其所以然的窘况。反复的强化训练加深了学生的记忆，却削弱了学生的理解能力。辨析题取代了问题情境，概念课变成了"死记硬背"，看起来好像省时省力，因为很多东西教师不必再给学生细讲，学生只需要把"一块儿一块儿"的知识记下来即可，而且经过反复的强化，短期内学生的成绩也会有提高。但这种所谓的"高效"其实是一种"伪高效"，教学过程的合规律性是实现有效教学的基本条件，没有教学过程的和规律性，要实现有效教学就是一句空话。这种只有形而没有神的数学教学，注定是失败的，有效果和有效益是有效教学的前提，没有效果和效益，高效就无从谈起。

四、教师与学生角色混乱

导学案设计的出发点，是为了顺应新课程改革"以学生为主体"的教学理念，改变过去"以教师为中心"的课堂结构。那么以学生为主体，是否就意味着要弱化教师的作用？一些教师认为，学生在课堂上讲、在课堂上交流，就是把"课堂还给学生"。于是，可以看到，一些课堂上，教师只进行了简短的几次发言，剩下的时间就是"学生讨论""学生展示"。还有一些课堂上，教师将某位学生培养成"小主持人"，这名主持人要控制各个环节的进度，并且在学生讲解后提出疑问。这里的这名"主持人"就像是一名"教师"，他基本上完成了教师的所有任务，那么教师呢？教师的意义在哪里？许多学生反映，听学生讲解根本听不懂，而这些学习有困难的学生就在这样"热闹"的场面里被忽视了，这种完全抹杀教师作用的做法，显然是对传统讲授法的"矫枉过正"。

五、导学案的设计模式固化、过程简化

同一导学案设计模式被用于各种课型，不论是概念课还是习题课，也不论是新授课还是复习课。一方面，这样的方式违背了学科知识的特点，另一方面对于学生知识的建构也极为不利。固化模式的背后是设计过程的简化，教师在设计时基本没有去考虑课程标准对本节的要求、学生的实际情况，所谓的导学案设计更

像是在"设计题",甚至像是一种"知识点+巩固"的练习。个体初编后的集体讨论过程,因为时间的关系而被省去,集体讨论后的组长审核也成了简单的形式。教师设计一份导学案,过程只需要进行"选题+组织"就可以,各个环节的内容都是固定的,教师只需要向其中进行填充,其中的逻辑结构、学情分析、问题情境的设计都简单到不能再简单。

第三节 学案导学教学模式的实施原则

一、课时化原则

尽可能将一课时的数学内容写成一个导学案。数学教材按单元主题编写,单元里的课由几个项目组成,一个项目一课时,教师根据实际上课情况安排,分课时编写导学案,使学生的每一节课都有明确的学习目标,能有计划地完成学习任务,最大限度提高数学课堂教学效益。按课时编写数学导学案,有利于控制课时学习的知识量,加强授课的针对性、计划性,有利于课时教学目标的达成和课堂教学效益的提高。

二、问题化原则

问题化原则是将数学知识点转变为探索性的数学问题点、能力点,通过对数学知识点的设疑、质疑、解释,从而激发学生主动思考的积极性,逐步培养学生的探究创新精神以及对数学教材进行分析、归纳、演绎的能力。将数学教材中的知识点、德育点融入创设的一个个具体的情景或课堂活动中,通过一个个探索性的问题,引导学生自主学习数学。在解决数学问题的过程中,培养学生的能力。数学问题的设置,应当由浅入深、由易到难,充分考虑学生的个性和认知规律,可以以数学问题形式设计成题组。数学问题的设置,既有利于扎扎实实打好基础,又有利于加强数学知识的拓展。

三、方法化原则

数学学案导学中,学习目标设计、疑难问题提示以及解题思路、方法、技巧等指导性内容和要素,构成一条明晰的学法线,强化学法指导。通过数学学案教学变"授人以鱼"为"授人以渔",同时注意学法指导的基础性和发展性。数学学案导学应体现教师必要的指导,教师指导既要有学习内容的指导,又要有学习方法的指导。学法指导是培养学生学习能力的核心因素,是学生知识体系中的重要组成部分,同时也是学生能力结构的重要组成部分,重视学法指导是"教会学生学习"的前提和保证。德国教育家第多斯惠曾深刻地指出："一个不好的教师奉送真理，一个好的教师则是教人发现真理。"因此，在数学导学案编写和实施中，学法线要贯穿始终。

四、层次化原则

编写数学导学案应注意两个层次：第一是知识的呈现要有层次性，注意学生的认知特点和心理特征，应具有可接受性；第二是学生认知水平的个体差异性。弗赖登塔尔认为："每个人都有自己的一套数学现实，所以数学教育必须面向全体学生。"数学导学案的设计，要体现教师对学生的因材施教，要让优等生看到挑战，中等生看到激励，学困生看到鼓励，不同层次的学生都能得到发展，无论在哪个层面上，都要让学生在"最近发展区"内去自主探究，获取知识。在编写数学导学案时，必须考虑到知识的层次性和个性的差异性，数学导学导练要有适当的梯度，将难易不一、杂乱无序的学习内容处理成有序的、阶梯性的、符合各层次学生认知规律的学习方案，引导学生的思维活动不断走向深入，最大限度调动每个学生的学习积极性，提高学生学习的自信心。

五、主体性原则

数学导学案设计与传统教案不同，传统的数学教案形式是立足于教师"如何教"，而数学导学案必须立足于学生"如何学"，要做到能充分发挥学生的主观能动性，充分尊重学生的个性差异，充分体现学生的主体地位。教师要树立正确的教学观和学生观，要把学生作为教育的主体，高中数学教学中以学生的主动发展为最高原则。总之，一切教育教学活动都要围绕学生的全面发展和个性的充分发挥这个中心来设计。

六、导学性原则

"导"就是指导、引导；"学"不是讲，也不是教，而是以学生学为根本要求；"案"是一种方案、一种设计，不是知识、题目的简单堆积。数学导学案的编写要重点体现"导学"，重在引导学生学习而不是一味做练习，要通过由易到难，由简单到相对复杂的问题的设置，阶梯式学习内容的呈现和有序的学习步骤的安排，引导、鼓励学生由浅入深、循序渐进地进行自主学习、合作探究，提升学生的素质和能力，让数学导学案成为学生学习的数学"路线图""方向盘""指南针"。对数学教材中学生难以理解的内容可以给予适当的提示，辅之以一定数量的思考题，引导学生自主学习，在解决一个个数学问题的过程中提升学生的能力，激发学生的求知欲。

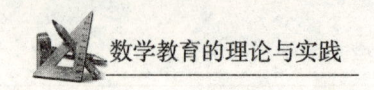

七、探究性原则

使用数学导学案的目的，主要是培养学生自主学习的能力，数学导学案的编制要有利于学生进行探究学习，内容由易到难、分层探究、有序引导、逐步生成，要通过对知识点的设疑、质疑、解疑来激发学生思维，培养学生的探究精神和创新精神以及分析、归纳、演绎教材的能力。探究是一种教学策略，用来向学习者提供资源、指引和介绍，使他们获得知识和解决问题的技巧，所以设计数学导学案要做到：知识问题化、问题探究化、探究层次化、导学简单化。布鲁纳指出："知识的获得是一个主动的过程，学习者不应是语言信息的被动接受者，而应该是知识获得过程的积极参与者。"数学导学案的编写离不开对问题的探究，在教学活动中如果没有对问题的探究，就不可能有学生主体性的发挥。故而，探究性问题的设计应是数学导学案编写的核心环节之一。

八、实用性原则

数学导学案是集数学教案、学案、笔记、达标测评和复习资料于一体的师生共用的教学文本，是"教学合一"的载体，具有较强的实用性价值。在编写数学导学案时，要从学生自身的认知水平、现有学习能力和教师自身的需求出发，操作起来简便易行。导学案的编写应注意实用性，导学案的编写不是把别人的导学案拿来改个名字、换个时间就成了自己的导学案；也不是把课本中的例题和习题都编上即可；更不能从资料上随便找几个题目，编进导学案就可以。实际上，数学导学案的编写应由学生来评判，也就是导学案的编写要能够适应学生的实际情况，既不能太难，又不能太易。太难了，就会打消学生的积极性，花费了很多时间而没有效果；太容易的导学案，会使学生认为学习知识如此简单，从而产生骄傲情绪。因此，数学导学案一定要根据学生的实际去编写，只有这样才能称得上是一份好的数学导学案。

九、规范性原则

数学导学案虽然具有学科特点，但数学导学案编制流程，导学案的基本组成、格式要求、容量要求等方面则要统一规范。围绕教学目标，紧扣教材，从整体上体现数学教材的知识结构和知识间的内在联系，使知识条理化、系统化和整体化，尽量一课时一个导学案，以便控制学习总量，使学生明确目标，最大限度地提高课堂教学效益。

十、参与性原则

在数学学案导学教学模式中，让学生进行参与性学习，创造人人参与的机会，激发人人参与的热情，提高人人参与的能力，增强人人参与的意识，让学生在参与中学习，这就是所谓的参与性原则。相信学生，敢于放手发动学生，只要教师敢于给学生创设自主互助学习的机会，其学习潜能将会得到更充分的挖掘。

第四节　数学学案导学教学模式的实施策略

一、数学学案导学教学模式的实施环节

（一）以案导学，依案自学

在数学课堂教学中，教师应该根据所教班级学生的实际情况，提前设计好学案，学案的内容一定要符合学生的实际情况。制定好学案以后，教师提前让学生自学。教师在上课的时候，可以借助现代化的教学手段利用 2～3 分钟时间，创造情境、明确学习目标、激发起学生的学习热情，从而让学生进行自学。根据学案的设计内容，阅读教材，先解决自己能够解决的问题，把疑难问题标注出来。

（二）组织讨论，尝试解疑

在课堂教学中，教师应该让学生拥有充分发表自己见解的机会，要对学生的不同解法给以肯定，这就要求教师在课堂上，对于学生在自学过程中遇到的疑难问题，及时安排学生分组进行讨论。只有根据讨论的结果，我们才能及时知道学生在哪一个知识模块出现问题，才能及时为学生答疑。针对出现问题的模块知识给学生进行加强训练，但是，在课堂教学中讨论时间不宜过长，对于学生讨论不能解决的疑难问题，不要浪费太多时间，由教师给学生以引导性的提示，最后达到解惑的目的。

（三）精讲点拨，归纳总结

教师在解答疑难问题的过程中，应该先给学生以引导，让学生学会对同类问题进行分析和解答，教师不能一味地给学生以呈现答案的形式进行讲解，在课堂教学中最重要的是教给学生分析问题、解决问题的方法和技巧，其次才是传授知识。而学生在听教师讲完以后，要对疑难问题进行总结和分类，以便在以后的学习中再遇到同类型问题时，不至于毫无思路。

（四）评价激励，当堂练习

在日常教学中，教师应该抓住每一个环节、每一件小事，给学生以适时的激励和表扬，对学生在讨论过程中提出的好方法应该大力赞扬；对于学生一开始遇到的疑惑，应该鼓励学生大胆地探索；"学案"中设计的习题必须严格要求学生限时作答，独立完成。这样有利于教师及时了解学生对知识点的掌握情况，根据反馈情况及时纠正偏差，在课后作业和家庭作业中再给学生出一些补充性的练习

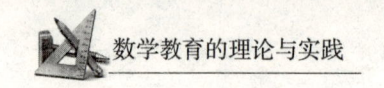

题，达到掌握和巩固目的。

（五）知识拓展，运用迁移

对于学生来说，知识的拓展尤为重要，在学生掌握了基础知识以后，教师必须对基础知识进行拓展，引导学生对拓展后的知识习题进行练习，在学生做完拓展知识习题的基础上，要正确地引导学生进行反思。回顾反思自己是怎么样发现和解决拓展性知识习题的，在解答的过程中都用到了哪些基础知识点，哪些方法、技巧和技能。如果做出来的拓展性知识习题是错误的，那就反思自己错在了哪块，找出原因所在。

（六）扣标整合，布置作业

在数学课堂教学中，完整的一节课必须有课堂小结。在开展课堂小结的时候，必须要求教师做到以下几点：第一，告诉学生本节课的重点内容，并对其进行归纳和总结，加深学生对重点知识的印象；第二，给学生指出在本节课的学习中容易出现错误和疏忽的地方，让学生重视；第三，给学生指出本节课学习涉及的数学思想方法、学习方法，帮助学生对知识的理解和构建。

二、数学学案导学教学模式的实施策略

（一）指导自学方法，提高自学效果

数学学科的自学方法同其他学科有相同之处，也有其独特的方面。首先是要能分清学习的重点和难点，对核心的知识要做必要的圈划或标记，以加深自学的印象；其次是要善于记忆，对自学的内容要力争理解并且掌握，最好是形成长时记忆；再次是要进行适当的训练，要检验自学的效果，对自学的内容要进行适时练习，以期初步掌握所学内容，对学习中的难点，可待上课和同学讨论或听老师讲解来解决；最后是要学会思考，数学是一门注重思维的学科，独立思考是学好数学的关键。在指导学生自学时，督促学生不能只把书上的概念、法则、定理、公式抄到学案上，对于概念要引导学生弄清概念的形成过程和生活本源，理解概念的外延和内涵，对于定理要搞清定理的推导过程，对于公式要掌握公式的结构特征，会顺用、逆用、灵活用公式。在思考中归纳数学思想方法，提高数学思维能力。

（二）加强自学监控，养成自学习惯

初中生自学效果不佳，是"学案导学"教学模式一大难题，在教学实践中，笔者探索了加强自学监控的方法。首先是教师监控，提前下发给学生的学案要有检查、批改和评价，如果教师对学生的自学情况不做及时、严格的检查，久而久之学生就会形成马虎了事的自学习惯，教师对学生的自学效果进行监控非常有必

要，请老师们要坚持；其次是家长监控，学生回家自学时，可以利用家庭的力量对学生进行管理，督促学生认真自学；最后是学生自我监控，养成良好的自学习惯，提高自我监控能力是非常必要的，也是老师监控和家长监控的最终目的。提高自我监控能力就是增强学生学习数学的自觉性，及时调整和改进学习过程，这对学习效率和学习能力的提高是非常关键的。

（三）研究讨论策略，形成研讨模式

很多老师怀疑学生的合作讨论是否真的有效，而在几年的教学实践中，笔者发现要增强小组合作学习的效果，需要关注以下几个问题：首先，小组合作学习的关键在于有一个善于发言和起带头作用的组长，所以在分组之前选一个性格开朗、语言表达能力强、组织能力佳的组长很重要。其次是小组讨论的时机把握，并不是所有的问题都适合于小组讨论，如果问题的难度很大，学生讨论后仍不能解决，就没有讨论的价值，浪费课堂的宝贵时间。如果老师提出的问题大多数同学都不能解决，或者一个问题有多种解法，或者是很多同学需要个别指导，教师在课堂上没有时间解决问题，这种情况更适合采用小组合作学习。针对上述三种情形，小组讨论的模式也不尽相同，对于难度较大的问题，可以让组长或能够解决问题的同学做中心发言，教会组内其他的同学，就是通常所说的"思维求同"。对于存在多解的问题，可以让组内同学轮流发言，在多种解法的思维碰撞中，解决问题并发展思维能力，就是通常所说的"思维求异"。对于学有困难，需要帮助的同学，组长可以指定他们中的某个同学发言，检查学习困难的同学是否已经掌握了所学的内容，就是通常所说的"思维共同发展"。当然教师也可以参与小组的讨论，做适当的点拨或提示，增强讨论的针对性和实效性。最后是小组讨论的评价问题，教师要对各个小组的讨论做及时、客观的评价，表扬和激励表现优秀的小组，使学生对小组合作学习保持持久的兴趣和动力。

（四）精心编制学案，提升学习品质

"导学案"是教师教学的依据，是学生学习的抓手，"导学案"质量的高低对学生的学习效率和学习品质都会产生直接的影响。据调查发现，在学案的编制时特别要重视以下几个问题：首先是学案的编制要有强烈的目标意识。课堂教学目标专注于具体内容的学习，只处理细节，它们在计划日常教学中发挥作用。因此，数学课堂教学目标要强调"具体化""可操作""可检测"，经过课堂教学能看得见学生的变化。教学目标是教学设计的出发点和归宿，尤其是使用导学案的教学模式，应当引起足够的重视。其次是学案的编制要能启发学生思考，作为以培养思维能力为主要任务之一的数学学科，这一点显得尤为重要。学案的编制不能照搬教材，学生只要照抄书本上的重要知识点就能完成的学案，学生的学习效果肯定会大打折扣，并且会养成了"重结论轻过程"的不良学习习惯。教师要

根据所学内容选择具有思维价值的问题，引导学生自己探索，在不断思考中提高自学能力和思维能力。笔者认为，对于需要学生自主探索的问题，或者要体现数学知识过程性的问题，在设计学案时问题设置不宜过细，应笼统设计问题，留给学生充分的思考和探究的空间。对于学生很难独立解决的问题，可对问题进行分解做适当的提示，为学生学习搭好"脚手架"，帮助学生自学，针对教材和学生的认知特点编制利于学生学习的导学案。最后是学案的容量要适度，如果容量过大，会势必增加学生的学习负担，教师也会为了完成教学任务加快课堂教学进度，从而影响教学效果。

（五）展示学习成果，相互交流学习

1. 学生进行学习成果展示，完善自主学习的成效

学生完成自主学习这一过程之后，教师可以给学生提供展示探究成果的机会，也是对学生学习成效的一种检验。在学生进行成果展示的过程中，教师要细心听，找出其中的错误之处、不足之处和可取之处。在学生讲解结束后，教师再对学生自主学习的成果进行整体性的评论，好的地方进行积极的表扬，不足和错误的地方进行委婉的纠正，要用适当的语言鼓励学生继续努力。

2. 教师进行教学展示，与学生交流互动

教师需要展示的内容是学生在自主学习和小组讨论后都没有得到解答的问题，还有一些在做的过程中容易出错的题目。在展示的过程中积极跟学生互动，引导学生独立思考，发现并解决问题。在难点和重点问题的展示过程中，教师要注重问题的重要性，进行详细的讲解，组织学生同教师一起讨论交流，倡导学生敢想、敢讲，促使学生展示自己的独特见解，对与错都在后期处理。

三、数学学案导学教学模式的优化

（一）优化导入环节

学起于思，思起于疑。问题的提出往往是进一步学习的开始。"问题导学"是以优质的"问题"为纽带，通过师生间对系列"问题"的互动建构、生成、甄别与合作探究，以提升学生的"问题"意识、增进学习效益、愉悦学习过程的一种教学方法。问题导学一定程度上打破了传统课堂的教学模式，开启了师生之间、生生之间的对话模式。因此，在课堂的练习中，为了激起学生学习兴趣，问题式的导入必不可少。如何设计问题导入？本书采取维果茨基的最近发展区学习理论观点，问题的提出要根据学生的"现有发展水平"，引导学生达到"潜在发展水平"。

（二）优化自主探究

学生的学习方式改革及自主探究问题，是世界各国教育界共同关注的焦点，

也是我国基础教育改革的重要方向。在平时教学中主张"自主、合作、探究"，这对学生学习有很大影响。然而通过研究发现，数学导学案中的课堂练习虽有涉及自主探究的问题，但是从整体来看大部分只是简单的知识点填空，题目没有太多的探究性空间，不能激起学生对知识点的好奇心，只会给学生带来懒散及厌学情绪。如何设计自主探究性问题？事实上，导学案中的课堂探索不仅要加强与数学课本的联系，还要有针对性设置不同层次的探索性问题。因此，本书紧密结合教材，从教材内容出发，根据学生不同层次水平的需求，采用逐渐深化的探究性问题提出教材的重难点内容。在设计自主探究性的练习时，有意识地为学生创设层层相扣的探究性问题，一方面满足学生对知识追求的好奇心，另一方面能够让学生通过练习发现问题，通过问题也能够更好地理解和贯通知识。

（三）增加合作学习模块

符号互动理论认为，有意义学习的过程必然是与他人互动的过程。合作学习是课堂互动的有效方式，促进同学之间相互交流。与传统讲授式教学相比，合作学习不仅能够大面积提高学生的学业成绩，而且为学生提供了相互沟通和交流的平台，有利于学生在小组合作中学会学习、学会交往。小组讨论成为大部分一线教师课堂教学的一个重要环节，是学生合作学习的重要形式。然而通过研究发现，现有导学案中没有直接呈现合作交流内容，那么学生如何自主合作交流？本书采取问题驱动的形式，根据教学内容设置不同层次的问题，题目难度由简单到复杂，小组成员根据自己的理解对问题展开讨论。因此，教师在导学案的设计中，要设计学生合作交流的练习，让学生在共同讨论、合作学习中快乐成长。

（四）增加例题模块

例题是学生掌握重点知识的桥梁、解题技能的探索，并把书本要掌握的知识和道理汇聚一体。由此可见，例题对学生的学习起到至关重要的作用。众所周知，在数学教科书当中，一直以来，例题是司空见惯的文本内容之一，例题的重要性也是显而易见的。因此，为了满足大部分学生的学习需求，有必要在导学案中增添例题一栏。

（五）优化小结模块

如何使小组合作学习达到最优化，也是目前一线教师十分棘手的课堂教学问题。很多教师在短暂的时间内，针对所有的小组讨论情况，无法具体深入且一一明了。为了更好地提升合作成效，使合作学习真正成为一种有意义的学习。由此，小组进行小结就显得十分重要。据调查，在导学案设计中，小结这部分内容还存在着很大的不足，在一些导学案中有设计相关的小结题目，也存在很大一部分的导学案并没有涉及小结的内容。因此，针对这种不足，本书根据学生学习的特点，对此进行了进一步的优化设计，把小结分为小组小结和本节总结两大部分。"小组小结"由组内成员完成，并与其他组成员展开讨论，最后由小组代表上台展示本组成果，"本节小结"由数学课题小组老师完成。在这两部分中，本书设计较为灵活，针对较为简单的内容，在小组讨论完之后，让小组一起进行归纳总结，得出结论；而针对较为复杂的知识点，则以问题与练习的形式让小组展开讨论，以此得出最终的结论。

（六）增加课后反思模块

有意识的活动更加有助于学生学习。反思性学习一向被认为是教师专业成长的重要途径，是备受提倡的专业成长路径。事实上，在学生的学习过程当中，这种反思性的学习方式也是十分重要的。孔子曾经就提出"学而不思则罔"的学习之道，可见，思考、反思在学习当中起着十分重要的作用。学生只有经过反思，才能进一步了解自己掌握知识的程度、学习状态的情况，并发现自己的不足，也才能进一步消化并内化新知识。因此，课后反思对学生来说是学习的重要一环。如何培养学生的反思性学习能力，就需要教师在日常的教学中有意识地引导学生进行反思与求索，而在导学案的设计中，应有意识地重视反思性学习对学生学习的重要性，让学生根据自己所学内容情况进行评价，培养学生自我认知能力。

第三章 中小学数学合作教学模式

第一节 合作教学模式概述

一、合作教学的内涵和特征

（一）合作教学的内涵

合作学习不仅仅是一种新的教学模式，同时也是一种新的教学理念。将合作学习概念描述为：合作学习模式主要是指在课堂教学过程中，把学生分成若干小组，教师制定一定的合作步骤和方法，督促指导学生在小组中共同学习知识。目的在于让不同程度的学生在小组内自主探究、合作学习，一起实现共同的学习目标，促进学生在知识、技能、情感态度等方面的全面发展，组建一个创新型的学习体系。

合作学习可以简单理解：在以班级为单位的课堂教学中，将班级学生分成若干个小组，固定每一个小组的成员人数，尽量使得组内的成员成绩各不相同，并且为组内的成员分配相应的课堂学习任务，这样同一组内的学生为了完成任务，就会积极主动地讨论、思考，这样就实现了学生与学生之间的互补学习，教师与学生之间的交流、互动，构建合理的评价体系来评价各个小组团队任务完成的好坏，以此来推动学生不断提高水平。

（二）合作教学的特征

第一，合作学习是一种以学习小组为基本形式的教学形式。合作学习的开展借助于学习小组，学生以学习小组为单位，在学习小组内共同协作开展学习活动，完成学习任务。

第二，合作学习是一种以教学动态因素的互助合作为动力资源的教学活动。合作学习是一种活动者之间互相合作、互相帮助的教学活动，在活动中合作者不是呆板静态的，而是动态灵活的。

第三，合作学习是一种目标导向的教学活动。合作学习不是没有目标的教学活动，而是合作者具有共同的合作目标，并且为了实现这一目标而共同努力的教学活动。为了达到共同的目标，合作者互相合作、互相帮助、互相协调，共同完成合作任务。

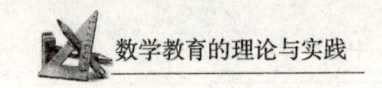

第四，合作学习是一种以成绩为奖励依据的教学活动。没有成绩作为奖励，学生的合作学习就会成为一盘散沙，合作学习就会失去动力。因此，合作学习是一种以成绩为奖励依据的教学活动。

二、合作学习的基本要素

（一）相互依赖

相互依赖就是相互依存的意思，这是合作学习的基础。只有小组成员之间具有相互依靠的状态，小组合作才有可能产生。要让小组内的每一个成员都感觉到自己是小组的一员，自己能够并且愿意接受和容纳彼此，自己的一言一行都会影响小组内每一个成员，小组就是一个和自己息息相关、荣辱与共的整体。在具体实施时，可以通过小组成员的任务分担等来实现。

（二）个人责任

个人责任是小组合作学习的载体，如果一个小组没有划分好各成员之间的责任，合作学习就是一个理论上探究的空壳子。个人责任的明确，可使不同学习基础的学生在活动中得到相同的尊重，同时也能防止"搭便车"现象的产生，从而有效地提高其学习积极性，促进每个学生的发展。

（三）社交技能

社交技能是提高小组合作学习效率的催化剂，部分学生的社交技能比较薄弱，导致他们在小组讨论的时候无法顺利地进行，从而导致合作学习的效率非常低。如果不及时地进行相应的调节，合作学习便会受到阻碍，严重时，合作学习甚至会无法继续开展下去。因此，在数学课堂教学中实施合作教学时，更应该注重对学生社交技能方面的训练，为合作学习的顺利进行打下基础。

（四）小组自评

小组自评即小组内部成员之间的互评，这是小组合作学习的优化剂，通过小组自评，可以发现小组活动中存在的问题，查找原因并给予改正，最终提高小组合作学习的效率。小组自评的主要方面如下：第一，明确发展的目标和方向；第二，总结有益的经验；第三，明确小组的目标。

（五）小组分组

小组分组是合作学习的展现形式，在划分小组时应该综合考虑各个方面的因素，不能以学科成绩作为分组的唯一依据。合作小组分组是否科学合理，也在很大程度上影响着小组合作学习的顺利开展。

三、合作教学的积极作用

第一，合作学习是课堂教学互动理论的发展。在没有提出合作学习理念的时候，常常只是教师和学生之间进行互动，却否定了学生与学生之间的互动。事实上，教师在教学中的所有活动，大都出现在与学生进行互动的教学情境之中。合作学习倡导生生以及师生间的多边互动性，它发展了课堂教学互动理论。

第二，合作学习开辟了教育的新领域。在传统意义上的教学模式中，仅仅重视教学的认知作用，却忽视了情感的作用，这不利于发展学生的非智力因素。合作学习不但注重发展学生的认知思维，而且非常注重学生学习的趣味性，注重了教学的情感作用。合作学习有效地统一了技能、情感以及认知，因此合作学习开辟了教育的新领域。

第三，合作学习使得学生个体得以发展。合作学习使得学生的合作观念和集体思想得以增强，有利于培养学生的创新能力和践行素质教育。

四、数学合作教学存在的问题

（一）分组随意，合作困难

许多教师认为分组教学就是让学生几个人凑在一起商量出一个结果就行了，对于小组怎么分，小组内如何分工合作并不关心，往往是同桌、前后桌就近讨论，由此导致小组成员互相之间没有默契，组员间的分工合作无法开展。所谓"讨论"，往往只是一两个学生在说，而平时数学成绩不好，或者性格内向的学生则一言不发，导致"学的更学，不学的更不学"，既体现不出学生之间层次的差异，也无法激发学生参与讨论的积极性，两极分化现象非常严重。

（二）学生自控力差，效率低

中小学生年龄相对较小，他们的自控能力还比较弱，在初中的分组教学课堂上，经常会出现小组成员讨论偏题离题的问题。教师开展分组合作教学，原意是给学生自由思考和发挥的空间，但如果教师不能有效地把控讨论环节，这个"空间"就有可能变成学生偷懒分神的空间。

（三）滥用分组，目的不明确

由于分组教学存在非常明显的优势，大部分教师都喜欢使用这种方法，但很多时候教师没有考虑实际情况就贸然效仿分组合作的模式，导致分组教学法被大量滥用。有些数学教师每节课都要使用两到三回"分组讨论"，不论是有难度的思维型的问题，还是比较基础的知识性的问题都交给分组讨论来解决。

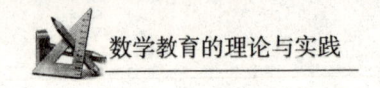

五、数学合作学习的作用

（一）体现了教学活动中各动态因素的多边互动，有利于激发、维持学生的学习动机

数学的合作学习包含了教师与学生之间的双边互动，构成了动态因素互动的立体交流网络。还有教师与合作小组的双向互动、小组成员之间的多向互动等多种交流形式，特别是生生互动在教育活动中处于重要地位，起着重要作用。这种互动方式通过师生双向的交流，教师不再垄断整个课堂的信息源，改变了在传统集体教学中，学生处于十分被动的情况，使学生的主动性、创造性得到了充分发挥。

合作学习改变了传统的能力分组，对于一个由4～6人组成的团体小组，具有共同的学习目标，是一种"利益共同体"。只有小组中的每一个成员都取得成功，整个小组才能获得成功。这种做法可以增强学生捍卫为集体荣誉而学习的强烈动机，使组内的每一个学生都树立起"荣辱与共""休戚相关"的集体意识。

（二）给学生提供了满足需要的机会和形式，有利于促进学生的社会性发展和健康个性的养成

"需要满足论"认为，学校是满足学生需要的最主要场所，学生到学校里学习、生活，主要的需要是自尊和归属。而数学合作学习教学组织形式的建立可以给学生提供开展数学互助学习的场所和机会，使其在小组中相互交流、彼此尊重，在学习数学知识的同时分享成功的快乐。

社会心理学认为，人的心理是在人的活动中，尤其是在人和人之间相互交往的过程中发展起来的。合作学习为小组成员之间提供了相互学习和交流的机会，增加了课堂上学生之间互助合作的频度和强度，有力地提高了学生的社会化程度。

（三）学生由传统教学中单纯的旁观者、消费者转变成了教学活动的积极参与者，有助于培养学生的合作精神和团体意识

数学合作学习倡导在小组学习的过程中，为达到人人教我、我教人人的目的，能够较好掌握某种数学知识和技能的成员，把知识和技能教给组内的其他成员。合作学习对数学课堂教学的积极参与，有助于加深学生对数学知识的理解，加强对于知识的认识程度。为了能够教得清楚、透彻，作为讲授者的学生就必须对所要解释的数学材料进行认真阅读和分析，从而提高自己对数学知识的掌握程度。

学会合作是现代教育的重要价值取向之一，是培养学生合作精神的重要途径。能够推动学生以积极的态度投入到学习探究之中。合作的小组为了完成共同的学习任务，在互动互助时大多有明确的责任分工，小组中每个成员在积极主动完成自己任务的同时，又能够融入小组的整体工作协同完成任务，倾听意见，互动交流，实现小组的共同提高。小组间的竞争，既提高了竞争的能力和水平，也培养了团结协作的精神和学生的竞争意识。

（四）数学合作学习有助于提高学生交往技能，有利于教师的发展和集体发展

人际交往技能同认知技能、动作技能一样，应该在中小学得到系统训练。"在合作中学会学习，在学习中学会合作"，这句话恰恰表明，合作学习既是学习取得成功的条件，同时也是一种重要的学习目标。美国教育家阿姆斯特朗根据人的多元智力理论，提出了最优的教与学的方式问题。在这个理论中，他认为提高人际交往技能的主要方式，应当是通过与他人交流思想，加强与他人的联系与合作。由此可见，小组合作教学是培养交往技能的良好形式之一。

数学合作不仅是教师间的教研相长，也是师生间的教学相长。通过合作问题、情景的设置研讨，实现教师知识结构、技能素养的进一步提高，强化教师对校本课程的开发。通过有效的数学合作学习，能够在较大程度上强化团结协作精神和增强人际交往能力，提升集体的凝聚力，培养合作意识、团队精神。

（五）有利于面向全体学生，促进每一个学生的发展

长期以来，数学教学大多以教师为中心，个别学生接受提问或上台答题，其余大多数学生无法直接参与活动。然而，采用数学小组合作学习方式，则可显著增加学生的参与机会。各合作小组里的每个成员都有自由发言和表现的机会，开展更多的交流和评价，使班级授课制下数学教学的局限性得到最大限度的弥补。应该看到，不同的学生在心理现象、知识能力、思维习惯方面存在着较大差异，数学合作学习恰好能够解决教师难以面向众多有差异学生的教学产生的不足。教师可将全班同步划一的教学活动细化为小组中少数学生的个性化活动，为小组中每个学生的个性化学习提供较多的机会。教师由以往的大致关注整个班级的进步，发展到关注每个小组以及小组中每个学生的进步，为更好地因材施教创造更加有利的条件。在共同参与的过程中，每个学生知识、技能和情感都可以得到不同程度的提高。

第二节 数学合作教学的主要形式

一、师与生合作学习

师生合作强调教师和学生的共同参与，在教学过程中，教师应该充分尊重学生、信任学生、欣赏学生、理解学生，教师要注意充分调动学生学习的积极性，最大限度发挥学生的自主性和主动性，引导学生积极地开拓思维，充分发挥学生的创造性，使学生得到充分的发展；另一方面也有利于促进教师自身的发展，使教师

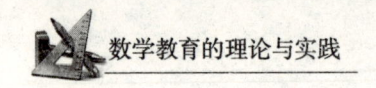

在教学中能够不断地改进教学策略并提升自身的素养。

二、学生之间合作学习

学生之间的合作学习是目前主要的研究内容，这种方式规避了学生之间互助合作的弊端，重视学生之间的互动合作，主张构建以生生互动合作为主要特色的课堂教学模式。这种模式借助于学生之间的小组合作学习以达到课堂教学的总体目标，最终满足学生单一个体和集体之间在知识和能力层面的协调发展。目前，这种生生合作的教学模式，已经在全国大多数学校展开，成为课堂教学的重要方向。

三、老师之间合作学习

所谓老师之间的合作学习，就是指相同或不同学科的老师相互配合，共同提高教学效果。师师合作的教学模式兴起于20世纪80年代末的美国，它主要是以合作授课的理论和实践为代表，针对教师之间缺乏互相交流和合作的现状提出的，提倡两名或者多名教师在课堂上共同协作授课。实际上，单靠教师一个人的能力毕竟十分有限，而不同的教师对待同一个问题的看法和角度可能是不一样的，所以在课堂教学中如果多个教师共同合作，则可以互相帮助、互相弥补，使得课堂教学的内容更加完善、更加合理。通过教师与教师之间的相互启迪，就会迸发出一些新的思维、智慧，这拓宽了教师的视野，启迪了教师的思路，提高了教师的授课水平和质量，更能发挥出合作学习的重要作用。但是，因为受到师资、人员数量以及人员素质等方面的限制，大多数学校一时之间还不能达到师师合作的要求，因此我们可以从教师之间的合作备课、合作研究、互相交流入手。

第三节 数学合作教学需注意的问题

一、怎样的合作更有效

合作学习是数学课程改革所追逐的目标，成为目前新课程改革所倡导的学习方式。由于我们对合作学习的适用范围不清，概念认识不明确，在现实的数学教学中，经常出现"形式"跟从或"片面"适从的现象，其结果往往导致对合作学习概念的异化，使教学效率十分低下。

具体表现如下：一是分组的随意性比较大。大多数教师只是单纯根据学生的座位就近分组，座位变了，小组就变了，没有考虑到学生的搭配和组内的分工。二是合作学习的目的不够明确。有的教师把合作学习当作了课堂的调味剂，只在讲累时和有人来听课时让学生简单地"合作一下"。三是学生不清楚应该如何合作。在没人听课时，学生往往把合作学习当作"可以热闹一下、放松一下的时候"，在有人听课时，学生又觉得是件难受的事情，讨论时不能不说，说时又觉得无话可说。四是学生缺乏群体意识。合作往往流于形式，貌似热闹，真正汇报时有的不知道说什么，有的没有达成共识，只能表达自己的观点。

为了能够取得理想的合作效果，笔者认为应该做好以下几点工作：一是教师必须提高认识，转变学生的学习方式，将以往的学生被动接受式学习方式转变为动手实践、自主探索与合作交流等方式，这也是新课程改革的一个重要方面；二是教师要精心组织好合作学习，要有明确的合作学习目的，创设合作学习的良好氛围，精心设计和安排合作学习的内容；三是讨论不能只停留在表面而不深入，还必须建立在学生独立思考的基础之上；四是加强对合作学习的指导和评价，同时通过评价，有效地促进合作向正常的方向发展。教师对于小组内每一个角色都应该进行指导，如怎样记录、怎样组织、怎样汇报、怎样补充，都承担什么样的任务等，使学生逐步形成一种合作的习惯。

二、教师的角色定位和明确目标，适度定向

在合作学习中，必须关注教师的角色定位问题。教师是学习活动的合作者、组织者和引导者。而在实际教学中，多数教师往往无法准确地把握自己的角色。学生在讨论的时候，有的教师站在讲台前，有的轮流转几圈，没有把自己融入学生的学习中，成为学生的学习合作伙伴。归根到底，还是教师的角色没有发生转变。因此，教师要注意多学习、多实践，在日常教学中要推动观念和角色的转变，这样才能使学生的合作学习在教学中发挥更好的积极作用。当然，这种转变需要一个很长的过程，需要逐步探索和完善。

教师在分组学习前，根据教学要求和实际情况由学生自行制定或与学生共同确定目标，为合作学习适度定向。教师对教材编排意图的理解和设计是影响合作学习的重要因素。为完成教学目标，教师要认真研究教材，明确教学重点、难点，要达到教学目的，并精心设计教学方法。合作学习并不是无目标性的瞎折腾，也不是为了让课堂看似活跃而采取一种摆设，合作学习是不断地追求最优化的有效教学策略。

三、组长负责，优势互补；把握时机，保障时间

合作学习探索过程是始终让学生在不同的情境中去相互合作、动手实践，充分暴露了各自的思维过程，在观察、比较、辩论、分析、归纳的过程中，得到第一手材料，并从而得出结论。对四人组或多人组每次由组长主持负责全组学习，明确组员在学习活动中的角色、分工，注意个体学习和合作学习相结合，让学生学会阐述、倾听、整合信息等。组长也可采取轮换的方法，尽量发挥每个人的长处，做到优势互补。

学生是学习的主体，不是消极的容器。要让学生把知识转化为自己的东西，

必须自己主动地学习。合作也并非每堂课都适宜，也不是一定在整堂课进行，教师要把握恰当的时机、选取合适的内容进行小组合作学习，提高学生参与合作学习的内在动力，让学生带着迫切的欲望投入到合作学习之中。

四、共同参与，教学相长；开展评比，增强合作交流意识

在合作学习过程中，教师要善于结合学生的实际情况，针对教学目标、教学内容及教材的重难点，设计能够激起学生参与学习的内在动机，又能充分发挥小组合作学习认知功能的思考题、讨论题，提高同伴间合作的效率。教师要深入各组参与学习交流，听取学生意见，发表自己的看法，为他们提供一些指导性的帮助。这样师生平等对话，更有利于激发学生的思维，同时教师也能在与学生的互动中收获启示、捕捉亮点，谋划下一节课的教学。

有时学生更信服来自同学的鼓励、帮助，为了促进学生自主学习，教师也可以自拟几个题目，让学生进行测试，然后让小组长按标准给每位同学打分，再按小组总分进行评比。成绩好的同学感到他们只考虑自己的学习是不够的，成绩差的同学感到影响了本组有了压力，这样使压力变成集体和个人的动力。评比后，小组里的那些学习有困难的学生，每天都有同学督促和帮助，学习成绩有了非常明显的提高。所以，开展学习评比活动可以适当以小组为单位，这样既有利于强化学生的合作意识，还可以全面地提高学生的整体素质。

五、严防两种倾向

第一，防止追求表面上的热闹。有些教师为了显示教学上的宽松、民主，追求课堂上学习气氛的活跃，往往只重视讨论热烈与否，学生参与是否积极，只看形式而忽略了任务的完成和合作的效果，这种现象在合作学习中非常普遍。

第二，切忌把讨论变成了只有少数几个人发言的舞台。合作学习刚开始时，学生大多觉得这种学习形式比较新鲜，每个成员都积极参与小组讨论，争先恐后地发言，以表明自己的观点。时间久了，学习好的同学就慢慢地成了小组里的中心人物，成绩差的同学就会觉得受到了排挤，失去了学习的积极性和发言的勇气，小组讨论就成了某些人的代表发言。

六、合作学习必须在独立学习的基础上进行

合作学习离开了独立学习这个前提，就如水上浮萍，落不到实处，也就达不到合作学习的目的。如果只有合作学习而缺乏各自独立学习，一方面使有些学生无法交流，另一方面会造成好学生的"垄断"，这样不利于培养学生的探索精神。长此以往，学生的自主学习能力将会丧失，会产生依赖心理。教学中，教师提出一个问题后，应给学生充分的独立学习时间，然后组织学生小组合作学习，在组

内交流自己的看法，形成"统一"意见后，再在全班进行交流，形成"统一"意见的过程，也正是学生形成正确认识并积极体验情感的过程。

第四节　数学合作教学的路径

一、科学地组建合作学习小组

（一）组内异质，组间同质

"异质"分组是指根据学生性格、能力、性别的不同，将2～8名学生分为一个学习小组，这样能够实现学生间的互补，有利于小组功能的发挥。因为各个小组是异质分组的，从而实现了小组之间的同质，这有利于公平竞争。具体来说，教师首先对学生的学习成绩、组织能力、学习习惯等进行了解，将学生划分为四个层次，即优、良、中、差，确保各个小组性别、人数和层次性的总体平衡，最后选择一名能力强的组长。当然，组长可实施轮换制，确保所有的学生都拥有发展机会。

（二）明确分工，相互配合

结合学习活动的要求，在小组中设置组长、汇报员、记录员、联络员：组长协调和组织小组的活动；记录员对小组的学习情况进行记录，并对学习的结果进行总结；汇报员为全班汇报小组合作学习的成果；联络员联系其他的学习小组，实现组间的激励。这样可以使学生体会到小组合作学习的意义和每一个角色的职责，从而感受到成功的喜悦。

二、教师必须有效参与合作学习的过程

（一）教师要对学生的合作学习提出明确的要求

有的教师讲课时布置学生进行小组合作学习，就只说了声开始，再也没有其他语言，仿佛学生能猜透教师的意图自动完成。合作学习过半，才发现学生没有按照自己设想的思路开展合作学习活动，合作学习没有收到应有的效果，这才急忙打断学生的学习，把合作学习的要求补上，但是这时候学生的注意力比较分散，根本起不到应有的效果。所以，为了保证合作学习的质量，明确的要求必不可少的，它是合作学习的前提。

（二）教师要指导学生如何提出疑问

对数学课堂来说，学生合作学习过程中如何汇总小组内的疑难问题，提出有价值、有代表性、有效的问题，直接关系合作学习的质量和效果。疑难问题提多了，

解决的时间不够用；疑难问题提少了，无法涵盖大部分学生的疑问；疑难问题提得没有价值，学习的质量就会受到影响。因此，教师应该指导学生如何提出疑问：对于小组内大部分成员都出现错误的题目应该提出来；对于小组内大部分成员难于解决的问题应该提出来；对于小组内各持己见、意见不一致的问题应该提出来；对于同一个问题有多种解法的问题应该提出来供大家交流；小组内虽然已经解决了但是蕴含着规律方法的有价值的问题应该提出来；小组内所犯的典型的错误应该提出来等。

（三）教师要参与到学生的小组活动之中

在学生进行合作学习的时候，教师不能"袖手旁观"，更不能抛下学生的合作学习去做下一个环节的准备工作，而是应当走下讲台走入学生中间去，巡视学生的小组活动，观察每一个小组的合作学习情况，参与他们的小组活动，做到对学生各个小组合作学习的具体情况心中有数。

（四）及时调控出现的问题

教师要针对合作学习中出现的问题，及时调控自己的课堂。课堂上瞬息万变，常会出现一些意外的事情，合作学习并不一定会完全顺着教师事先设计好的思路进行，突发事件的发生或突发问题的出现，经常会打乱教师的设计。因此，这就需要教师根据课堂的实际情况及时调整自己的课堂教学计划，发挥教师的调控作用。成功的合作学习既不是死板教条的，也不是千篇一律的，而应该是灵活实用的、变化自如的。教师调控作用的及时有效发挥，关系着合作学习的质量和效果，教师应该在教学中不断提高自己调控课堂的能力。

三、学习习惯和技能的培养

（一）培养学生学会倾听

只有学会倾听，才能更好地发表意见。虚心地听取别人的发言和意见，和别人交流，从中吸收对自己有用的东西，取别人之长补自己之短，这对于合作学习来说显得尤为重要。孔子曰"三人行，必有我师焉"，说的就是这个道理。教师要在学生合作学习之前强调学会倾听的重要性，并在合作学习的过程中不断指导学生怎样去倾听，使学生不断提高倾听的能力，培养他们合作学习中倾听的耐心，使学生能够互相倾听对方的意见，弥补自己考虑问题的不足，提高合作学习的有效性。

（二）培养学生学会质疑

在合作学习过程中，不仅要学会倾听，更要勇于提出质疑，质疑比倾听更重要。如果学生在合作学习时只是听别人的发言和意见，自己不敢发表意见或者没有自己的见解，无疑达不到合作学习的目的。学生能够提出质疑，说明他勤于思考，学习积极主动。因此，教师要鼓励学生勇于质疑，学会质疑。当学生有疑问的时候，要鼓励他们及时提出来；当学生对问题有不同的见解或者意见时，要鼓励他们勇于提出来，大胆地质疑；当学生想到了其他同学没有想到的或想不全面的，要鼓励他们勇于进行补充。为了培养学生勇于质疑，教师要通过及时的表扬和鼓励推动学生不断进步。

（三）培养学生学会表达

仅仅会倾听、会质疑还远远不够，必须让每个学生学会表达自己的想法和意见。教师在课堂教学的过程中，可以让学生勇于表达自己的观点，但是很多时候，由于这样那样的原因，常常只有几个比较活跃的学生举手。有的学生在参与小组合作讨论时能够说出自己的想法，而且发言很有价值，但是等到全班交流时却羞于表达，这就需要教师及时发现、及时鼓励。事实证明，只要教师能够调动起学生参与的欲望，培养学生敢于表达的勇气，给学生机会，有意识地把一些容易表达或者比较简单的问题留给那些不爱发言或者学习上比较困难的学生来回答，并且及时对他们的表现给予肯定和表扬，平时注意多鼓励他们，长此以往，学生的表达能力必然会得到提高。

四、建立合理的评价机制

（一）教师评价

教师评价是一种传统的比较常见和重要的评价方式，它对学生的身心发展起着举足轻重的作用。因此，教师在对合作学习进行评价时，要做到公平合理，既要重视对学生个人的情感、合作态度、参与情况等表现的评价，又要注重对合作学习小组之间的整体评价。

重视对学生个人的评价，能发现学生的闪光点，能够使每个学生都获得成功的体验，看到自己的进步；注重对小组的整体评价，更能激发起学生的小组意识，培养学生的集体荣誉感，激励学生为了小组利益而互帮互助，为了共同的目标而努力。可以开展小组间评价竞赛，来调动学生的积极性。可以把学生每次课堂上的发言加在课堂表现得分里，让负责记录的同学统计得分后评出表现最好的3～5个小组，教师上课后对表现好的小组提出表扬，并给他们组的每个人再加上奖励得分，采用个人和小组的捆绑式评价，以小组为单位进行评价。一个月对小组评价进行汇总，评出一个月的优胜小组，还可以评出进步最大的小组以示鼓励。为了鼓励那些成绩比较差的学生上课积极发表自己的意见，还可以对学生的得分情况进行调整，对学生按水平高低倒序得分，水平高的得分少，水平低的得分高，这样能够激励小组内成员对水平低的学生切实地进行帮助，有利于促进全组同学

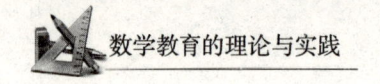

共同进步。

（二）小组互评

小组互评也是合作学习评价的一种新的有特色的评价方式，学生小组内的成员平时合作互助比较多，互相之间比较了解，所以让他们互相进行评价，不仅有助于调动小组成员参与合作的积极性，而且有助于科学合理地对学生进行评价。目前，在部分学校，小组互评已经成为一种模式：每次合作学习后，教师可以发给学生一份评价表，表中详细地列出评价的具体内容和评分方式、评分标准等，每个学生参照评价表给组员打分，把所打分的平均分作为这个组员的分数，这样每个学生都参与其中，这样比较公平合理。

（三）学生自评

学生作为合作学习的主体，能够及时反思自己在合作学习过程中的表现，不仅反思自己的不足，而且从中汲取对自己有帮助的经验，通过及时总结自己与同学合作过程中的交流方式、讨论方法以及解决问题的方式方法等，推动自己深入思考，这样才能不断进步。学生自评的方式可以多种多样，既可以是组内口头交谈方式，也可以是班内口头交流方式，还可以采用书面方式，让学生写出自己在合作学习中的感悟，当然也可以根据教师给出的自评标准让学生自己进行评价，学生的自我评价是学生不断进步的基础。

（四）组间互评

在上述评价的基础上，还可以开展小组间互评，以促进合作学习小组间的竞争，激发小组成员积极向上的热情，增强小组的凝聚力，使全体学生以自己的小组为荣，为了小组利益团结在一起，互帮互助。可以让各个小组互相评一评哪个小组合作学习活动开展得最好，哪个小组互帮互助最有效果，哪个小组表现得最积极，哪个小组最团结等。

此外，只有科学合理的小组评价方法显然是不行的，教师还要注意把小组评价落到实处。评价要想取得应有的效果，还要做到及时总结和评比。在每一次合作学习结束以后，教师都要及时地对个人和小组进行评价和总结，每周要进行一次简单的总结，每月进行一次大的总结，还要采取必要的奖惩制度。

第四章　中小学数学概念教学模式

第一节　概念教学的内涵及要素

一、数学概念的内涵与特点

（一）数学概念的内涵

概念是心理学、哲学、逻辑学等许多学科的研究对象。各门学科对概念的理解存在一定差异，哲学上把概念理解为人脑对客观事物的本质特征的反映，但心理学上对概念的理解比哲学的理解更广泛些。一般心理学上认为，概念是同人的分类行为紧密相连的。人们把概念定义为：符号所代表的具有标准共同属性的对象、事物、情境或性质。例如，看到"圆"这个词，人们的脑子里立即产生一般的圆的表象，它不是指某一具体的圆，而是指一般的圆，这时"圆"这个词就代表了一个概念。当然，这种一般的圆只是一种抽象，世界上并没有离开具体圆的抽象圆。

概念通常包括四个方面：概念的名称、定义、例子和属性。例如，"圆"这个概念，"圆"这个词是概念的名称；到定点的距离等于定长的点的集合叫作圆的概念定义；符合定义特征的具体图形都是概念例子，称之为正例，否则叫作反例。圆的概念属性有：在平面上、封闭的、圆上的点到圆心的距离等于半径等。以小学为例，小学阶段的数学概念教学一般有以下几个构成要素：

1. 名称

名称就是用名词或符号来给概念命名，如长方形、平行四边形、小数、分数、方程等就分别是一些具体数学概念的特定名称。

2. 例证

例证是指能够反映一类数学对象本质属性的具体事物，数学概念既有肯定例证也有否定例证，一切包含有概念的共同关键特征的事物都叫作概念的肯定例证，反之就是概念的否定例证。

3. 特征

特征是指可以反映数学概念特点的标志，一个数学概念既有有关特征，又有无关特征。例如，"含有未知数的等式"就是方程的关键特征，而方程中用什么字母表示未知数、所含未知数个数的多少、未知数在方程中所处的位置等都是无关特征。

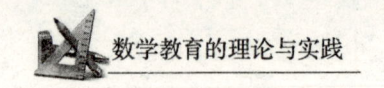

4. 定义

定义就是用特定的词语（或符号）对数学概念的内涵做出科学的规定，如"两组对边分别平行的四边形叫作平行四边形"就是"平行四边形"的定义。

（二）数学概念的特点

1. 数学概念的普遍性

数学概念代表一类客观事物，而不是个别事物，因而在一定范围内具有普遍意义。例如，"球"这个概念并不指任何具体质料、颜色、大小的球，而是这些质料、颜色、大小的球的抽象，即"在空间中，到定点的距离小于或等于定长的所有点的集合构成的图形"。

2. 数学概念的形式化

数学概念大多用特定的数学符号来表示，从而形式化。如用"$\cong$""$\lim$""$\sum$"来表示多边形全等、极限、求和等。因此，在实际教学中，要注意概念和数学符号是密不可分的整体，让学生明确符号代表的对象和数学性质。

3. 数学概念的简明化

数学概念是对客观事物的本质属性的抽象反映，因而是概括的，加之数学符号的普遍、合理使用，使得这种反映简明、清晰。

4. 数学概念的辩证性

数学概念是个别与一般、具体与抽象的辩证统一。

5. 数学概念的系统性

同一数学分支的诸多概念，可以用公理化方法组成一个逻辑系统，因而公理化体系就是这种系统性的集中反映。例如，学生学习掌握了整数、分数、小数的知识后，可以概括归纳成有理数；当数的概念扩大，学习了无理数之后，又可把有理数和无理数概括为实数；掌握了虚数后，又可把实数和虚数概括为复数，从而掌握系统的数学知识，这就是系统化的过程。只有通过把概念系统化的过程，才能使学生真正掌握概念的使用，加深对概念的理解。

二、概念教学的理论依据

（一）建构主义学习理论

建构主义学习理论强调：教师不能只是把知识传授给学生，而是应引导学生学会用自己的头脑来构建知识。此外，建构主义学习理论还认为，学生的学习也不能是被动接受，而是要依赖于一定的教学情境，结合他人的帮助，其中包括教师和同学，再加上必要的学习材料，争取以主动方式来获得。建构主义理论要求课堂以学生为中心，教师建立一定的学习情况，也可以利用社会文化背景，使学生能够主动探索和发现知识，积极地建构知识。这强调学生的认知功能，但也不能忽视教师的角色，教师要发挥促进者、帮助者和意义建构者的作用，而不是简简单单地传授和灌输知识。社会建构是基于维果茨基的理论，被视为核心理论。数学知识的社会建构是一个数学的确定性认识活动和学习活动的社会性，它认为提高数学活动不是一个封闭的过程，也不是统一的线性过程发展，必然要经历发展和完善的过程，而这个"发展和完善"主要是通过与外界交流来实现。基于这种观点，社会建构促进学生的主动建构知识，强调学生的身体做信息处理，教师作为组织者建设活动，以促进和创建这些。教师通过创造一个良好的学习环境，使学生的主动性和创造性得到充分发挥，引导学生主动探索，主动发现，沟通和学习挂钩数学和社会实践，让学生学会相互合作和交流，并最终帮助学生建构数学知识，实现有意义的目标。

（二）有意义学习理论

有意义学习是奥苏贝尔提出的与机械学习相对的概念。他认为，有意义学习就是符号所代表的新知识与学习者认知结构中已有的适当观念建立非人为（非任意的）和实质性的（非字面的）联系的过程。简言之，就是符号或符号组合获得心理意义的过程。这一论断既给有意义学习下了明确的定义，也指出了划分机械学习与有意义学习的两条标准。

（三）认知发展理论

皮亚杰因为研究儿童智力和认识发展而闻名，并提出了发生认识论。他通过儿童心理学，把生物学与认识论和逻辑学沟通结合起来，从而将传统的认识论改造成了一门实验科学，他创立的认知发展理论是近代认知心理学中最重要的理论之一。皮亚杰根据自己长期对于儿童的观察与研究，认为儿童的认知心理发展阶段分为感知运动阶段、前运算阶段、具体运算阶段以及形式运算阶段。任何人的成长都要经历这四个阶段，其成长的快慢可能因为个人或文化的背景不同而有所差异，但各个阶段出现的先后顺序则是固定不变的。同时，这四个阶段是一个连续不断的发展过程，后一阶段是前一阶段的延伸，前一阶段是后一阶段的前提和条件。

小学阶段儿童处于具体运算阶段，是从表象性思维的概念化活动过渡到概念性思维的阶段。此时，儿童已从表象性思维中解脱出来，认知结构中已经具有了抽象概念，因而能够进行逻辑推理，但运算仍然离不开具体事物的支持，其认知活动具有了守恒性和可逆性。例如，可以理解数的运算过程中的一些基本性质，如若 $A<C$，$B<C$，则 $A<C$。但这一时期的儿童，一般只能对具体事物或形象进行运算。例如，学习"有余数的除法"，学生只有通过小圆片、小棒等自己动手分一分、摆一摆，才能逐步懂得为什么有的能除尽，有的除不尽还有余数，认识余数一定比除数小等道理，从而初步理解"余数"这一概念。

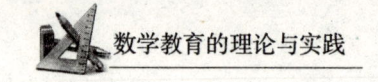

三、数学概念教学的影响因素

（一）学生的年龄、经验与智力

学生获得概念的能力随着年龄的增长、经验的增加而发展，学生的智力是影响概念学习的因素之一。但研究表明，就智力和经验对概念学习的影响程度来看，经验的作用比较大，有丰富的经验作为背景，可使概念的学习变得容易；反之，则容易导致死记硬背概念的字面定义，无法真正领悟概念。教师应及时指导学生获得实际经验，以增强对于概念的理解能力。教师应纠正学生死记硬背书本而不接触书本以外的东西，鼓励学生积极参加各种社会实践。学生的经验也可能在概念学习中产生消极影响。比如，在日常经验的影响下，学生往往只认水平方向的平行线而把其他方向的平行线说成是斜线或垂线。为了防止消极影响的产生，教师首先应当在材料的选择、组织和教学方法上多下功夫，应当把基本概念和基本原理放在教材的中心地位，以突出内部规律。教材可以按照由整体到细节进行编排，如统编教材的"三角形"一章就是这样编排的。但教材的安排不能都是这样，例如，不可能先讲复数，然后分化出无理数、有理数，再分化出分数、整数等。教材的编排应注意由浅入深、由易到难、由已知到未知的顺序。同时，还要注意及时引导学生探讨新旧概念之间的联系，一步步地由子概念系统向完全的概念系统过渡，并在复习时回过头来做由整体到细节、层层分化的工作。

（二）感性材料和感性经验

概念的形成主要依赖的是对感性材料的抽象概括，概念同化主要依赖的是对感性经验的抽象概括。因此，感性材料和感性经验是影响概念学习的重要因素。具体来说，它们在四个方面影响着概念的学习：

1. **数量**

如果感性材料和感性经验的数量太少，学生的感知不充分，就难以鉴别各对象的要素，不足以区分对象的关键属性和无关属性。

2. **变式**

变式是通过变更对象的无关属性的表现形式，变更人们观察事物的角度和方法，以突出对象的关键属性，突出那些隐蔽的关键要素，让学生在变式中思维，从而掌握事物的本质和规律。变式对学生领会概念及属性的因果联系等都具有极其重要的意义。通过变式，学生可看到一类事物的关键特征，舍弃无关特征，这样获得的概念更精确、稳定和易于迁移。如果缺乏变式，学生很可能会把某些无关特性当成关键特征来认识。

3. **典型性**

经验与研究表明，概念的关键特征越明显，学习越容易，概念的无关特征越明显、越多，学习越困难。因此，教师在概念教学中，可采用扩大有关特征的方法。

例如，将线性函数进行特殊分类，就是扩大有关特征的一种手段。

4. 反例

概念的反例提供了最有利于辨别的信息，对加深概念的本质认识可起重要的作用。反例的适当应用，不但可以使学生对概念的理解精确，而且可以排除无关特征的干扰。

（三）学生的概括能力

研究表明，概括（抽象）是人们形成和掌握概念的直接前提。学生掌握概念，直接受他们概括水平的制约，要实现概括，学生必须能对相应的具体事例的各种属性予以分化、比较、类化，从而抽象概括出共同的本质属性，因而分化、类化又成为概括的前提。因此，教师应把教会学生对材料进行分化、类化当作教学的重要一环，使学生在对材料顺利分化、类化的基础上，自己概括出概念的关键属性，培养学生的概括能力。另外，概括能力中很重要的是发现关系的能力，即发现有关具体刺激模式的各种属性之间的关系，发现新概念与原有认知结构中相应概念间的关系的能力，如果发现不了这种关系，概括就难以进行。

（四）语言表达能力

语言给事物以命名，对事物的属性与功能予以叙述，命名使对事物所获得的表象简化，并能防止事物因形式或外观的变化而造成个体对事物的认知混乱。对事物的属性与功能的叙述，能协调个体类化与辨别而形成概念。语言使个体在获得概念时，无须从头观察事物或回忆从事物获得的众多表象，便能直接地形成概念，所以语言表达是概念学习的重要手段，而学生能用自己的语言复述概念，解释概念揭示的关键属性，这是学生深刻理解概念的一种标志。

第二节　数学概念的生成方式

一、对概念的抽象性研究

在严格的数学研究中，无论所涉及的对象是否具有明显的直观意义，我们都只能依据相应的定义和推理规则去推理，而不能求助于直观经验。比如，尽管我们可以成百上千次地去实际度量各种三角形的内角和，但却仍然不能由此而断言"三角形的内角和为180度"，而必须做出严格的证明。也就是说，在严格的数学研究中，我们必须以抽象思维的产物作为直接的研究对象。数学抽象的特殊性，在于数学对象是借助于明确的定义得到建构的。

无论就数学抽象或者一般自然科学中的抽象而言，概念的产生相对于可能的现实愿望而言，往往都包含有一个理想化、简单化和精确化的过程。例如，任何真实事物的形状都很难说是严格的圆（球）形，在现实世界中也不可能找到没有大小的点、没有宽度的线等。从而，相应的几何概念就都是理想化的产物，就像力学研究中所涉及的也都是"理想的对象"，比如没有摩擦力的斜面、绝对的真空等。

再如，在几何研究中人们经常利用直观的图形或模型，但无论是教师或学生都清楚地知道，我们所研究的并非黑板上所画的那个具体的三角形，也不是那个木制的三角尺，而是一般的三角形，而后者与点、线、面等一样都是抽象思维的产物。

就数学对象的严格定义而言，我们在这不得不说明一下关于点、线、面等的定义的由来。尽管欧式几何的基本理论在古希腊的欧几里得那里已经得到了初步的完成，但是就点、线、面等基本概念而言，欧几里得却没有给出严格的定义，而只是借助生活经验给予了直观的描述，不过，相应的严格化工作在近两千年以后由希尔伯特完成了，这也说明了，每一个数学概念都来之不易，概念的背后，往往有一个耐人回味的历史过程。

二、弱抽象与强抽象

数学概念的产生在很多情况下源自数学内部，在已有概念的基础上进行缩小、扩张、延续，从而产生新的概念。我国著名数学家徐利治教授在他的专著《数学抽象度与数学抽象度分析法》中，详细介绍了产生新概念的两个方法：弱抽象和强抽象。

弱抽象也可称为"概念扩张式抽象"，即是指由原型中选取某一特征或侧面加以抽象，从而形成比原型更为普遍、更为一般的概念，并使前者成为后者的特例。例如，从全等形的概念出发，通过分离出"形状相似"与"面积相等"的特性，我们就可以分别获得"相似形"和"等积形"的概念，由于后者相对于"全等形"而言更为一般，因此，上述的抽象过程就是一种弱抽象。另外，如果以锐角三角函数的概念作为原型，借助于弱抽象我们就可以获得更为一般的任意角三角函数的概念，而这实际上是一个概念扩张的过程。弱抽象的原型，既可以是真实的事物或现象，也可以是已得到的数学概念。当然，弱抽象也应该符合前述的基本原则，从而给出明确的定义。也就是说，为了完成弱抽象，我们必须用明确的规范化的数学语言去表达从原型中分离出来的特性，并以此定义出一个更为一般的新概念。正如克鲁捷茨基所说："我们应善于从不相干的材料中抽出最重要的东西，以及从外表上不同的材料看出共同点。"

强抽象也叫"概念强化式抽象"，它是指通过引入新特征强化原型来完成抽象，从而所获得的新概念就是原型的特例。例如，由任意四边形的概念出发，通过引入"只有一组对边平行"或"两组对边分别平行"的特性，我们就可以获得较为特殊的四边形——梯形和平行四边形,进而由平行四边形的概念出发,通过引入"一个角为直角"或"一组邻边相等"的特性,我们则又可以获得较为特殊的平行四边形——矩形和菱形。

不难看出,与弱抽象相比,强抽象应当说更为突出地体现了数学抽象的特殊性,我们可以通过概念的自由组合形成新的概念,比如把矩形与菱形这两个概念组合起来,得到正方形概念的过程就是一个强抽象的过程。当然,在实际的数学研究活动中,新概念的生成又并非总是已有概念的简单组合,有时还需要通过发现新的特性得出更为特殊的概念。应当指出的是,尽管弱抽象与强抽象在形式上是相互对立的,前者是由特殊到一般,后者则是由一般到特殊。但是从实际的数学活动来说,在这两者之间又存在着相互补充、相互依赖的辩证关系。例如,我们可以由连续函数概念分化出可微函数的概念,这是一个强抽象的过程,但是微分与导数概念的引入,则又正是以计算运动物体在任意时刻的瞬时速度,以及曲线在其上任一点处切线的斜率等问题,作为现实原型进行弱抽象的直接结果。因此,上面所说的特殊和一般的关系显然只具有相对的意义,我们也就不应把特殊和一般的关系看成是一种严格的界限,而应更加关注概念在整体上的把握,达到对各个概念都有深刻的理解。

三、概念的思维方式

在上文中,我们讨论了弱抽象和强抽象通过概念间的逻辑关系生成新的数学概念的方法。除此之外,我们也可以利用思维方式的变化发展生成新的概念,而这种方法的依据,实际上就是数学中的类比。根据思维方向的不同,概念可以从同向、逆向和悖向三个思维角度生成。

同向思维主要是指思维在原先方向上的继续。例如,与二维平面中的点的概念相类似,三维空间中的点即可被看成是由三个相互独立的坐标(X_1,X_2,X_3)所定义的,四维空间中的点即可被看成是由四个相互独立的坐标(X_1,X_2,X_3,X_4)所定义的,与之相类似,n维空间中的点即可被看成是由n个相互独立的坐标(X_1,X_2,X_3,…,X_n)所定义的。再如,指数概念的推广实际上也是同向思维的一个实例,因为在对指数的概念进行扩展时,我们是在保持原有运算法则的基础上,定义了零指数和负指数。

与同向思维相对立,逆向思维是指与原先思维相反方向上的思考与研究。尽管两者的思维方向截然相反,但是与同向思维一样,逆向思维在数学概念的创造中也有着十分广泛的应用。例如,由加法到乘法、由乘法到乘方的发展,是同向思维生成新概念的一个重要实例。但是,除去这种同一方向上的推广,人们往往也会从反方向上思考,这就是逆运算的研究,进而导致了减法、除法、开方等运算的发展,也更直接地促成了数系的扩展。也就是说,逆向思维对于人们深入认

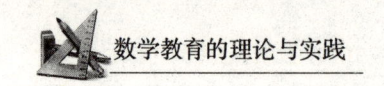

识概念的本质并促成概念的精确化有着十分重要的意义。

与弱抽象和强抽象的相互关系一样，同向思维与逆向思维在实际数学活动中也是相互依赖、交互为用的。如果说同向思维与逆向思维是我们较为熟悉的方式，那么所谓的悖向思维就更体现了数学思维的特殊性，因为悖向思维是指背离原来的认识并在直接向对立的意义上去探索新的发展可能性。例如，相对于乘方运算来说，开方运算的研究可以说是一种逆向思维。然而，在已经证明了任何实数的平方都不可能是负数的情况下，数学家却仍然引进了 i 这个平方等于-1 的虚数，由于这是与已经建立的认识直接相违背的，因此这就是一种典型的悖向思维。由此可见，能否很好地应用悖向思维，关键在于我们能否自觉地冲破传统思维的束缚，这就要求我们应当肯定悖向思维的积极意义。

以上关于数学概念的生成方法，只是为数学概念的创造提供了一些重要的方法和原则，但是以上论述并非创造数学概念的所有指导性方法。著名数学家彭加莱说："在数学创造中，往往需要数学家克服思维的惯性，敢于向传统观念提出挑战，从一类事实中寻找那些被人忽视的差异性，从而揭示出某些更深层次的内在必然性，以获得某些奇异性的数学结果。"

四、定义概念的要求

在数学中，每个概念（或词）都有非常明确和单纯的含义，它必须能够简单准确地表达出意思，既不能多，也不能少。因此，定义一个概念难免要受到约束。一般来说，正确的定义应当满足两个基本要求（有的还要多一些）：

第一，在定义内指出的不是一切属性，而仅仅是基本的属性。一般来说，一个概念会有许多属性。这些属性中有些是基本的，有些是非基本的，非基本的属性可以从基本的属性中推导出来，在定义中只应包含这些基本属性。例如，概念"平行四边形"有如下属性：四边形，两组对边互相平行，对边相等，对角相等，以及其他属性。在这些属性中基本属性是：四边形和对边互相平行。其他属性都可以由这两个属性导出，因而我们将平行四边形定义为对边相互平行的四边形。

第二，定义不能是恶性循环的。这一要求指的是，不能用这样的概念来定义一个新概念，即它依从于被定义的概念。

第三节 数学概念教学的现状及存在的问题

一、数学概念教学的现状分析

（一）数学概念教学的现实误区

数学概念是现实生活中某一数量关系和空间形式的本质属性在人的思维中的

反映，因而具有高度的抽象性。而中小学生思维具有形象性特征，抽象思维发展还比较薄弱。数学教学中要求理解、掌握、应用数学概念，对于小学生来说，具有一定的困难，而让学生对于主要进行数学概念教学的课堂发生兴趣，则更加困难。不少数学教师也都会感叹数学概念课的教学枯燥、乏味，缺乏思维情趣，比较难上。现实的数学概念教学，仍然采用由教师主讲、"满堂灌"的方式进行，学生学得被动、消极，对数学概念的理解掌握不甚了了。概念教学的现状存在误区不容乐观，与体现课程标准、突出学生主体地位的课改要求很不相称，不利于学生数学知识结构的建立与拓展。

（二）数学概念教学的应然要求

"课标"规定的课程目标进一步明确提出了"四基"要求，这也是对数学基本概念教学的要求，即获得适应社会生活和进一步发展必需的基础知识、基本技能、基本思想和基本活动经验。数学活动经验是数学认知的一部分，被赋予丰富的教学内涵。在新"四基"的课改背景下，以往表达枯燥、单调乏味的教师讲、学生听式的概念教学，已经无法满足当今课程改革的要求。我们要尽量创造出强化数学活动经验的数学概念教学经验，让学生从伸手摸、动手做等亲身体验活动中，丰富感性积累，体悟数学思想，积累数学活动经验，由外而内地让学生主体由了解数学概念到深刻理解数学概念，并进一步掌握和正确应用数学概念。

（三）掌握数学概念的理想化状态

从实现数学学习可持续发展的要求来看，儿童掌握数学概念应当落实辨认准确、保持牢固、理解深刻、应用灵活的要求。

首先是辨认准确。就是对数学概念的认知印象不是似是而非，不但知其然，了解概念表达的是什么，深刻了解概念的内涵和外延，而且要了解其与易混概念的区分，避免混淆。

其次是保持牢固。要求了解数学概念的有关来龙去脉，把握其产生和导出的由来和过程，理清数学概念之间的逻辑联系，形成一定的概念网络体系，要尽可能用自己的语言实现对数学概念的自我表述。

再次是理解深刻。懂得数学概念的产生条件和应用范围，能够举一反三，掌握数学概念在现实生活中的多种表现形态，能够分析数学概念的内涵和要点，区分其本质特征，能够把握数学概念的外延，划分概念的类型。

最后是应用灵活。对于数学概念，要求能够把握其应用的范围、成立条件和变式形态，运用中不僵化、善于从多角度变化理解和应用数学概念，避免概念的误用，灵活地解决有关数学实际问题。

学生掌握数学概念，是一个逐渐深入的动态过程，不是一次完成的。教师需要在教学中，注意加强概念的复习与勾连，安排学生多加比较与辨析，及时安排

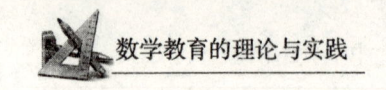

填空、判断与选择等题型的感知理解训练，并需要增加动手操作机会，强化学生的数学活动体验，落实活动经验积累，发展学生的数学思考。

二、数学概念教学存在的问题

数学概念知识是一切数学知识的基石，教师在教学过程中只有首先将这个基石打牢，才能进一步对数学知识进行开拓和延伸。为此，教师在开展数学概念教学时，需要关注教学过程中存在的一些问题，并认真进行思考总结。具体来说，可以归结为以下几个问题：其一，注重数学计算，忽略数学概念理解。在数学教学过程中，教师往往容易忽略对数学概念的理解性教学这一基础内容，认为只要告知学生相关的数学概念，学生就可以进行数学计算和练习。然而，教师的这种数学教学认识并不全面，学生对于这样的数学概念教学容易遗忘，在对数学概念理解模糊的情况下，极易导致数学计算出现错误。其二，注重数学计算结果，忽略数学概念解析过程。在数学概念教学中，教师往往单纯注重对数学计算结果的分析和总结，而在数学概念的形成阶段和具体应用阶段较少关注，这就在一定程度上造成学生对概念理解的模糊性和不全面性，从而无法进行数学概念的融会贯通和实践运用。其三，注重数学形象化的感知引导，忽略对数学概念的抽象化归纳。在数学概念教学中，教师通常会将关注的焦点放在对数学直观形象的引导上，而没有意识到将数学概念从直观的形象中抽离出来的必要性，不利于学生由具体形象思维转化为抽象逻辑思维。

（一）概念教学脱离现实背景

很多教师在上概念课的时候，首先要求学生把概念强记下来，然后进行大量的强化练习来巩固概念。这种死记硬背的教学方式有着很大的消极影响，由于学生并没有理解概念的真正含义，一旦遇到实际应用就感到一片茫然。

（二）孤立地教学概念

很多教师在教学概念的时候往往习惯于把各个概念分开讲述，这样虽然是课时设置的需要，但是这种教学方式会使得学生掌握的各种数学概念显得零碎，缺乏一定的体系，这不仅给学生理解和应用概念设置了障碍，同时也给概念的记忆增加了难度。

（三）数学概念的归纳过于仓促

数学概念的形成，是一个不断建构和解构的反复过程。引导学生准确地理解概念，明确概念的内涵与外延，正确表述概念的本质属性，这是概念教学应该达到的教学目标。而部分教师课堂教学中概念的形成过于仓促，学生尚未建立初步的概念，教师就已经迫不及待地进行归纳和总结。

（四）忽略概念的形成与联系

教师在教学中往往将学生所要探索的知识全盘托出，要求学生死记硬背而不强调理解，使其知其然而不知其所以然。然而，概念之间都有一定的联系，如果不注意相关概念的联系教学，学生就不能在脑中组成完善的概念系统，不能形成一定的知识网络，最终导致学习效率低下、概念模糊。

第四节 数学概念教学需注意的问题及实施策略

一、数学概念教学需注意的问题

第一，教师在教学中要分清数学概念的来龙去脉，从而把握其形成过程。只有这样才能使教学有所依托，使学生进入概念的思考和探究之中，为以后学生的自主学习打下基础。

第二，要利用举例示范和说明的方法帮助学生理解数学概念。因为学生对事物的认识都有一个过程，而有形的东西更有利于帮助学生整理和领悟知识。

第三，教师在教学中要对讲授过程不完整的、存在一些问题的数学概念进行及时准确地修正，使学生认识到位，以便于以后的具体运用。

第四，把握概念教学的目标，处理好概念教学的发展性与阶段性之间的矛盾。在小学阶段的概念教学，考虑到小学生的接受能力，往往是分阶段进行的。在数学概念教学中，要搞清概念之间的顺序，了解概念之间的内在联系。数学概念随着客观事物本身的发展变化和研究的深入不断地发展演变，学生对数学概念的认识，也需要随着数学学习程度的提高，由浅入深，逐步深化。教学时既要注意教学的阶段性，不能把后面的要求提到前面，超越学生的认识能力；又要注意教学的连续性，为后继教学打下埋伏，从而处理好掌握概念的阶段性与连续性的关系。

第五，加强直观教学，处理好具体与抽象的矛盾。尽管教材中大部分概念没有下严格的定义，而是从学生所了解的实际事例或已有的知识经验出发，尽可能通过直观的具体形象，帮助学生认识概念的本质属性。对于不容易理解的概念，就暂不给出定义或者采用分阶段逐步渗透的办法来解决。但对于小学生来说，数学概念还是抽象的。他们形成数学概念，一般都要求具有相应的感性经验，而且要经历一番把感性材料在脑子里来回往复，从模糊到逐渐分明，从许多有一定联系的材料中，通过自己操作、思维活动逐步建立起事物一般的表象，分出事物主要的本质特征或属性，这是形成概念的基础。因此，在教学中，必须加强直观，以解决数学概念的抽象性与学生思维形象性之间的矛盾。教师在教学中，对于一些相对抽象的内容，要尽可能利用恰当的演示或操作使其转化为具体内容，然后在此基础上抽象出概念的本质属性。几何初步知识，无论是线、面、体的概念还是图形特征、性质的概念都非常抽象，因此，教学中更要加强演示、操作，通过让学生量一量、摸一摸、摆一摆、拼一拼来体会这些概念，从而抽象出这些概念。

第六，不能忽视符号的意义。在数学的发展和研究过程中，数学家们常常使用一些抽象的符号来表示概念，这些简洁的符号由于能够直观明了地表达出数学文字语言，因而被广泛使用。但是在实际教学中，我们发现学生接受起来往往比较吃力。在学生的作业和测试中，可以发现很多学生对概念符号的使用有较大困难，常常错误地使用数学符号或者干脆不用符号表述而改用文字描述，使原本一个简单的符号就能表示的内容不得不用一句话来叙述。其实这些抽象的概念符号由来已久，在历史上它们也许很直观、很有色彩，但现在它们很抽象了，而学生在学习的时候主要是死记硬背，无法充分理解符号的意义，对这些符号不能形成鲜明的印象，自然也就不容易记住。因此，现代认知心理学认为，赋予这些概念符号相应的意义，使之能和学生的认知结构中原有的知识联系起来，才能促进学生有意义学习。在教学中，教师可以参考这些概念符号的发展历史，把每个符号产生的背景、发展过程、历史意义、现实价值告诉学生，使之容易接受、牢固掌握。

二、数学概念教学的原则

（一）教学目的的原则

教学目的原则为：德育为首，数学知识教育与思想道德教育相结合；培养数学观念和数学意识，增强把客观实际问题转化成数学问题的能力；发展智力，注重创新思维的培养。

（二）教师教的原则

教师教的原则，主要是由以下几个部分组成：

首先，教师要用现代认知科学、建构主义、数学教学结构等理论组织教学的全过程。

其次，数学课堂教学要突出学生的主体地位和中心地位，充分调动学生的积极性。

再次，过程原则。要引导和启发学生经历辨别、分化、抽象、概括等心理过程；要揭示数学家的思维过程，展现教师的思维过程。

最后，结构性原则。教师要从数学知识体系高度"结构化"的特点和学生认知结构的形成、发展规律出发，站在整体、系统和结构的高度把握和处理教材，引导学生充分感受和把握数学的知识结构和方法结构，体验数学知识的发生发展过程，同时努力提高学生原有认知结构的可利用性、稳定性与清晰性，为新知识融入已有的认知结构创造条件，尽可能地扩大、健全学生头脑中的数学知识的内容、观念、组织、完善和发展学生的数学认知结构，提高教学效益。

（三）学生学的原则

学生学习的原则是：可接受性原则——学习难度适中；学习过程原则——学习概念产生的背景和过程，暴露学生的思维过程；学习数学知识与学习数学思维方法相结合的原则。

（四）师生合作原则

师生合作原则是：民主性原则——发扬教学民主，师生平等交流沟通，互相尊重人格；协同性原则——在合作中相互配合、帮助，步调协调一致；共同提高，各取所长原则。

（五）技术策略原则

第一，教学结构的四环节原则：感知—理解—巩固—运用。

第二，过程体验原则。引导学生经历概念的建立过程，初步认识概念的本质。建立概念的过程就是数学发现的过程，为此，教师要做好两方面的工作：首先，帮助学生从感觉、体验中发现概念。为此，教师应提供足够的背景资料及具体实例或问题引导学生自主学习，使他们经历感觉、体验和思改过程，用内心的体验与创造来认识事物的本质，从而发现概念。其次，在归纳类比、抽象概括中形成概念。数学概念的形成过程大致如下：对一类事物的各个对象进行观察、比较、分析、综合，总结出每个对象的各种属性，再通过归纳概括出各个对象的共同属性，然后加以表述，由知觉过渡到表象，帮助学生完成从感性认识到理性认识的过渡，从而在已有的知识基础上初步完善认知结构。

第三，准确性、严密性原则。概念的形成仅仅是概念教学的第一步，为了使学生形成科学的概念，教师在教学中还要充分利用各种形式揭示概念的内涵与外延及其与相关概念间的关系。数学概念具有抽象化、形式化、逻辑化、简明化的特征，因此给概念下定义是严密的、准确的。学生通过观察、比较、抽象、概括感性材料的本质属性后，还要在教师的引导下归纳、推敲、叙述，形成简洁明晰、准确严密的定义。

三、数学概念教学的实施策略

（一）运用变式方法，促进概念深化

变式教学法，它的核心是利用构造一系列变式的方法来展示知识发生、发展过程，数学问题的结构和演变过程，解决问题的思维过程，以及创设暴露思维障碍情境，从而形成一种思维训练的有效模式。它的主要作用在于凝聚学生的注意力，培养学生在相同条件下迁移、发散知识的能力。它能做到结构清晰、层次分明，使优、中、差的学生各有所得，尝试到成功的乐趣，并激发学生的学习热情，达到举一反三、

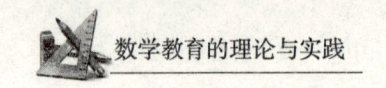

触类旁通的效果,使他们的应变能力得以提高,进而提高教学质量。

数学教学不应局限于一个狭窄的课本知识领域里,应该是让学生对知识和技能初步理解与掌握后,进一步深化和熟练,使学生在学习中学会运用课本的知识举一反三。应用数学"变式教学"的方法是十分有效的手段。所谓"变式",就是指教师有目的、有计划地对命题进行合理的转化,即教师可不断更换命题中的非本质特征;变换问题中的条件或结论;转换问题的内容和形式;配置实际应用的各种环境,但应保留好对象中的本质因素,从而使学生掌握数学对象的本质属性。

1. 变式理论基础及对概念教学的重要启示

概念变式就是变更概念中的非本质特征,变换问题中的条件或结论的形式或内容,从而使学生获得深刻的理性认识,提高识别、应变、概括的能力。变式教学被教师在课堂教学中充分应用,它对发展学生能力、拓展学生思维方面有重要的作用。学习就是鉴别,鉴别依赖于对差异的认识,教师应当通过变异维数的扩展引导学生去认识对象的各个方面。该理论对学习活动解释如下:

第一,学生学习就是鉴别。同学们在学习认识现象或事物,就是从对象中提取出一些主要的特征,同时将注意力聚集在这些特征之上。

第二,鉴别依赖于学生对差异的认识。我们所指的鉴别并不仅仅意味着主体根据自己先前的有所差异的对象的认知,从物质的、文化的或感觉的世界中辨认出、察觉到对象的某个特征。

第三,因为鉴别依赖于对差异的认识,所以主体所能同时体验到的关于对象的各个方面的变异的维数就直接决定了可能的学习空间,此时教师应当通过变异维数的扩展引导学生更好地去认识对象的各个方面。

第四,教学方法联系教育目标从宏观的角度强调了它的重要性。今天的教育是为了帮助学生为未来做好准备。鉴于未来的社会显然不同于今天,并将具有更大的变异(不确定)性,因此我们就只有通过经验(体验)变异才能为未来的变异做好准备。

2. 变式方法在概念深化过程中的应用

教师在数学概念教学中,应当帮助学生把抽象的数学概念和他们已有的知识和经验联系起来。数学概念教学过程是一个"重新建构"过程,是一个"意义赋予"过程。数学概念课变式创新教学的主要工作如下:

(1)引入概念原型

概念原型是指与数学概念相关的感性材料,是学生生活经验中感知过的事物或模型以及原有认知结构中已有的数学概念。引入概念原型是概念学习的第一个环节,在这一环节,教师精心创设情景,揭示概念本质;而学生则观察概念原型,自主探索概念属性。

(2)探究概念变式

数学概念变式包括图形变式、式子变式、符号表示、等价说法以及反面实例。学生掌握数学概念，实质上就是掌握一类事物的共同本质属性。因为在概念学习中缺乏必要的变式，学生很容易被一些表面的非本质特征所迷惑。所以，数学概念学习要注重变式，让学生在变式中思维，在变式中掌握概念的实质。

(3)组织变式训练

教师适当组织适量的题组对学生进行训练，使学生在概念运用中加深对新概念的理解。数学概念的运用，既包括知觉水平上的运用，也包括思维水平上的运用。教师题组中应包括基本题和综合题：基本题直接反映概念的内涵和外延，供学生进行概念识别，强化对概念的理解；综合题着眼于新旧概念的联系，需对原有概念进行重组，在思维水平上运用概念解题，深化对概念的理解。

(4)引导归纳总结

组织学生对上述教学环节进行归纳总结。我们回顾数学概念的形成过程，总结运用数学概念解题的规律，让学生们形成概念网络，纠正错误认识，提高思维的灵活性，培养学生的创新意识和实践能力。

(二)指导学生画概念图方法，促进概念深化

许多学生都抱怨数学学不好，问及原因，也不能确切地表达自己的问题到底在哪里，这种现象在中学生中更为明显。当然，这一问题不能一概而论，原因是多方面的。但有一点，这些学生对数学概念的表达不完整，对数学概念的本质属性是模糊的，对概念的外延是不明的，对概念的内在联系是不连贯的。因此，看到问题情景时无法迅速从已有的认知结构中提取信息，建立和问题情景间的联系，导致他们在解决问题时遭遇失败。在概念教学中指导学生采取概念图策略，可以使学生清晰地明确概念间的内在逻辑关系，有利于解决问题时准确迅速和相关概念建立联系。

1. 概念图的含义及理论基础

早在20世纪60年代，美国康奈儿大学的诺瓦克(Joseph D. Novak)和古温(Bob Gowin)等人就提出了概念图。当时概念图只是作为呈现儿童先前概念的研究工具。但随着研究的不断深入，诺瓦克等人发现概念图在评价学生概念理解水平和指导教师概念教学方面也有很好的效果。于是在1984年，诺瓦克重新给出了概念图的定义：概念图是用来组织和表征知识的工具。概念图也可称为概念构图(concept mapping)或概念地图(concept maps)。前者注重概念图制作的具体过程，后者注重概念图制作的最后结果，现在一般把概念地图和概念构图统称为概念图而不加以严格的区别。显然，概念图将数学概念学习的过程与结果有机地结合在了一起。

概念图有四个图表特征：概念(concepts)、命题(propositions)、交叉连接

（cross-links）和层级结构（hierarchical frameworks）。概念是感知到的事物的规则属性，通常用专有名词或符号进行标记；命题是对事物现象、结构和规则的陈述。在概念图中，命题是两个概念之间通过某个连接词而形成的意义关系；交叉连接表示不同知识领域概念之间的相互关系；层级结构是概念的展现方式，通常情况下最一般、最概括的概念置于概念图的最上层，从属的概念安排在下面。概念图就是一种以科学命题的形式显示了概念之间的意义联系，从而把所有基本概念有机地联系在一起的空间网络图。概念图有三个组成部分：节点（或结点）、连线、连接词。节点就是置于圆圈或方框中的概念。连线表示两个概念之间的意义联系，连接可以没有方向，也可以单向或双向。位于上层的概念通常可以引出好几个知识分支，不同知识领域或分支间概念的连线就是交叉连接（又称横向联系）。交叉连接常常形成方向性意义，也是产生创造性思维的关键之处。连接词是置于连线上的两个概念之间形成命题的联系词，如"是""引起""取决于""包括""表示"等。

2．正确指导学生画概念图，促进概念深化

概念深化阶段是概念教学过程中不可忽视的环节，通过概念深化，拓展概念外延，使学生对概念的理解由直观感知到理性抽象，由零散杂乱的概念认知结构向完整严谨的认知结构发展，从而完整建构整个概念数学概念。教学深化阶段的主要任务就是明确概念的外延以及建立系统化概念网络，运用概念图策略能够有效达到教学要求。

3．自觉运用概念图促进概念深化

概念图研究人员发现，学生在学习中使用概念图，经过较长一段时间以后，其数学知识的保持量超过不用概念图学习的学生，而且知识面也比用死记硬背来学习的学生宽，更能解决问题。他们还发现，在学生尝试用概念图来表示知识时，他们最肯动脑筋。在学生掌握了概念图方法后，教师要积极引导学生自觉运用概念图方法进行学习。

第一，教师引导学生运用概念图进行知识加工梳理。画概念图的过程，就是将多个零散的概念按其内在的联系联合在一起的过程，绘制概念图，就是将这种零散的概念的内在联系用概念图的形式清晰地表示出来。学生对知识进行有效的加工整理，有助于学生对概念的深化理解。

第二，教师引导学生运用概念图进行学习交流和知识表达。这样可以让学生对自己的概念图进行解读，说出概念图中各个概念的具体含义以及各概念之间的关系，达到加深概念的理解的目的。教师还可以让学生自发组织学习小组制作概念图。因为学生对概念的认识角度、表达方式、理解深度的不同，必将导致所绘制的概念图存在差异，而这样的差异是学生很好的学习资源，它将促使学生对概念及概念间的关系进行再思考、再发现，形成的知识结构更合理，对概念的本质理解更透彻。

第三，教师引导学生利用概念图进行评价与自我评价。概念图不仅反映对概念知识结构的理解，而且能够反映学生对概念本身的理解。教师可以从学生制作的概念图中准确把握学生对概念的理解水平。同学们在利用概念图进行交流的过程中，不仅可以对制作的概念图进行评价，帮助发现问题，而且能够发现自己概念理解上的不足，进而完善自己的概念结构。

（三）运用纠错法，促进概念深化

心理学家盖耶认为："谁不考虑尝试错误，不允许学生犯错误，就将错过最富成效的学习时刻。"错误是正确的先导，错误是通向成功的阶梯，学生犯错的过程，应看作尝试和创新的过程。在平时学生的练习中，由于种种原因会产生很多始料未及的错误，对于这些错误，如果我们能进一步分析学生犯错误的原因，并能透过错误发现有关问题，在错误上面做些文章，就可变"废"为"宝"，利用错误这一资源为教学服务。数学练习中学生出现错误是美丽的，是他们最朴实的思想、最真实的表露。教师一定要平和、理智地看待，并辅之以策略处理，充分利用再生资源，让"错误"美丽起来。

什么是错误？传统观念认为，是学生在学习过程中所产生的各种不同于"标准观念"或"标准答案"的想法（或作法）。建构主义观点认为：学生所具有的观念都是依据他们所具有的知识和经验主动建构的产物，不应简单地被看成纯粹的"错误观念"。维果茨基（Vygotsky）概念发展理论认为，存在着两种不同认知性质、不同认知水平的概念，即自发性概念和科学概念。我们平时说的学生中的"常见错误""典型错误"，就是指学生的自发概念中的不足之处，如 $f(x-y)=f(x)-f(y)$。国外的研究中常以正面方式提到自发概念，称为"儿童数学概念""儿童的概念"等。学习过程是螺旋上升的发展方式，一个数学概念的建立有时是困难而漫长的，需要多次反复、循序渐进，直到真正理解。与传统观念相比，我们应该认为许多概念错误是相对的，是发展的，具有一定合理性，是可以通过改造成为一个科学概念的。基于这样的认识，我们在对待学生数学学习错误时会努力去发现学生错误中的合理成分，分清其错误的性质，而不是采取简单的态度，这对我们采取有效的教学对策有十分积极的意义。

（四）在解题运用中开展概念教学

对于数学概念的学习，要在应用中加深理解，在理解中强化运用，这是培养学生的实际运用能力与综合学习能力的有效手段和重要措施。就数学而言，无论基础教材还是课外练习，直接运用概念知识解题的现象比比皆是。比如，几何图形运动中的"旋转"变换，无论对于填空与选择，还是综合与推理之类的数学题，特别是没有出现"旋转"字类的题目，让学生在具体解题和运用中难以寻找合适

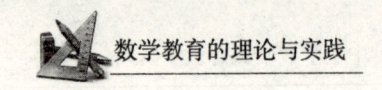

有效的抓手。有鉴于此，教师要激励并引导学生根据特征予以观察并通过适当地"旋转"，使原本比较困难的问题变得迎刃而解。

（五）引导学生巩固数学知识

通常来讲，初中数学概念具有一定的抽象性，这就容易使学生出现一些理解上的困难。所以，教师需要在教学完数学概念之后，及时引导学生巩固概念知识，这便可以加深学生对数学概念的理解与内化。教师在具体引导学生巩固数学概念知识时，首先需要让学生将所学的数学概念进行复述，将对概念的理解用自己的语言来描述。为了进一步检验学生对数学概念的理解与掌握情况，教师还需要引导学生将数学概念应用到解决实际问题的过程当中，让学生可以真正将这部分概念融会贯通。例如，教师在教学人教版初中数学八年级下册第十九章《四边形》时，为了使学生更好掌握有关"四边形"方面的概念知识，教师便可以给学生提出问题："运用一百米的绳子来围成一个四边形场地，怎样做才能使这个所围成的四边形场地面积最大？"这个问题的提出，使学生将数学概念知识与数学实际问题相联系，学生需要将所学的"四边形"概念运用到解题过程中，从而加强了学生对概念知识的理解和应用能力。

第五章 中小学数学探究教学模式

第一节 探究教学模式概述

一、探究教学模式的概念和特点

(一) 探究教学模式的概念

1. 探究学习

探究学习是指学生以近似模拟科学研究的方式所进行的学习。最早提出在学校科学教育中要用探究方法的是杜威。在 1909 年前,大多数教育者认为,科学教育的方法主要是直接教学(让学生学习大量的科学知识、概念和原理)。1909 年杜威在美国科学进步联合会的发言中,第一次对这种方法提出批评。他说:"科学教学过于强调信息的积累,而对科学作为一种思考的方式和态度没有予以足够的重视。"杜威认为,科学教育不仅仅是要让学生学习大量的知识,更重要的是要学习科学研究的过程和方法。

从 1950 年到 1960 年,探究作为一种教学方法的合理性变得越来越明确了。美国芝加哥大学教授施瓦布指出:"如果要学生学习科学的方法,那么有什么学习比积极地投入到探究的过程中去更好呢?"这句话对科学教育中的探究性学习产生了深远的影响。施瓦布认为,教师应该用探究的方式展现科学知识,学生应该用探究的方式学习科学内容。施瓦布主张引导学生直接用科学研究的方式进行教学,即设定情景、提出问题、分析问题、提出假设、设计实验、验证假设、分析结果、得出结论。其特征是:其一,探究学习是在学习情景中由学生一步一步地去探究,并由老师给予适当的引导。一般情况下,探究性学习需要小组内部和外在的反馈,以帮助学生理解问题、理解对象的结构。其二,探究学习是一种积极的活动,通过对事物或现象产生积极的倾向,从而拓展知识。其三,探究学习强调学习的控制不是来自外部,而是必须让学生学会如何解决问题,并加以评价,如何应用有目的性的问题,如何对奇特的现象加以分解,使人们更容易理解。探究学习应充分体现这三个基本特征。当然所有这些特征都可以有所变化。例如,每一次探究都使学生投入到科学型问题中去,但是在有些情况下,探究的问题首先是由学生提出的,而有些情况下,学生并没有直接提出问题,而是在教师提供的问题中选择一个问题进行研究,或者在别人提出的问题上稍加修改,使之更为深入。研究表明，探究性学习中学生的自主程度是很重要的，应该尽量使学生投入到自己发现问题或深化探究问题的活动中去。但是探究性学习也不是绝对的，只要围绕科学型问题的、使学生投入到思考中去的、适应特定的学习目标要求的，那么即使在这三个特征上有所变化，也可以认为是探究学习。

2. 探究式教学

探究式教学是一种模拟性的科学研究活动，它包括两个相互联系的方面：一是有一个以"学"为中心的探究学习环境；二是给学生提供必要的帮助和指导，使学生在探究中能明确方向。探究教学的本质特征是：教师不直接把数学结论告诉学生，取而代之的是，教师努力创造能使学生积极探究的环境，让学生通过各式各样的探索活动，如观察、实验、调查、收集资料、猜想、论证等，自己得出数学结论。将学生数学学习过程中的发现、探索、研究等认识活动凸显出来，使他们参与并体验数学知识的活动的过程，建构起对数学的新认识，并培养数学探究能力。

新一轮国家基础教育课程改革突出教学观念的转变，倡导教师的教不仅要考虑数学自身的特点，更应该遵循学生学习的规律，进而获得对数学的理解，在思维能力、情感态度与价值观等多方面得到进步和发展。因此，教师在教学中应该改进至今仍普遍存在的学生被动接受、大运动量反复操练的教学方式，应该在学生已有的认知基础上，重视问题情景，引导学生经历探究问题的过程，引导学生主动参与探究式学习，并在这一过程中积累知识和方法。

3. 数学探究式教学

数学不仅是人们生活、劳动和学习必不可少的工具，也是重大科技的基础，还是人类文化的重要组成部分，所以数学成为基础教育的一门主要学科。数学课程的改革是基础教育课程改革的一部分，《全日制义务教育数学课程标准（实验稿）》中指出："学生的数学学习内容应当是现实的、有意义的、富有挑战性的，这些内容要有利于学生主动地进行观察、实验、猜测、验证、推理与交流等数学活动。内容的呈现应采用不同的表达方式，以满足学生多样化的学习需求。有效的数学学习活动不能单纯地依赖模仿与记忆，动手实践、自主探索与合作交流是学生学习数学的重要方式。"按照数学新课程的理念，教师要在数学课堂教学中引导学生主动参与、独立思考，加强学生对数学知识的过程性和体验性，构建一种类似科学家探索未知领域的新型教学模式。

数学探究教学模式是指在一定的教学理论或教学思想指导下，教师在数学的教学过程中启发诱导学生，以学生独立自主学习和合作讨论为前提，以现行教材为基本探究内容，以学生周围世界和生活实际为参照对象，为学生提供充分自由表达、质疑、探究、讨论问题的机会，让学生通过个人、小组、集体等多种解难释疑的尝试活动，将自己所学知识应用于解决问题的一种教学程序。

数学探究教学模式是以与探究有关的理论为指导，以一定方法为依据，对探究教学经验的进一步概括和理论化的教学结构和策略体系，它重在提升学生的探究能力，注重知识的形成、发展过程，培养学生的科学态度和精神，为学生实践性的主体活动提供较为自由的时间与空间，从而让学生在主动探究中提高创新精神和实践能力。

（二）探究教学模式的特点

1. 自主性

自主性的发挥是由环境提供的，教师在这一环境中起着决定作用，决定着学生可选择的可能性的大小，选择的权利与自由，适当调整实现选择的难易程度。探究学习是开放的学习，是学习内容与人的经验与认识间的交杂与无序，而正是这种杂乱引起学生梳理的兴趣，就是这种知识与经验的交叉才激发学生获得的欲望。而教师更多是这一过程中的引导者，学生基于自己的经验，能探究到什么程度，在探究中可能会遇到什么样的困难，学生解决问题的能力如何，学生可能会往什么样的探究方向发展，在探究中的情感参与程度及能力，这些都需要教师积极调控，才能发挥学生最大的学习效率，发挥学生最大的自主性。由此可见，学生自主性的发挥也不是完全绝对的，其也是在教师的指导下发生的，完全不加指导的自主探究可能就会"跑偏"，使课堂教学白白浪费时间而无意义与价值。如果指导过多，就会限制学生的想法，制约创造性和自主性的发挥，变成接受学习或"被探究"，完全失去了自主性。

2. 问题性

问题是数学学习的"心脏"，当然也是数学探究学习的重要因素。解决问题是典型的数学活动，是一个数学化的过程，而问题的好坏则决定着探究的成功与否。问题过大、过于复杂，学生的探究能力知识经验有限，探究必定会无疾而终，如果学生的探究过程艰难而漫无结果，必然会使学生情绪受挫，打击学生的探究兴趣，无成就感。问题过小、过于简单，就无须探究，探究过程就会流于"走秀"，问题没有价值。而难度适当的问题才更有利于顺利开展探究学习，发展学生的创造力和创新精神。探究学习强调以问题为主线，围绕问题的发现、提出、研究、解决来开展数学活动，让学生处在"这是什么？是这样吗？为什么？"这样的环境中，在这个过程中又形成或解决更多新的问题，创造出更多、更有价值的想法和方法。这样的学习是把问题当成问题来研究，同时又把问题作为促使学习的推动力，也是新问题的源头。探究学习主要是围绕问题展开，问题就成了探究学习成败的第一因素。一个真的、有探究价值的问题也是师生共同努力的结果，也需要培养和指导，才能使学生自己具备鉴别能力，才能孕育好的、有探究价值的、有可行性的问题。

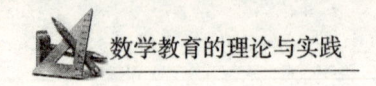

3. 生成性

探究学习是基于问题的探究，以问题为导向，在学习方式上充分发挥学生的自主性，给学生最大的选择权利，那么必然会产生结果的不可预见性、生成性。这种开放的学习方式，无论在思考方式上、在探究方式上，还是在操作方式上，都给了学生自主选择的权利，给了他们学习上的自由，同时在每一个环节上都会根据自己的需要做出调整，这个过程无时不充满变数。学习过程是动态的，学习个体又存在着差异，所以学习结果就不会是唯一的。生成性的特点是探究学习最大的魅力所在，这个过程是建构的过程，不同的个体受不同环境、不同经验的影响，会产生富有个性的探究过程，进而产生富有个性的结果。

4. 开放性

探究学习本身就具有较强的开放性。指向性较强的问题往往是一把钥匙开一把锁，不需要太多的研究视角，没有太多的切入点，不用多种方法策略就可以解决。学生的学习整齐划一，不会有大的偏差，同样也没有太多的创造空间。而探究学习的问题，一般综合性较强，有时会涉及多学科，多视角切入会有不同的结果。由于问题的开放性，思考的角度就可以灵活选择，学生有机会创造性地发挥，所以学生在探究学习中思维也具有一定的开放性，数学的探究学习与学生主动认真观察发现问题并提出问题、同时探寻方法解决问题是密不可分的。而教师在探究中的地位也促使学生思维的开放性发展，在探究过程中重自我体验、重自主探索、重证明、重逻辑，而这个过程是开放的，是学生自由创造的过程。

探究时间和空间具有较强的开放性，探究学习不局限于课堂，更多的生成对课外学习会有更多的影响，探究学习打开了时间的墙壁，打开了空间的墙壁。可以整合学习资源，利用学校的环境、社会的环境，多方向组织信息：图书馆、网络……探究所需的人员、事物、信息都组织为探究学习资源，使探究的触角触及学习的方方面面，保持知识与方法的良性沟通。

二、数学探究式教学的必要性

（一）数学学科本身特点的需要

从数学自身的知识内容及其蕴含的数学思想方法上看，被动的、机械的模仿和依赖性的学习，抑或只是按照已形式化了的现成的数学规则去操作数学，是违背数学的特点及学习规律的，是不可能真正掌握到数学真谛的，更谈不上灵活运用。因此，要想让学生学好数学，中学数学教学要充分体现个人体验和逐级探究的实践过程，这也是"新课标"所倡导的基本理念。在教学过程中，运用探究式教学可把演绎式的教材体系还原为生动活泼的数学创新思维活动，突出过程性教学。弗赖登塔尔认为，数学教育方法的核心是学生的"再创造"，数学实质上是人们常识的系统化，每个学生都可能在一定的指导下，通过自身实践来获得知识。学生自己"发现"数学就会学得更好。让他们经历数学化的过程，这是教学的根本需要。

（二）学生数学学习的需要

建构主义学习理论认为，数学学习不应该被看成对于教师传授知识的被动接受，而是学习者以自己已有的知识和经验为基础的主动建构活动。也就是说，一个人的数学知识必须基于个人对经验的操作、交流、反省来主动建构。不同的人有不同的思维特点，不应该将学生看成一张可以自由地涂上各种颜色的白纸。教师的主要任务，首先是构建与学生相匹配的数学表象，促进学生思维的发展，强调以学生为中心，以人的发展为本。教师不再是知识的灌输者，而是为学生主动建构意义的帮助者、促进者。其次，人本主义心理学的重要代表罗杰斯反对把学习过程简单地理解为学生获得某一知识的过程，学习过程更应是学生获得相应的学习方法，促进其健全人格形成的过程。探究式教学恰好可以体现建构主义学习理论和人本主义学习理论的要求，数学探究式教学的提出，符合数学学习特点和规律。如果学生借助于自己的智慧和努力，通过观察、实验、思考、猜测、归纳、验证、推理和交流得出的结论和方法，比教师详细讲解所留下的印象要深刻得多，运用起来也更加得心应手，这是因为他们亲身经历了一个合情合理的探索过程。

（三）社会发展的需要

教育作为一种文化传承的载体，它的内容和形式随着时代的变迁和社会的发展而不断变化。现代教育理论认为："能力的培养胜于知识的传授，因为知识无穷无尽并按递增几何级数高速地增长着。"单纯的知识积累得再多，也不能把一生将要用到的知识提前学完，但学生在探究过程中发展起来的分析、解决问题的能力却将终身受益的。正如我们常说的"授人以鱼，不如授人以渔"。随着社会和科学技术的迅速发展，人类面临着各种挑战，包括社会变化加剧、人口急增和个体寿命延长、科技进步和闲暇增加等变化，任何年龄阶段的所有人都应该得到学习机会。未来社会是一个学习化的社会。在中学数学教学中，开展探究式教学是培养学生创新精神和实践能力的重要途径，它有利于培养学生对数学的情感，增强学生学习的自信心和克服困难的意志力；有利于加深学生对所学知识的理解，掌握解决问题的方法和策略，提高解决问题的能力；有利于培养学生的自主意识和合作精神，促进学生的全面发展。学生的数学探究式学习，学到的不仅是知识，重要的是培养了能力，为终身学习打下了坚实的基础。

（四）学生个体成长的需要

不论是以宏观研究人类认识规律的哲学认识论，还是以微观角度研究人类个体心理活动规律的心理学，都承认个体具有探究的需要。以罗杰斯为代表的人本主义学习理论认为，人天生就有寻求真理、探索奥秘的本能，有创造欲望以及自我主动完善的潜能。可以说，探究是人的天性；人类为了在这个环境中求得生存和发展，为了把周围世界逐步转化为对自己生存和发展的有利条件，就开始了对庞大、神秘的外部世界的探究活动，探究是人类生存的一种需要；从进化、发展的角度看，探究是人类的一种本能，不论何人，也不论何地，个体都会具有探究的动机和欲望，只不过探究的问题和方向因人、因时而异。正是这种探究的需要，推动个体不断学习，并进而推动了社会的发展。

三、探究式教学的意义与价值

探究式数学教学应包括两个方面："首先是指教学过程，而学习本身就是探究，这是说'教学就是探究'；其次，它是指把科学看成是一种探究过程的教学，这就是说'科学就是探究'。"探究的教学与探究的科学相结合，才是真正意义上的数学探究教学。

探究学习的要点在于促进学生运用自己的智慧去发现和探索，更关注于学生探究的过程，在探究的过程中获得，但也不是所有的数学内容都要通过探究的方式来获得，不过所有的学习都要促进学生主动参与、乐于探究，通过积极主动地探究学习获得知识、发展技能。

（一）探究教学有利于学生的终生发展

探究学习的本质和核心是学生知识的自主建构，是一种积极的学习过程。这种学习方式有利于激发和保持学生的学习兴趣，有利于增强学生独立思考的能力，有利于学生建立合理的知识结构，有利于丰富学生的学习体验，有利于养成合作与共享的个性品质，有利于养成尊重事实的科学态度。

探究是儿童与生俱来的对事物的认识方式，学生自入学以来，随着年龄的增长，学历基础、学习速度、学习经验、思维方式、兴趣和需要等方面差距变得逐渐明显。如果学生在教师有效指导下能主动积极地、富有个性地学习，经历知识的建构过程、获得积极的情感体验、掌握解决问题的方法，学习效果可想而知，一定优于被动的填塞式的学习。

探究学习是通过多种形式展开的，在参与这一系列活动的过程中，学生不仅可以获得探究活动所指向的知识，而且能够学习和掌握科学探究的一般过程和具体方法，并养成热爱科学、尊重事实的科学态度，最终培养学生的创新精神和实践能力。在探究的过程中完善身心，学会合作与分享，培养战胜困难的毅力和能力，大胆实践、大胆思考、勇于创新，不怕挫折和失败，勇于探索，并从中享受到成就感。

探究教学是一种可持续发展式的教学，将教育的视野从短期的教学目标延伸到学生离开校园后长期的自我发展，关注学习者与环境之间的相互作用和影响。

时代发展需要人的终身学习，人的发展需要终身学习，学会学习是可持续发展的保证，充满探究精神，保持持久的探究兴趣，进而成为一种探究习惯。同时，在学习时形成较强探究能力，形成一定的探究策略和方法，当学生离开学校时这些精神与策略已经内化为学生的学习行为，成为可持续发展的内在动力，这也是数学可持续发展的源头。

（二）探究教学使创造力得以充分发挥

由于探究教学具有开放性和自主性的特点，探究教学给学生创造了最大的心理自由和行动自由，教师角色的转变也有利于探究高效真实的发生、发展。学生在课堂中可以发挥主动性，才可能有创造的火花，探究教学的特点在这方面做得是最好的。

（三）探究教学促进学生数学素养的提高，为数学综合教学提供方法

从数学的知识体系、知识内容上来看，数学知识的获得是因内容而异的，比如对于"什么是负数"这样的概念的学习就比较适合运用接受式的学习，本身这些知识的形成就是对于数域的扩充而增加的，这个概念不是探究得到的，而是在探究的过程中产生的一种需要，把这种需要加以符号化的规定，这就决定了数学的学习方式是多种多样的。探究教学绝不是数学教学的唯一方式，接受学习也不是完全抛弃，而探究教学就是要根据数学内容的特点，充分发挥不同教学方式的优势，就都是有意义的教学方式，而我们研究探究教学这种教学方式是对数学教学方式的有益补充。我们运用不同的教学方式，发挥不同教学方式的价值，都能从不同的方面提高学生的综合素养。探究教学过程是科学形成的过程，这个过程本身具有科学性、严谨性、真实性，对于促进学生推理能力的提高，科学方法的掌握与科学态度的形成有独到的作用。

第二节　数学探究教学模式的程序

一、创设情境，提出问题

创设情境、提出问题是数学探究教学模式的第一步骤，也是课堂教学的第一环节。因为问题既是探究教学的起点，也是探究教学的主线，而问题总是在一定的情境中产生的，所以教师要在探究教学的课堂上创设丰富的问题情境，吸引学生的探究心态，使学生发现问题、提出问题，从而探讨、解决问题。

所谓数学情境，就是从事数学活动的环境，产生数学行为的条件。数学情境是含有相关数学知识和数学思想方法的情境，同时也是数学知识产生的背景。数学知识虽然有着严密的逻辑性、高度的抽象性和应用的广泛性，但许多的数学知

识都是基于一定的情境而构建与发展的。创设数学情境，就是呈现给学生刺激性的数学信息，激发学生学习数学的兴趣，启迪思维，激起学生的好奇心、发现欲，产生认知冲突，诱发质疑猜想，唤起强烈的问题意识，从而使其发现和提出数学问题，分析和探讨数学问题，运用所学知识解决数学问题。

教师创设数学问题情境时，要注意一些策略。首先，创设的问题情境要引起学生的学习兴趣，因为兴趣是学习最好的老师，强烈的学习兴趣是学习成功的一半，它对学生的学习始终发挥着动力、定向、引导、维持、强化等诸多作用，使学生的主动参与意识增强，容易接受新知识，从而牢固掌握新知识。其次，创设的问题情境要有真实性或可操作性，不要为了"情境"而创设不可信、不可操作的情境，给学生虚伪的感觉，要让学生真实感到这样的情境就发生在身边，是急需解决的问题。最后，创设的问题情境要有层次性和开放性，不要一开始没有做任何铺垫就抛给学生一个超出其认知结构或已有知识基础的问题情境，这样探究就很难展开，也很难探究出什么结果，要像剥蚕茧一样，一层层递进。同时，问题情境要让学生多角度思考、多方位探索。

数学的情境来源广泛，可以说是无处不在、无处不有，一个日常生活、生产现象、一个命题、一组数据、一张图、一个已有的问题、一个数学史故事均可以产生数学问题。数学来源于生活、寓于生活、用于生活，所以从学生的生活实际经验中设置数学情境就成为首选。例如，在讲解数轴的概念时，可以设计这样一个情境："在一条笔直的、东西走向的河堤上，有一个防汛指挥所，当你正在河堤上走时，如果发现河堤某处发生险情时，如何准确报告发生险情的位置？"其次，可以从已有数学知识中提供产生新问题的资料，特别是古今中外典型数学问题的资料中创设情境。最后，可以从学生的活动中创设。例如，学习三角形三边关系定理时，叫学生自己准备一些木棒，从中任取三根，首尾顺次相接，拼成三角形，学生就会发现并不是所有的木棒均能拼成三角形，他们就会提出为什么这样的疑问，能拼成三角形的木棒需满足什么条件？另外，随着多媒体、网络进入中学数学课堂，可以通过多媒体动画效果创设情境，增强课堂教学的趣味性，提高教学效率。例如，在学习"轴对称"的内容时，教师可以利用多媒体演示具有对称性的图片、动画，让学生观察、交流，寻找图例中的共同点，充分了解、感受生活中处处有对称，直观地认识轴对称图形。

二、组织探究，合作交流

组织探究、合作交流是数学探究教学模式的核心环节，教学目标能否达到，就要看这一环节能否顺利开展。

《全日制义务教育数学课程标准（实验稿）》指出："动手实践、自主探索、合作交流是学生学习数学的重要方式。在本学段的教学中，教师要让学生在具体的操作活动中进行独立思考，鼓励学生发表自己的意见，并与同伴进行交流。教师应提供适当的帮助和指导，善于选择学生中有价值的问题或意见，引导学生开展讨论，以寻找问题的答案。"现代教学观认为："所有的教学都以交往的形式存在，不呈现交往状态或者不发生真正的交往就不是教学。"

教师在组织学生的探究活动时，一般先让学生独立探索，进行思考，提出解决问题的策略和方法，因为每个学生都是一个独特的个体，是以自己的方式构建对知识的理解，所以每个学生之间肯定存在差异，这种差异就是一种宝贵的学习资源，但每个学生的理解也会存在局限性，则需教师在学生形成个人见解的基础上再组织生生之间、师生之间的合作交流，这样可以使不同的观点发生碰撞，达到取长补短、集思广益的效果，使理解更加丰富和全面。

合作交流最基本的形式是小组学习、交流，教师要根据学生的差异，指导学生进行合理分组，分组时宜采用"组内异质、组间同质"的原则。要均衡学生的成绩、能力，将男生和女生，学习较好的和有一定困难的，性格内向的、性格外向的分到一起，其目的是形成一种互补，每个小组4～6人为宜，这样可以丰富学生认识问题、分析问题、解决问题的视角。小组合作交流时，当一名成员向其他人说明自己的见解或推理过程时，其他成员要对其发言进行评价。合作学习最终要让各小组向全班交流、分享成果。教师要提醒学生注意倾听发言，记录自己所听到的，在全班交流中，只有中心发言人，中心发言人是轮流担任，大家机会均等。中心发言人交流代表的是小组而不是个人，师生对中心发言人的评价不是对其个人的评价，而是对小组的评价，这种交流实现了更大范围的资源整合。通过学生与学生、教师与学生、小组与小组以及全班学生的多维度交流互动，可以更加有效地合作学习，促进探究的顺利进行。

三、应用检测，巩固提高

应用检测是数学课堂上检验学生探究学习效果的必要手段，通过练习和解决实际问题，加深学生对数学新知识、新方法的理解，促进知识的正迁移，内化、完善学生的知识结构。

在旧教材的习题中，往往是大而统，即习题量大而且对所有的学生都是统一的要求，容易造成一部分学生吃不饱，一部分学生吃不消的状态。为了适应不同程度的学生需要，实现人人在自己原有的基础上得到发展，体验到成功的愉悦，教师要对达标检测的题目精心设计，既要有层次性，又要有综合性和启发性，可以把练习题的难度分为A、B、C三个梯度，A为巩固双基的必做题，B为深化目标的讨论题，C为开发智力的选择题。通过分类练习，既能够使大多数学生全面达到学习目标，又使优等生的智力因素得到充分发挥。

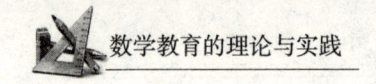

四、多元评价，自我反思

评价和反思是数学探究教学模式不可或缺的环节。评价是对照数学教学目标，运用科学方法，对学生数学活动的过程和行为做出价值判断，它可以让学生明确哪些认知是正确的，哪些认知是错误的，同时它也有助于教师改进教学，提高教师的教学质量。《全日制义务教育数学课程标准（实验稿）》中指出："对学生数学学习的评价，既要关注学生知识与技能的理解和掌握，更要关注他们情感与态度的形成和发展；既要关注学生数学学习的结果，更要关注他们在学习过程中的变化和发展。评价的手段和形式应多样化，应以过程评价为主。对评价结果的描述，应采用鼓励性语言，发挥评价的激励作用。评价要关注学生的个性差异，保护学生的自尊心和自信心。教师要善于利用评价所提供的大量信息，适时调整和改善教学过程。"

在具体的评价中，可以采用学生自评、互评，教师评价的手段、方式可以采取书面作业、课堂观察、课后访谈、分析小论文、活动报告和档案袋评价等方式，对学生解决问题的过程、探究的过程、合作与交流的过程，以及学生的情感、态度、价值观等方面进行评价。评价时要注意以下几点：一是要及时，及时有效的评价会激起学生的求知欲；二是要有发展性，用发展的眼光看待学生的进步，鼓励学生成长；三是要定性与定量相结合。

所谓反思，就是从一个新的角度，多层次、多角度地对问题和解决问题的思维过程进行全面的考察、分析和思考。反思的目的是深化对问题的理解，揭示问题的本质，探索规律，形成理性思维，获得新的发现。

《课标》中指出："要使学生初步形成评价与反思的意识"和"通过对解决问题过程的反思，获得解决问题的经验"。荷兰著名数学家费赖登塔尔说过："反思是数学思维的核心和动力。"美籍数学教育家波利亚也说过："如果没有反思，就错过了解题的一次重要而有益的方面。"我国郑毓信教授也指出："数学抽象就其本质而言是一种建构活动，但这种建构活动不仅仅是纯粹的个人行为，而必然是一个在不同个体之间进行表述、交流、批判与反思，以及不断改进的过程，个人创造建构只有得到数学共同体接受，才能真正成为数学的组成部分。"由此可见，对学生数学反思的能力培养也是非常重要的一个方面。

在探究教学的课堂结束之前，教师要引导学生进行自我反思，解决了什么问题？用到了哪些方法、知识，促使你用这种方法来解决问题的原因是什么？问题解决的过程有无纰漏？是否还有更简捷、更巧妙、更有启发性的策略、方法？与问题有关的认知结构是否得到改善？未能较好解决的问题是因为知识、技能、方法还是情感方面的原因，成功解决问题与未能解决问题的关键原因在哪里？……

第三节　数学探究教学模式的构建与优化

一、数学探究教学模式的构建

（一）情境式问题提出

数学情境是指具有数学知识和思想方法的情境，同时也是数学知识产生的背景。因此，数学情境的精心创设是数学发现和提出数学问题的重要前提。只有当创设的数学情境进入学生的"最近发展区"，同时在内容上富有挑战性和探索性，学生才能在已有的认知水平基础上通过教师的适当引导，从中发现问题、提出问题，形成"问题意识"，从而进一步提高自己的探索意识和创新意识。可见，应把培养学生的数学问题意识、提高学生提出数学问题的能力作为数学教学活动的归宿。

（二）发现式问题探究

数学发现是数学探索的一个重要方面，没有发现就没有证明。但传统的数学教学过程是重证明而轻发现的。这显然是数学"演绎"式的教学，不利于学生理解数学。探究性学习的目的是发展学习者自身的探究与解决问题的能力，使学习者成为知识的发现者，而不是被动的接受者。这就要求学生在教师的引导下，设计恰当的素材，主动探究发现。其一般程序为：观察—试探—思索—猜想—证明。这种程序适应于概念、公式、定理等知识过程的教学，体现学生参与发现过程的主体地位，注意了发现知识的策略和方法培养。

在发现过程中，教师要适时渗透合情推理，充分肯定归纳、类比、联想等方法在数学发现中的重要作用，特别是"数学猜想"方法，因为它可被看成是数学探究活动的基本形式。这种方法表现为，思维主体从一定依据出发，利用非逻辑手段，直接获得猜想性命题的创造性思维过程。数学家波利亚在他的著作《数学与猜想》中特别强调：数学的创造性过程与其他知识的创作过程是一样的，在证明一个数学定理之前，你先得猜测这个定理的内容，在你完全做出详细证明之前，你先得推测证明的思路。只要学习数学的过程能反映出数学的发明过程，那么就应当让猜测、合情推理占有适当的位置。总之，"数学探究"是波利亚的"数学发现"和弗赖登塔尔的"再创造"教育思想的继承和发展，是现代建构主义认知理论的具体实践。

（三）开放式问题变换

开放式问题由于其自身的开放性质，不再是方法唯一、答案唯一。这就吸引学生不依赖教师和书本，独立地去探索和发现问题的各种各样的答案，使学生在解题中形成积极探索和创造性的心理态势，对数学本质产生一种新的顿悟，进而生动活泼地参与"学数学、做数学、用数学"的过程。这样，学生的认知结构就会得到有效的发展。因此，在数学课堂教学中引进开放式问题也将成为必然。它可作为贯彻素质教育的一个切入口，成为培养学生创新能力的载体。教师要树立正确的教学思想，在教学中要有意识地构建开放式问题，让学生进行探索和交流活动，这样才能在教学过程中有意识地转向学生思维策略，从而培养学生的创新能力。

（四）合作式问题交流

建构主义学习观认为，学习者以自己的方式建构对事物的理解，使不同的人看到的是事物的不同侧面，而不存在完全相同标准的理解；教学要增进学生之间的合作交流，达到取长补短、集思广益，通过学习者合作可使理解更加丰富和全面。因此，合作学习成为当今世界范围内广泛使用的课堂教学组织形式。

拥有共同目标的小组成员之间必定会形成积极的相互促进的关系。一方面，与传统教学形式相比，合作学习可给予学生更多的机会尝试多种交流方式。学生通过彼此之间的交流与自我思考解决认知冲突，从而达到对知识的真正理解；另一方面，教师也不再是过去的"主演"，而是营造宽松、和谐、民主环境的设计者。首先，教师是合作学习环境中的设计者，同时要在适当时候给予学生帮助和暗示，避免学生走弯路，耗费更多的时间；其次，教师又是合作学习的评估者，既要对学习过程不断评估，又要对各小组的学习成果进行评估，而且通过评估能引起各小组成员的反思。这对于培养学生求实的科学态度，让学生学会既坚持真理又尊重他人等方面都会产生积极的影响。

（五）引导式问题深入

探究性学习强调理论与社会和生活实际的联系。教师要引导学生关注现实生活，亲身参与社会实践性活动。学生学习了相似三角形和函数等知识后，测量建筑物、树、旗杆的高度，是一个典型的探究性问题。教师可以提出这样的问题：怎样测量旗杆的高度？教师把学生带到现场，由学生记录所遇到的实际情形，每人设计一个方案，然后小组讨论。最后，总结测量旗杆高的方法：有的学生提出爬到旗杆上去测量，也有的人说把旗杆放倒去测量；可以在阳光明媚的日子里，人与阳光下的影子以及旗杆与阳光下的影子构成两个相似三角形，通过相似三角形的比例关系来计算旗杆的高度。这样，学生可以充分利用自己所学的知识来进行分析，方便快速地解决实际应用中的一些问题。

（六）适度式问题掌握

掌握探究性学习的"度"。从教的角度来说，并不是一节课对学生要求越多，学生得到的越多。我们不应要求学生一次性地学会新概念的应用，而应该是针对某一问题或材料，采取螺旋式地、分阶段地开展研究活动。譬如，三角形相似这节课的教学目的就是相似三角形的判定定理，让学生有充分的时间思考、试做、修改。

（七）环节式问题渗透

我们在平时教学中，应加强对探究式学习的渗透，将探究式学习贯穿于教学的各个环节，如备课、辅导等，为课内的探究做铺垫或延伸、加深。我们可以通过一题多解、一题多变，做好一道题、激活一串题，拓展思路。通过一道题的解答，使学生对较多的知识点得到复习和巩固，将命题模式、解题技巧及思维方法进行揭示，使学生在获取数学知识成果的同时，可以发展思维，培养创新能力。

二、数学探究教学模式的优化

（一）完善教材，增加探究元素

教材是教师进行授课的根本依据，在教师进行授课之前，都会对授课内容进行揣摩，而揣摩的依据就是教材。在小学、初中和高中阶段对教材的依赖程度是不一样的，笔者认为，初中阶段对教材的依赖程度是最深的，学生能够单独读懂教材，但还没有脱离教材学习的能力，所以上课之前"教科书和练习本"是很多教师要求必须准备的。

教材对教师的授课方式有怎样的影响呢？笔者在听课的过程中发现，教材几乎决定了教师的授课方式，一般情况下，如果教材中直接给出某个概念或定理，那么教师在教学的过程中通常会直接给出，如果教材在实际的过程中，更加注重知识形成的过程，那么在教师授课的过程中也会更加注重这个过程。也就是说，教师在决定一节课的授课方式时，很大程度上取决于教材的编写方式。尤其在探究课题的选择时，会发现如果教材中没有探究的部分，那么教师就会认为这个课不适合用探究学习的方式进行。反之，如果教材中有探究的成分在，那么教师会在授课之前对教材中的探究部分进行琢磨，研究怎样的设计能更适合自己学生的水平。

但现阶段各个版本的初中数学教材，在探究部分的安排大都有所欠缺，探究的成分并不是非常的多，这就给进行探究学习增加了困难，使得在进行一些课程的教学时，如果强制要求用探究的方式进行，教师会觉得无从下手。所以，完善教材，增加教材中的探究部分，才能让探究学习更好地走进我们的数学课堂。现阶段的探究资源差距很大，尤其是在除教材外的探究资源上，因为学校的办学实力不同，差别非常大，那么如果能够更好地完善教材，让教材成为教师进行数学探究的第一手资料，这就可以减少因为办学实力的差异带来的探究水平的差异了，

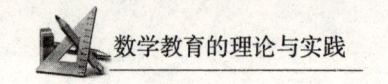

对数学探究学习的发展更是起到了重要的作用。

（二）增加范例教学，使教师找到突破口

教师是进行数学探究学习的关键所在，无论是从课程的设置，还是课上教师的引导，都直接决定了数学探究的水平。通过对案例的分析，我们发现教师对探究的把握程度并不好，整个探究水平为低水平探究，而大部分是水平限制性探究，尤其是不太发达地区的学校或者办学实力相对较弱的学校，数学探究水平更低。据调查，教师对数学探究学习的理解也是片面的，对如何进行数学探究也感到茫然。有些教师认为，学生的参与度决定了探究水平的高低，本身这并没有问题，但却把学生回答问题的多少作为评价学生参与度的标准，这就偏离了数学探究的本意。

为了能更好地开展数学探究课，应该为教师找到一个突破口，笔者认为单纯概念的传输是没有意义的，对于一线的教师来说，更重要的是实践、是课堂。所以增加范例教学是一个非常好的方法，很多成功的教师最初都是从模仿开始的，有了好的模仿，理解了数学探究学习的含义，能够自如地开展这种学习活动，最终才能把这种教学方式内化成为自己的东西，成为一种属于自己的教学方式。

如果想要增加初中数学的教学案例，笔者认为应该从不同内容、不同探究程度方面设计案例，这样才能让教师有所比较，也在不同的内容下都能有所依据。首先还是要从初中数学的四个内容：数与代数、图形与几何、统计与概率、综合实践四个方面入手。另外，不同探究程度都应该有所案例。探究程度主要指的是在数学课堂上所占的比重，也就是说部分探究和全部探究都应该有不同的案例。因为对于初中数学课来说，并不是所有的课都适合用整体探究的思想，也有一部分课只适合部分探究，这里的部分探究可能是一节课的一个环节，也可能是一个细小的知识点。也就是我们的探究案例要相对全面，这样才能真正为教师找到一个突破口。

（三）加强培训，缩小学校差异

从数学探究学习现状的调查显示，我国现阶段的探究水平整体偏低，但部分发达地区办学实力较好的学校，探究水平还是很有进步的。相比之下，位于地区经济发展慢的学校和办学实力相对较差的学校探究水平还是非常低的。所以，缩小学校之间的差异、普及数学探究学习是改善数学探究学习现状的有效途径。

探究资源对这探究水平低的学校有非常大的影响，如果能从政策上提高对这些学校的支持能够解决部分问题。但不得不说的是，我国的初中，大部分是这样的学校，毕竟发达地区办学实力好的学校毕竟是少数，那么通过什么方法能够切实地缩小学校之间的差异呢？

笔者认为，全面的培训虽然缺乏针对性，但对于让庞大的教师队伍对数学探究进一步了解还是非常有必要的。其实，现阶段教师对数学探究学习的培训并不

在少数，但大多数效果并不是十分明显，因为无论是理论性的学习还是实际听课都少了实践的成分。所以要想真正提高数学探究培训的效果，必须从表面落到实处，在培训结束后学校应该积极开展数学探究课，在教师之间进行交流和讨论，只有这样才能够真正提高数学探究水平，并缩小学校之间的差距。

第四节　数学探究式教学的实施策略

一、数学探究式教学的实施原则

（一）价值性原则

所谓价值性原则，是指数学探究式教学对提高学生数学知识理解能力、创造性思维能力以及数学素质具有重要价值。实践表明，并不是所有的数学知识或者每一节课都适合采用探究式教学。在中学数学课堂教学中开展探究式教学要想取得预期的效果，必须首先考虑教学的内容是否有探究价值，或者是否适合探究式教学模式。其次应考虑探究的材料是否有助于学生深入理解数学知识，提高数学素养，发展思维能力，培养创新意识和应用能力。同时，所选的探究材料要具有基础性、普及性、发展性、多样性、递进性和适当的挑战性。实现人人都能获得探究的机会，人人都能获得良好的数学教育。因此，在中学数学课堂教学中，开展探究式教学所选的探究材料应具有一定的理论价值和应用价值。

（二）最近发展区原则

苏联著名心理学家维果茨基（Vygotsky）于20世纪30年代提出了"最近发展区"的概念，并创造性地阐明了教学、学习与发展之间的辩证关系。所谓"最近发展区"原则，是指老师准备给学生探究的材料或问题要有一定的难度，但又必须在学生的"最近发展区"内，使学生可以"跳一跳，摘桃子"。数学教育家余文森先生指出："只有针对最近发展区的教学，才能促进学生的发展，发展的过程就是不断把最近发展区转化为现有发展区的过程。"因此，教师在中学数学课堂教学中开展探究式教学所选的探究材料或者数学问题，应符合学生的"最近发展区"。

（三）过程性原则

数学是在实际应用中不断产生并发展的，因此数学课堂教学的重心要转移到引导学生自身操作过程上来，让学生经历一个完整的科学探究过程，包括知识产生的背景、知识的价值和应用、知识的未来和发展等。传统的讲授教学模式重视知识结论的传授，教师往往将数学的概念、公式、定理、法则等直接告知给学生，或由教师简单推理给学生，学生往往知其然而不知其所以然，这种现象就是著名数学家华罗庚先生所说的："只把现成饭拿上桌，而没有做饭的过程。"所以，学生只能死记概念、公式、定理、法则和结论，不会灵活运用。"让学生看到思维的过程"这种愿望，在名家队伍中由来已久，探究教学模式正是响应这个号召，不是简单地教给学生结论，也不要求学生死记结论，而是重视结论的来龙去脉，重视结论的应用。探究的过程也就是学生主动参与知识形成、发展的过程，要像上"实验课"一样，让学生亲身观察、猜想、实验、比较、归纳、思考、推理和与伙伴合作交流，体验学习的乐趣，增强探究意识和问题意识，发展创新精神和实践能力。教育学家苏霍姆林斯基说过："自由支配的时间是学生个性发展的必要条件。"所以，教师在探究教学过程中要给予学生充裕的时间和空间，让他们独立思考、自主探索，尝试从不同的角度寻找解决问题的方法，不要因时间不够而不给予学生充分的讨论、交流，不要以完成不了本节课的教学目标为理由而把结论强加给学生。

（四）层次性原则

所谓层次性原则，是指数学探究式教学要按照中学数学的逻辑系统和学生的认识发展的顺序由浅入深、由易到难地顺序进行教学。让学生从低层次、低起点的问题进行探究，低起点、小坡度，一步一个台阶上，这样才能使每一个学生都能参与到探究学习的过程中。因此，中学数学探究式教学要体现探究的递进性和层次性，否则，将难以激发学生的学习兴趣，必将导致学生学习效率低下。

（五）主体性原则

探究式教学应体现"教师为主导，学生为主体"的原则，这也是新课程理念的基本原则。这同时也符合新课标的"以人为本"的精神，学生就是"本"。教师所做的一切努力，都是立足于为学生提供更宽广的发展空间服务，为学生掌握知识、学会学习服务。所以，学生作为学习的主体，课堂上的"活动、探究、讨论、交流、反思"都是学生自己的活动，必须由学生自己来完成。教师作为必不可少的组织者，其作用是设计、组织、协调、点拨，我们强调学生的自主发展，但不是自由发展。整个教学应在教师的合理控制之中，学生的主体作用不仅体现在时间上，更是体现在思维上。

（六）问题性原则

众所周知，问题既是数学的心脏，也是数学教学活动的核心。美国数学家哈尔莫斯在谈到数学教育时指出："我们坚信问题是数学的心脏。我希望作为教师，无论在讲台上，在讨论班里，还是在我们写的书或文章里，要反复强调这一点，要训练学生成为比我们更强的问题提出者和问题解决者。"陶行知先生也曾说过："创造始于问题。"

探究教学是以问题为出发点，以问题的解决串起整个课堂教学活动，要使探究教学能顺利进行，教师在创设问题时就要注意以下几点：第一，所提出的问题要能够激发学生的学习兴趣，吸引学生产生探究的动机，从经验上看，能激发学生探究兴趣的问题往往与学生生活实际紧密联系在一起。因此，教师提出的问题应考虑学生的生活环境，尽量从学生的实际出发。第二，提出的问题要具有障碍性。问题的障碍性即提出的问题能激发学生认知上的冲突，使学生现有的认知结构无法同化新的知识。问题只有具有"障碍"，才能体现自身的价值，同时问题的障碍要适中，尽量把问题落在学生的"最近发展区"，即学生的现实水平与潜在水平之间的区域，这样的问题才能充分调动学生原有的认知，使学生在课堂上处于思维活跃的状态，激发探究欲望，拓展探究空间。过难的问题，学生的能力达不到，其积极性会受到压抑；过易的问题，学生可以从原有的认知结构中直接提取出来，没有探究的价值，学生也会觉得乏味或产生骄傲自满的情绪。

（七）合作性原则

合作精神与能力是 21 世纪对人才素质的基本要求。杨振宁说过："如果说过去还有一个人能独立完成诺贝尔奖工作的话，那么进入（20 世纪）80 年代以来，尤其是进入信息社会以来，没有人们的共同参与、相互合作，任何重大发明创造都是不可能的。"现代教学观也认为："所有的教学都以交往的形式存在，不呈现交往状态或者不发生真正的交往就不是教学。"而数学探究教学模式中的合作学习正是培养学生协作精神和人际交流能力的舞台。心理学研究表明，青少年往往更容易在同龄人中获取知识和信息，合作学习可以使学生看到那些与自己不同的观点，从多个角度完善自己对事物的认识，弥补在教师指导下成人视角的不足。探究教学是以个人自主学习和小组合作学习相结合，以合作学习为主，所以在学习过程中，师生之间、同学之间的合作与交流至关重要。所以，教师要全面了解学生各方面的特点、特长和兴趣，在进行教学活动时注意分好小组，进行分工协作，实现优势互补，顺利完成探究教学，共同发展、共同进步。

（八）开放性原则

探究教学的过程是一个开放的教学空间。首先，学生在课堂教学中的心态是开放的、不受拘束的。罗杰斯指出："有利于创造活动的一般条件是心理的安全和心理的自由。"所以，学生在心理上的自由、心态上的放松，才有利于学生个性的发展，培养创造性思维。教师则要积极进行角色的转变，放下知识传承者的架子，给学生创造平等、自由、愉悦的教学氛围，使学生从问题的提出到问题探究的设计，以至于结论的得出、结果的交流等，均能充分表达自己的看法。其次，教学内容要开放，教学内容要不拘泥于教材，也不局限于教师的知识视野，不限于特定的学科知识体系，既可以面向学生的学习生活和社会生活，也可以是学生感兴趣的自然、社会或其他问题。其三，探究问题设计的开放性，教师要鼓励学生提出各种假设，并让他们主动去检验这些假设。对学生来说，任何可能成立的假设，都值得去探索，应该鼓励学生设法了解一个问题可能出现的各个方面和各

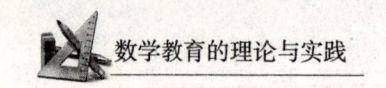

种解答。其四，教学评价的开放性，教师不要轻易否定学生，既要重视结果评价，也要重视过程评价，既要有共同的评价指标，又要有个性化的灵活弹性评价。

二、数学探究式教学需注意的问题

（一）探究太过于随意，内容的价值性被忽视

中学数学教学具有一定的难度，而且严重影响着学生日后的生活及学习。将探究性教学应用到数学教学中，有助于学生更深入地理解和应用所学的知识，将其自身的主体地位充分体现出来，进而促进其思考能力和创新能力的有效提高。不过，随着学习压力的与日俱增，为了促进学生学习成绩的提高，很多学校又新开设了很多学科，学生每天都要面对繁重的学习任务，可是毕竟课时和精力比较有限。所以，在教学中应用探究性教学模式需要对探究问题有明确的了解，并充分考虑探究的内容是否具有价值。教师应该以教材内容和大纲为基础，科学地整合和选择探究内容。如果在教学过程中，有一些知识点通过阅读就可以有所掌握，或者数学问题比较简单等都可以尽量避免，将重点放在学生难以理解、感到困惑的教学内容和知识点上，进而通过探究式教学，促进教学质量的有效提高。

（二）对探究式教学的理解存在偏差，没有合理地发挥教师的引导作用

能否成功地实施探究教学模式，在一定程度上取决于教师，在这个过程中，教师必须要将自身的引导作用充分发挥出来，对探究教学活动进行积极、有效地组织，从学生的实际情况入手，构建符合学生心理的课堂气氛，将学生学习数学的兴趣有效激发出来，进而促进教学效果的提升，为教学任务的顺利完成提供有力的保障。不过，在现阶段进行探究式教学中，教师过于强调学生的主体地位，其自身的引导作用并没有充分发挥出来，最终得到的教学效果也并不够理想。例如，教师在组织学生进行小组讨论的时候，在将讨论的问题和任务布置完以后，并没有参与到学生的讨论中，自身的引导作用也没能充分发挥出来，使得教学没有秩序，吵闹嘈杂，更为严重的是有些学生甚至没有参与到讨论中去，给探究教学活动带来了严重影响。

（三）探究过于花样，使得探究的本质性没有得到重视

在现代教学发展的过程中，探究式教学发挥着积极的作用。教师通过应用探究教学模式，以学生的实际情况为出发点，构建相应的教学情境，并对学生进行适度地引导，进而找出存在的问题并给予解决。但是，就目前的教学情形来看，太过于花样化的探究，使得探究教学的本质受到了严重影响。例如，在探究问题的时候，教师只是盲目地组织学生进行小组讨论，但是并没有对问题的探究价值进行充分考虑，也没有合理安排每个小组的成员，所以得到的探究效果也不理想。除此之外，学生在讨论的过程中，也没有规划一个合理的探究程序，使得探究活

动的作用没能得到充分发挥。

三、数学探究式教学的实施策略

（一）目标指引，创设情景

所谓目标指引，指的是对课程内容、各教学单元及每节课进行教学目标分析，以确定当前所学知识的主题，从而直接指引对该课程或教学单元或当堂课的学习。没有明确的教学目标，教师的"教"和学生的"学"都是盲目的，犹如无源之水、无本之木。古希腊学者亚里士多德说："思考自疑问和惊奇开始。"因此，创设适当的问题情景，使学生感到神秘、好奇、疑惑，从而点燃学生的思维火花，激起学生对学习目标的认知要求。弗雷登塔尔说："数学源于现实。"我们应该创设一些使学生对自然界与社会中的自然现象有好奇心，感到真实、新奇、有趣的操作活动情境，满足学生好奇、好动的心理需求，使学生感到生活中处处有数学，数学就在我们身边，实现"人人都能获得必需的数学"。事实表明，任何学习的愿望，总是在一定的情境中发生的。只有具有这种问题性的情境，才具有强大的吸引力，对学习需要具有强烈的激发作用。

创设有效的教学情境，可以让学生积极主动地投入学习，但在创设教学情境过程中，教师不能将教学情境的创设只局限于有趣的层面，而忽略对教学情境的本质思考。在创设教学情境时，应重视数学知识的内涵，注重数学的探索性，在关注数学教学的同时，更要积极关注对学生文化素质的培养。总之，教师应从有利于学生主动发展的角度出发，创设有效的教学情境。

（二）独立探究，积极体验

独立探究、积极体验是指将学生引入一定的问题情境后，让学生按照他们自己的思维，在实践和体验中进行探究。在教学方法上，布鲁纳提倡"发现学习"，他认为，儿童应该在教师的启发引导下，按自己观察事物的特殊方式去表现学科知识的结构，借助于教师或教师提供的其他材料去发现事物。布鲁纳强调说："发现是教育儿童的主要手段，人类学习中必不可少的成分。""如果我们要展望对学校来说什么是特别重要的问题，我们就得问怎样训练几代儿童去发现问题，去寻找问题。"著名数学家波利亚指出："学习任何东西，最好的途径是自己去发现。"数学家弗雷登塔尔的"再创造"原则也表明，通过自身活动所得到的知识与能力比旁人硬塞的理解得透彻，掌握得快，同时也善于应用。将学生引入一定的问题情境后，引导学生自己分析问题、探究解决问题的途径和方法，力争独立解决问题，通过亲身体验探索的过程，学会应用所学知识进行分析、解决问题。

建构主义认为，学习者要想完成对所学知识的意义构建，最好的办法是让学习者到现实世界的真实环境中去积极感受、体验，而不是仅仅聆听别人各种经验的介绍和讲解。要为学生提供机会和条件体验成功，从而让他们充分相信自己的能力。这样的体验有助于学生形成良好的自我意识、善于乐观向上的个性。成功的体验不仅为学生积极主动的行为提供了强烈的动机，而且能促进学生形成良好的学习态度。

（三）解疑导拨，合作探究

在学生自主探究的基础上，遇到学生不理解或解决不了的疑难问题，需要进行导拨。而对学生的疑难问题，教师不必过早解释，只要综合大家的提问，组织学生合作探究即可。合作探究可有三种方式：一是生生合作探究，即让学生和学生发挥各自的优势，就题中疑难问题相互启发、相互研讨；二是小组合作探究，合作小组中学生情况要均衡，合作探究是利用学生集思广益、思维互补的特点，使探究更加深入，使获得的知识更趋于准确；三是全班集体探究，即抓准题中关键性问题或有争议的问题，让学生各自发表见解，见仁见智，集中解决难点网。

建构主义认为，学习具有社会性，知识的建构活动不是认知主体的个人行为，而是具有社会性的集体活动。在个人自主学习的基础上开展小组讨论，通过不同观点相互交流，以进一步补充、修正和深化对问题的理解。现代教育思想下的学习目的是，让学生学会如何学习。新课程标准没有否认模仿记忆在数学学习活动中的作用，但更强调自主探索、合作交流。在这一过程中，教师是学习的组织者和引导者。学生们在教师的组织引导下，在自己的体验感受中讨论和交流，共同建立起学习群体，并成为其中一员。"集体的智慧是无穷的"，在这个协作过程中，学生们可以各抒己见、扬长补短、互相补充。这样既可以激发学生的学习热情，还可以在交流中获得知识。这里的交流包括两方面：一方面是师生之间的，另一方面是学生内部的。

在"解疑导拨，合作探究"中，教师要改变"师道尊严"的传统观念，努力做到：第一，相信学生。他们有能力、有潜力掌握教学内容。第二，依靠学生。只有师生配合，才能完成教学任务。第三，尊重学生。学生是一个与教师一样，有着独立的尊严和价值，有着丰富的内心世界的独特的人。第四，热爱学生。学生是我们教育的对象，是未来社会的接班人和建设者。第五，理解学生。学生在其自身发展和生活中充满着各种各样的矛盾和冲突。第六，帮助学生。学生在学习和活动中存在各种问题和疑难。

（四）反思评价，形成认知

反思学习是智能发展的高层次表现。世界著名数学家弗雷登塔尔指出："反思是数学思维活动的核心活动，通过反思才能使现实世界数学化。"所谓反思是指理论发展和解题思维过程（概念形成的过程、定理发现的过程、论证定理或解题的思考过程，法则、方法和技巧使用的条件和背景的缘由）的再现，旨在通过这些思维过程的再现,澄清理论或解题方法是在怎样的数学思想或数学观念的指导下想出来的。由此可见,加强反思能使学生调查知识的本质,获得思维锻炼。

评价是对学生行为变化或倾向变化给予价值判断的系统过程。评价是课堂教学必不可少的手段。评价能使学生明确活动中的成败得失,能提供反思的机会,使思维水平得以提升。因此,反思与评价息息相关,是激活思维的有效措施和方法。在评价中,教师不要把事情做"满",应让学生做得更多些。对于学生的评价,还可以让学生彼此进行评价,使学生学会辩证地看待问题,学会欣赏别人,进一步巩固学习成果。

由于学生的学习活动不可能是一帆风顺的,肯定有一些错误和偏差。所以,在实施过程中教师对学生的评价应多给予肯定,多引导学生自己思考。当学生思维受阻时,教师要给予充分的鼓励,也可以引导学生从另一角度提出问题或提供辅助性问题,帮助他们克服思维障碍;但学生经过思考得出正确结论时,教师要及时给予肯定的评价;当学生提出新奇的见解或有创造性的看法,教师应给予激励性的评价。总之,教师在教学过程中要多关注学生,关注学生的闪光点,并及时给予评价,这样有助于学生创造能力的不断增强。

(五)变式练习,归纳整理

学习是一个循序渐进的过程,具有累积性。因此教师在教学基本概念、技能的基础后,应给予一些变式问题,并适时组织指导学生归纳、整理,形成数学知识体系。"举一反三""触类旁通"就体现了这一点。变式练习的目的是进一步巩固和理解前面所建构起来的新知识,并通过对新知识的应用,逐步培养学生的数学学习能力。但是我们在实施变式练习时,切忌机械模仿,生搬硬套,应该让练习具有合理的梯度,成螺旋式上升,逐渐增加创造性因素。数学知识是一个完整体系,因此,在结束每部分学习后,教师要引导学生归纳整理所学知识的内在联系,揭示知识之间的相互关系和结构上的统一性。

(六)完善教材,增加探究元素

教材是教师进行授课的根本依据,在教师进行授课之前,都会对授课内容进行揣摩,而揣摩的依据就是教材。在小学、初中和高中阶段对教材的依赖程度是不一样的,笔者认为初中阶段对教材的依赖程度最深,学生能够单独读懂教材,但还没有脱离教材学习的能力,所以上课之前"教科书和练习本"是很多教师要求必须准备的。

现阶段,教材几乎决定了教师的授课方式,一般情况下,如果教材中直接给出某个概念或定理,那么教师在教学的过程中通常会直接给出。如果教材在实际的过程中,更加注重知识形成的过程,那么在教师授课的过程中也会更加注重这个过程。也就是说,教师在决定一节课的授课方式时,很大程度上取决于教材的编写方式。尤其在探究课题的选择时，会发现如果教材中没有探究的部分，那么教师就会认为这个课不适合用探究学习的方式进行。反之，如果教材中有探究的成分，那么教师会在授课之前对教材中的探究部分进行分析，研究怎样的设计更适合学生的水平。但现阶段各个版本的数学教材，在探究部分的安排大都有所欠缺，探究的成分并不是非常多，这就给进行探究学习增加了困难，使得在进行一些课程的教学时，如果强制要求用探究的方式进行，教师会觉得无从下手。所以，完善教材，增加教材中的探究部分，才能让探究学习更好地走进数学课堂。如果能够更好地完善教材，让教材成为教师进行数学探究的第一手资料，这就可以减少因为办学实力的差异带来的探究水平的差异，对数学探究学习的发展更是起到了重要的作用。

第六章　中小学数学分层教学模式

第一节　分层教学模式概述

一、分层教学模式的内涵和形式

（一）分层教学模式的内涵

分层教学不仅是教学策略和方式，更体现着深刻的教育思想，它的核心内容则是面向所有学生，客观分析和评价学生间的个体差异，而且要依据学生的不同层次来设定不同的学习目标，运用有针对性的教学方法，挑选出符合实际情况的课后练习，定制不同的评价标准，分层推进教学，真正做到"以人为本"，使得每个层次上的学生都有所进步。其目的在于通过实施分层次教学，真正做到因类施教、因人施教、因材施教，从而最大限度地优化教学效果。在开展分层教学的过程中，要看到全体学生都能共同进步，它也是将"因材施教"落到实处的切实有效方式。

（二）分层教学的主要形式

1. 班内目标分层教学模式

实施分层教学方法，可以将传统的教学方法保留下来，在数学教学实施过程中，任课教师可以通过试卷测试，从学生的成绩中，以优秀、中等、差等区分出来，以确定不同类型、层次的学习目标，再实施不同层次的教学，组织不同层次的学生进行检测，让不同层次的学生都能得到相应的发展。具体的做法如下：第一，了解学生的实际学习情况，把他们分成不同的小组；第二，对分组后的学生开展适合各自特点的施教方案；第三，进行分阶段考察，分层次考察。实施发展性评价模式，让不同层次的学生都可以获得不同的学习体验，进而促进全体学生共同进步。

2. 分层选修走班模式

"走班"模式并非将传统的行政班级打乱，而是在对数学课程以及其他课程进行分层教学的过程中，依据学生自身不同的知识结构到不同的班级去上课。这样设计的主要特点如下：教师根据学生不同级别的分数开展教学，进一步确定与其自身知识点相对应，并且又可以达到数学教学的目的，最终实现对差生、学困

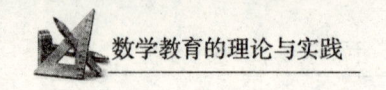

生的帮助，实现对优等生的进一步提升。

3. 学生分层互动模式

采用这种分层方法的前提是数学教师对学生的学习非常了解，教师对于班上每个学生的数学学习情况均了然于胸，特别是学生的知识结构、学习特点、学习现状以及家庭背景等。依据学生的学习心理特点进行分组，分成不同组级的学生。在这种分组后，要让组与组之间进行讨论学习，组间相互帮助，让学生之间相互激励，共同进步，为每个学生创造更多、更好的发展机会。实施过程中，通过学生之间的成长互动、相互帮助，教师可以培养他们的合作能力，让每位学生都能在集体的环境中得到发展和提升。

4. 能力目标分层监测模式

学生选择自身的学习层次，依据自身的兴趣和学习现状，在调整时依据期末考试的情况和学习情况，让学生获得更多的自主选择权。这种模式被称作"分层测试卡"，记录并测试不同层次的学生。多层次评价学生，在承认人的发展差异的基础上，给予相应的肯定。这种模式，对层次较高的学生注重创造和理解能力，对层次低的学生注重认真听，注重检测该类学生当堂学习的情况。

5. 目标定向分层培养模式

该模式多限于职业教育，指根据学生的毕业去向来分班教学。具体做法是：入学时先进行摸底调查，既了解学生的知识和能力水平，又了解学生对就业与升学的选择，帮助学生正确定位。然后以学生的基础和发展为依据，分成升学班和就业班两个层次，两个班的文化课安排同样的教材、进度，但是教学目标和难点有区别，升学班注重应试能力的培养，就业班则突出知识和职业实践的结合。当二年级学生参加水平测试合格后，学校又给学生提供第2次选择，升学班进一步强化文化课和主要专业课，而就业班则以职业技能训练为主。

6. 网络"个别化"学习的模式

该模式多应用于非全日制的普通高中学生，它基于网络的"个别化"教学，主要是设计适合各类学生学习的信息程序，方便学生自主选择素材。学生利用网络开展循序渐进的学习，每达到一个目标就自动进入下一个知识模块，由于计算机数据库储存了大量的教学信息，因此能够满足不同层次学生的需求。

二、分层教学的影响因素

（一）智力因素

一个人的智力在一定程度上直接体现着这个人的聪明程度，对于个体发展来说，智力是前提条件，智力决定着学生到最后学到了什么。多元智能理论主要是采用分析的方法，增加了智力的成分，丰富了智力的内涵。多元智能理论认为，智力并不是一种能力的体现，而是多元能力的体现，是在社会文化背景以及环境条件的价值标准下，人们用来解决所遇到的问题，并且通过创造所产生的价值能力。智力不同，接受知识的能力就会相应有所不同，判断力以及应用所学知识解决实际问题的能力等也会有所不同。因此，学生的智力情况是影响分层教学的关键因素之一。

（二）学习兴趣因素

人们在开展一种社会活动时，往往具备一定的动机。学习也是如此，其是由学生的学习动机支配的，学生的学习动机是一种内部的推动力，推动着学生主动学习。研究表明，在学习过程中，将智力影响因素排除后，学生在学习动机水平上仍然存在着差异，也就是说，学习动机的水平差异决定了学习成绩的差异。学习兴趣是一种求知欲望，是学生对学习产生的一种好奇心理，是使学生产生学习动机的直接推动力，是影响分层的关键因素。

（三）学习态度因素

学生的学习态度是指学生对学习对象的一种心理倾向，其指引着学生学习的方向。曾有人这样说：学习是学习者态度的函数，而不是重复遍数的函数。在学习的过程中，学习态度起着决定的作用。一般来说，学习态度包括三种成分：认知、情感和行为倾向。认知成分指的是学生对学习对象的评价，认知成分是学习态度的基础；情感成分指的是学生对学习对象的情感体验，是学习态度的核心；行为倾向成分是一种对学习的行为准备状态，是对学习做出的一种反应。例如，学生对数学学习非常积极，有积极的态度，认知成分体现在优异的数学成绩能够带来荣誉感，情感成分则是满足感和兴奋感，行为成分就是学生喜爱学习数学的行为。因此，学习态度必定会影响学习成绩，进而影响对于学生的分层。

（四）学习习惯因素

人的行为，大体可以分为有条件的和无条件的：有条件的是不稳定行为、不经常的行为；无条件的是自动的、带有感情色彩的行为，也就是我们通常所说的习惯。良好的行为习惯是从内心发出的，是行为的最高境界，不好的行为习惯会导致人们正常的心理出现问题，学习习惯的好坏，决定着学生学习的结果和成绩。例如，一些学生的智力、能力等各方面都非常优秀，但是成绩却很平常，这就是由于学习习惯的不好，导致成绩难以得到提升。因此，学习习惯的好坏，是对学生进行分层时必须仔细考虑的重要因素。

三、数学分层教学的理论基础

（一）因材施教

"因材施教"就是根据学生的不同个性进行不同的教学。孔子认为，在教育学生的过程中，一定要做到"视其所以，观其所由，察其所安"。也就是说，在教育学生的过程中，要密切地观察以及留意他们的所作所为，把握他们的多方面经历，观察以及分析他们的兴趣和爱好。卢梭在《教育论》中非常关注对儿童所开展的各种教育，他认为必须要遵照大自然的要求，顺应儿童内在的自然本性，在此过程中，不仅要使得所推行的教育与儿童的身心发展以及年龄特征相互吻合，而且要让他们最大限度地适应儿童天性以及关注他们的个体差异，开展因材施教。他还认为："个人的心灵都有自己的独特形式，因此必须借助这种独特的形式，而不能借助其他的形式去教育每个人的心灵，这样才能更好地在教育某人心灵时所花费的苦心收到一定的成效。"总之，分层教学就是对"因材施教"理论的具体实践。

（二）学生个体差异的客观存在

每个人的内心都是不同的，所以每个人的发展层面也必然是不同的。从学生来看，每位学生也存在着非常大的个体差异。这些差异重点指的是个体间差以及个体内差：个体间差就是在比较个人后所确定的两个人之间的差异，这表现为他们在形体、外貌、生理以及心理等不同领域均具有不相似性；个体内差则是指同一个人在心理以及精神方面所存在的巨大差异。需要注意的是，学生间的此类差异都是客观存在的，而且也经历了不平衡的发展阶段。社会发展也需求多重性格、不同个性以及不同层次的人才，因此，在开展数学课堂教学的过程中需最大限度地将个体的差异性考虑进去，而且要切实做好因材施教以及区别对待，从而确保学生都能在此次改革中得到多样化的发展。

（三）教育的全面发展

从马克思主义的观点来看，人的全面发展涵盖了它的应有、和谐以及自由发展这三方面的统一和结合。从人的应有发展来看，这是人类本质的发展方面，它表示人必须充分发挥出自己那种自由自觉的主体性。从人的和谐发展来看，他是指人在社会本质方面的和谐发展，也就是要处理好个体与集体、个人与人类、个人与他人以及个人内部各方面的和谐发展。从人的个性发展来看，马克思觉得人的能力发展、社会关系发展，在很大程度上紧紧依赖着人的个性发展。从一定意义上来讲，能力以及关系的不同发展，都将为人的"自由个性"的形成和发展奠定基础。

人的个性就是它的个体性，也就是说，作为社会历史活动主体，一个人和其他人的特性是不同的。马克思认为："人作为非常特殊的个体，而且恰恰是因为这种特殊性，使他成为一个个不同的个体。"由此可见，恰恰是这些差异构成了这些具有特殊个性的个体。从全面发展教育的思想来看，它们成为素质教育的理论基础，而后者恰恰也是全面深化和发展教育的结果。因此，全面开展素质教育可以被看作是教育理念中较为深远的革命，要切实落实素质教育，这就将选择权、学习的自主权给了全体学生，使得那些学有余力、学有所长的学生能够实现自我的超前发展，而且能最大限度地促进以及鼓励那些存在着学习障碍、基础较差的学生在持续的学习过程中取得更大的进步，从而实现自身的全面发展。

（四）教学过程的最优化

巴班斯基（Babansky）提出了著名的教学过程最优化理论，这也是他的教育思想的重中之重。教学过程最优化指的是依据教育教学的培养目标和非常具体详细的教学任务，在分析了教师以及学生具体情况的基础上，设定最为优化的教学方案，然后在执行此方案的过程中又具备了灵活机动的执行特征，从而希望能够在规定的时间以及有限的精力的基础上获得最优、最好的可能结果。这个结果最为真实的反映则是在学生身上，也就是说，全班的每个学生，从优等生到中等生，再到学困生，都能够在既定的时间段内实现自身最为合理、充分自如的个体发展。从数学分层教学的过程来看，不仅要对学生进行分层，还要对教学目标以及课堂教学等进行分层，要精心设计这些环节。也就是说，教师要最为系统、全面地分析当前的多种条件以及方法，从而形成较为科学的教学方案，依据科学合理的教学原则，从而获得最理想的教学效果。所以，这种理论也是开展数学分层教学最为坚实的理论基础。

四、数学分层教学的必要性和可行性

（一）数学分层教学的必要性

目前，我国数学课堂教学采用的是统一教材、统一进度、统一方法，以班级学生的平均水平为标准来进行讲授。那么，在学生数学学习能力存在差异的情况下，如果不因材施教依旧按照现行的模式教学，在教学过程中由于过于重视中等生，往往容易使一部分学生"吃不饱"，而另一部分学生"吃不了"，这样既抑制了优等生的发展，又在无形中增加了学困生的负担。在这种情况下，教师应该尝试实施分层教学、因材施教，针对学生之间不同的个性特征和知识基础、不同的心理倾向以及接受能力等差异，对不同层次的学生制定适合他们发展水平的教学目标，通过不同的教学过程，提出适当的教学要求，制定不同的评价测试标准来开展教学，从而使每个学生在原有基础上都能得到提高，发展个性，各展所长。

《中国教育改革和发展纲要》指出："基础教育要面向全体学生，全面提高学生的综合素质，促进学生生动活泼全面地发展。"面向全体学生是指要面向全体学生的每个个体，尽可能顾及每个学生，使每个学生都能最大限度地发挥他们的潜能；促使学生全面发展是指在面向全体学生的同时，给不同的学生提供适合他们发展的机会和条件，让他们得到最充分的发展，对于不同的学生，要因材施教，

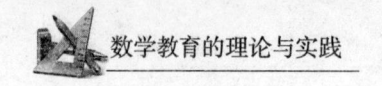

有区别地对待。

数学是一门具有科学性、逻辑性和抽象性，侧重于逻辑思维、抽象思维能力培养的学科。数学学科的特点决定了学生在数学学习上的差异较其他学科更为明显，而分层教学正是以学生之间的差异性为根本的一种优化的教学模式。所以，分层教学既是推进素质教育的重要途径，也是不可缺少的必要措施。

（二）数学分层教学的可行性

《国家基础教育课程改革纲要（试行）》强调指出："教师应尊重学生的人格，关注个体差异，满足不同学生的学习需要。"分层教学正是出于考虑学生之间的差异，为每一位学生的发展而提出的。分层教学要求教师改变传统的教学方式，要求教师树立全新的教育观，以学生为主体，选择适合学生身心发展的教学内容和教学方法。让学生能够在轻松愉快的氛围中充分发挥自身的潜能，从而使得处于不同层次的学生通过学习都能在原有的基础上学有所得。在分层教学的过程中，教师从学生的"最近发展区"出发，为学生提供接近其"最近发展区"的内容，使不同层次的学生在各自的"最近发展区"发展，充分调动全体学生的学习积极性和主动性，使学生都能取得进步。

第二节 数学分层教学需注意的问题

一、加强心理指导，让每个层次的教师都成为学生心理辅导员

及时疏导高层次学生的心理压力，关注中等层次学生的优点和进步，让低层次学生克服自卑，这是教师在分层教学中的一个非常重要的任务。数学学习固然重视结果，但更重视过程。如果我们的导向是过分关注学习的结果而忽视对学生在学习过程中出现问题的疏导，教学就会走入"死胡同"，效果当然更谈不上。以高层次学生为例，他们容易产生如下问题：

（一）心理压力很大，心理承受能力较弱

学校、家长、老师以及同学对高层次学生过高的期望值，容易造成学生心理压力过大，不能及时调控，严重影响学生的学习效果。因此，在教学过程中，教师要有意识地通过各种途径、方法创设多种情境，提高学生在心理上对环境的适应能力，要教给学生一些化解个人内心冲突、缓解心理压力、保持心理平衡的方法。

（二）不关心集体，冷漠自私，骄傲自大

分层班级学生由几个班的学生构成，在现实的学习生活中本层次的同学之间过分强调竞争，忽视彼此之间的合作，以独立学习为主，有的甚至自我封闭；并且部分学生由于受社会和家庭的影响，只关心自己，只看重自己的学习进步，过

分地强调以自我为中心,对其他同学提出学习上的帮助不予理睬或应付,甚至是挖苦打击。

二、分层不宜过多

教师对学生所分的层次不宜过多,最好不要超过两层。如果将学生过多的分层,这样就会使学生产生一定的心理压力和学习包袱,容易产生逃避心理和绝望情绪,不利于培养学生学习数学的兴趣,同时也会给教师教学带来一定的不确定性。

三、构建新型的师生关系

在数学分层教学中,需要构建新型的师生关系,要从满足学生精神需要和生活需要出发,在进行分层教学时,教师要与学生建立紧密的关系。尤其是层次相对来说较差的学生,要给他们表现自我的机会,保护他们的自尊心,要让所有的学生都感受到教师的关爱,感受到教师对学生的信任,只有这种和谐的、新型的师生关系才能促进教学,才能有助于教师对学生的全面了解,也才能有利于教学计划的顺利实施。

四、学生(班级)层次的划分要准确

分层教学的基本理论支撑是因材施教,然而要真正做到因材施教,就必须对施教的"材"有清楚准确地认识和把握。这种把握是多层次、全方位的,因而也是复杂且困难的,它包括学生的认知心理、知识结构、生理因素以及环境氛围等诸多方面,其中最重要的是要准确把握学生的认知结构,因为人对客观现实的感知和理解总是建立在原有的认知基础之上,旧的感知同新的感知发生相互作用,形成对新事物的认识和理解,从而推动认知结构的发展。正是因为这样一种复杂的循环过程,才使得准确把握施教对象的认知结构层次显得尤为重要。只有清楚准确地把握学生的认知层次,教师的施教过程才能有的放矢,才不至于劳而无功,才能确保学生的学习不会出现"吃不饱"和"吃不了"的问题。由此可见,准确把握学生认知结构的层次是实施分层教学的前提和基础。需要注意的是,同一施教对象的认知结构层次也不是一成不变的。心理学研究的结果告诉我们,学生的认知结构总是处于动态发展之中,它具有发展的连续性、顺序性等特点。因此,我们对学生认知结构的分析和把握,也应是一种动态的发展把握,如同研究图像的点的性质,必须进行动态分析,这样教学才能收到事半功倍的效果。

五、教学目标的层次划分要恰当

在分层教学中,由于不同层次学生的学习习惯、学习方法、接受能力上差异性比较大。因此,要依据不同层次和班级学生的实际情况制定不同的教学目标(如A层为基础差的,B层为中等生,C层为基础较好的),做到心中有数,从容实施因材施教。同时，教学目标要以中学数学教学"大纲"和"中高考考纲"为依据，根据教材的知识结构和学生的认知能力，将知识、能力和思想方法融为一体，合理设计授课方案。立足教有所别、学有所得，合理制定各层次班级的教学目标，并努力去实现设定的层次教学目标。

第三节　数学分层教学的原则

一、以人为本原则

教育本质上是唤醒人的生命意义，启迪人的精神世界，构建人的生活方式，以实现人的生命价值为目的的活动。它直接指向人生，指向人的生命存在，教育的根本出发点必须是人，教育作为培养人的活动，其基本出发点是人，是人的个性化和社会化的发展过程。坚持以人为本，即坚持以学生为本、以学生的发展为本，这是素质教育的核心理念和最终目的，因此也是教师开展教学活动的依据和原则。

在数学分层教学过程中，应始终坚持以学生发展为本这一理念，认真贯彻这一根本原则：第一，按照素质教育的要求加强教学管理，改进传统的教学方法，使教学活动不脱离每个学生实际。第二，要坚持面向全体学生，为学生的全面发展创造有利的条件。制定与学生能力相适应的教学目标，安排符合学生的学习内容和层次，采用恰当、有效的层次教学策略，运用切实可行的评价方案，保障课堂教学的有效实施，促使每个学生都能得到最有效地发展。第三，要坚持面向全体学生，努力实现全体学生的发展，以及学生个性的全面发展，也就是做到尊重所有学生的个性，保护全体学生的尊严，尤其要有效维护成绩偏差的学生的尊严。为此，在数学分层教学的学生分层策略中，要坚持显性分层与隐性分层相结合，而且显性的分层只有两层，这样有效地保护了学生的自尊心。第四，坚持以学生为本，既要尊重学生的愿望和要求，也要尊重学生的自主意识。教师在数学分层教学的过程中，要始终坚持自愿原则和调整性原则，以学生为本，给予学生自主选择层次的空间，帮助学生找到适合自己的层次，满足不同学生的学习需求，进而促进学生更加充分地发展。

二、个体差异原则

学生在认识、情感、意志等方面的心理活动存在着一定差异，这些差异主要表现为他们心理、生理特点的不同，行为方式的不同，心理、生理发展速度的不同以及发展水平的不同。同时，学生出生的家庭环境、社会环境不同，学生的思维发展水平、学习能力也会有所不同。苏联著名心理学家科鲁捷茨基对儿童的研究实验表明：他们的数学学习能力也存在差异。由于学生先天的遗传素质和环境教育条件的不同，因而学生在数学学习活动中就会表现出明显的差异性——不同的学生在完成同一数学活动时所具有的能力的差异，以及同一学生在不同类型数学活动中所表现的能力的差异。坚持个体差异原则，就是应针对学生个体的差异性安排不同层次的教学内容，开展适当层次的数学教学，以满足不同学生的需要，使每个学生都能找到适合自己的层次。

教师在开展数学分层教学的过程中，要对每个学生的个性有充分的了解，充分认识学生的个体差异，将学生的个体差异当作可以利用的教学资源。第一，尊重学生的个体差异，关注他们心理、生理、情感、意志的不稳定性。第二，关注学生的知识、智力、能力以及行为的差异性。第三，逐步缩小学生两极分化的差距。第四，坚持个体差异原则，还要对有差异的学生个体，给予科学的、客观的、层次性的评价。对于学困生的进步要给予足够的肯定和鼓励，进一步调动其积极性、主动性；对于所有学生的成绩进步和提高要给予恰当的、有针对性的评价；对于所有学生的创新精神（包括不同思路、大胆质疑、新颖想法等）要给予高度评价，做到既在分层教学过程中坚持个体差异原则，又在教学结果评价中运用个体差异原则，真正做到因材施教。

三、系统性原则

唯物辩证法告诉我们：要从整体上把握事物的联系，在教育领域，教师的课堂教学同样要遵循这种认识规律。在数学分层教学中，教学的各个环节并不是独立而存在的，而是有着相互联系的关系，而且在实施不同的教学环节过程中，都能直接或者间接地影响数学分层教学的效果。所以，数学分层教学要坚持系统性原则。

数学教师在教学的过程中坚持系统性原则，就是对数学教学活动的整体构思与构建。教学活动，既要注重每一个环节，又要兼顾各环节之间的联系，力求从全局上把握数学分层教学的全过程，所设计的每一个教学活动都要围绕学生的发展来展开。首先，数学教师要运用合理科学的教学方式，要调整好与学生之间的关系，要合理利用教学资源，进行有效的教学活动，真正做到每一个教学环节都有序地进行，实现课堂的教学目标；其次，数学教师要根据自己以及学生的实际情况进行数学的分层教学，保证所实施的分层教学的有效性，更好地实现总体的分层教学目标；再次，数学教师要从多个角度开展自主探索并创造良好的学习环境，这样才能最大限度地激发学生学习数学的积极性，从而为教师开展科学高效的数学教学奠定基础；最后，在实施的过程中还要注重每个环节的落实与效果，注重各个方面的有机结合，让整个教学过程融为一个有机的整体，全面培养学生，不让任何一个学生掉队，使每个学生的数学素质都能得到提高。

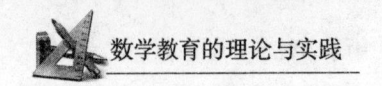

四、主体性原则

主体性原则的本质是,从主体的内在尺度(需要)出发规范、支配和利用物,使物按照人的方式存在和发展变化;以主体的方式作用于外部世界(客体);根据主体的需要和利益处理主客体关系;人以主体的方式对待自己的存在、发展和活动,自主地发挥和表现自己的内在本质力量和独特个性。因为学生个体的差异性,不同的学生个体,其主体意识也有所不同。教师要注重培养学生的独立性和自主性,引导学生质疑、调查、探究,在实践中学习,促进学生在教师指导下主动地、富有个性地学习。只有学生个体的主体性得到充分发挥,因材施教才能真正落到实处。

教师在数学分层教学过程中,坚持主体性原则主要体现在以下几个方面:第一,学生层次的划分,不是简单地由教师根据学生的数学成绩确定学生的层次,而是由学生自己根据已有的数学基础、学习能力,结合本人的学习成绩,自主决定,教师对学生层次的自主选择只起指导的作用;学生层次的调整也由学生自主决定,学生根据自己的层次选择进行一个阶段的学习后,如果不适应,学生还可以自主选择进入更适合自己的层次,教师起到帮助学生进行层次调整的作用。第二,课堂教学过程中尊重学生的主体地位,任何内容不是教师自己下结论,而是创造适当的条件,满足学生的求知欲望和自我表现欲望,为学生提供自主发挥、发展、创新的空间,最大限度激发和调动学生自我发展的积极性和创造性,有效促进学生的可持续发展。第三,试卷中设置附加题,学生可根据自己的情况自主选择答与不答,期中考试中配备两套试题,学生可根据自己的情况选择参加哪套试题的考试,增强学生的自主参与、自我选择意识。另外,需要指出的是,坚持主体性原则,不是让学生放任自流,而是要促进学生的学习由被动变主动,学习态度由"要我学"转变为"我要学",因此目的在于充分调动学生的积极性。

五、可接受原则

夸美纽斯是捷克教育学家,他认为教师向学生所教授的知识,必须要得到青年人年龄以及心理力量的认可,所安排的全部事情都要适合这些学生的接受能力。巴班斯基是苏联教育家,在他看来,教师所安排的教学工作要和学生实际的学习可能性相互吻合,这样才能更好地使得学生从智力、体力以及精神等方面不会感觉到过重的负担。因此,数学教师在教学的过程中,要最大限度地与学生的实际情况相吻合,更好地契合可接受原则。对教师来说,坚持可接受原则就意味着要分析学生在数学学习以及发展中的实际需求,制定出符合实际情况的教学目标和计划,而且所选择的教学内容要在学生的心理承受范围和实际能够接受的能力范围之内,这样制定出来的教学策略才能更好地符合学生的进步和发展需要,从而为其创造较为合适的学习条件,培养学生的学习能力。数学分层教学应遵守可接受原则，数学教师要依据学生个体的实际差异，最大限度地把握学生的接受和承受能力，从而形成较为科学合理的教学计划，为后续教学奠定基础。首先，对于不同数学基础和不同学习能力的学生而言，数学教师要制定不同的教学目标和教学内容，要做到所进行的教学内容是根据学生的实际情况出发的，不超过学生接受的能力范围。

在数学课堂中，要给予学习能力比较强的学生更多的时间和练习资料，这样才能更好地发挥出他们的潜能、潜质以及影响力，对于基础稍弱的学生，要给予他们学习基础知识的时间和机会，肯定这部分学生的能力和闪光点，层层递进，培育他们积极的思维意识和技能，提高这部分学生的学习效果。然后，在数学课堂中运用的教学手段和教学方式，也要从学生的实际情况出发，不能完全一样，对于不同层次的学生，教学策略也存在一定的差异。要给学生最大限度的发展空间，设定符合他们需要的教学内容，最大限度提升他们的学习能力，使分层教学效果最大化。

六、过程性原则

新课程要求"密切关注过程，促进全面发展"，要求"根据知识和能力、过程和方法、情感态度和价值观"设计教学目标。但是，教师在课堂教学中"比较关注学习的最终结果，而忽视学习过程本身对于学生态度和行为方式所具有的意义"。实际上，无论是态度、行为方式或者能力的变化和提高，大都存在于过程之中。对过程的关注程度一定程度上决定着教学的效果。由此可见，教学工作必须遵循关注过程的原则。坚持关注过程原则，就是关注学生的学习和参与过程，关注教师的教学实施过程。

数学分层教学过程中，教师首先要充分关注每一位学生的学习过程。第一，关注每一位学生的预习情况，关注每一位学生在课堂教学过程中的表现状况，关注作业的完成过程。第二，关注每一层次学生的自我认知过程，即关注学生对自己学习状况、学习过程的了解和认识情况、对自己学习成绩的认识、对自己学习效果的感受和体会，关注学生对自己恰当定位的情况，及时给予一种经常性的指导和评价。第三，关注学生学习兴趣的变化情况，提升学生学习的积极性、主动性。在数学分层教学过程中，教师还要关注分层教学的实施过程中各环节的有效性。总之，要实现分层教学效果的最大化，就要关注过程：必须关注学生的学习和参与过程，关注教师的教学实施过程。

第四节 数学分层教学的策略

一、学生分层教学策略

在分层教学策略中,学生分层是最重要的一个环节,每个学生的数学学习水平均不尽相同,这主要是由于学生在发展过程中受到了各种因素的制约,既有主观因素也有客观因素,诸如生活的社会环境、家庭环境以及家庭教育、父母的遗传因素等。因此,学生学习数学的能力就会出现高低之分,要想对学生进行分层教学,首先要尊重学生在课堂学习过程中的主体性地位,讨论和把握他们在数学学习过程中的能力倾向,分析学习速度、学习方式以及成绩等方面的差异,然后再对其进行合理分层。通常来说,大多数中学在分层教学的形式上存在着显性分层和隐性分层两种形式,他们往往是在新生进入学校之前就按照入学时的数学成绩将其分为两层,即高级班和普通班。然后,再根据高级班中的学习能力、非智力因素以及学习的可能性水平等综合因素的考虑,将学生进行隐性的分层教育。这样有利于教师把数学的教学难度掌握在不同层次学生的"最近发展区"之中,并且这样的分层教学只是暂时的,需要随着不同的阶段和不同的时期,根据学生的具体情况进行及时调整。

在新生入学的时候,可以根据学生的数学成绩将其分成两个班级,即实验班和对照班。在实验班级中,可以根据教育的标准以及课程设置所要达到的目标进行分层,按照学生的发展目标、中层目标以及基本目标将学生分为三个层次,进行分层的依据就是学生起点水平以及调查测试结果,比如学生入学时的数学成绩、一周后的测试成绩等。需要注意的是,分层教学不是教师根据成绩进行简单的分开教学,而是要根据学生各方面的能力和影响因素进行分层,即高级层、中级层和初级层,每个层次学生的比例完全是由影响因素决定的,影响因素包括学生的自主学习能力、课堂接受能力、学生的智力水平以及基础知识的掌握情况等。

初级层的学生较为欠缺非智力因素,学生对数学的认知能力比较低,缺乏学习数学的主动性,数学实践能力比较差,数学基础知识的掌握情况不好,成绩不理想。这个层次的学生在学习数学的过程中会感到吃力,在课堂上的注意力不集中,数学基础也比较差,学习的意志力比较薄弱,不积极主动地学习,没有主观的学习愿望。在数学教师和高层次同学的帮助下,能够掌握数学的基本知识,完成数学练习以及简单的习题。

中级层的学生智力因素比较好,进行自主学习的能力比较一般,并且非智力因素中等,缺乏良好的学习习惯,但是数学的实践能力比较好,对于数学的基础知识掌握较好,重难点掌握不好,成绩不稳定。这个层次的学生能够独立完成数学练习，能够掌握数学的基本知识，在数学老师的启发下能够完成数学习题，但是他们在学习上并不是很专心，进取心不强，这个层次的学生可以向高级层次的学生请教。

高级层的学生无论是智力因素还是非智力因素都比较好，自主学习的能力比较强，对基础知识的掌握情况非常好，数学的实践能力强，成绩稳定。这个层次的学生能够积极配合数学教师的教学活动，对数学学习充满热情，完全掌握基础知识，运用知识的能力比较强，能够较好地完成数学教师布置的习题和任务，可以主动帮助另外两个层次的学生进行数学学习。

但是，我们需要注意的是，分层教学不仅仅被当作是提升学生不断发展的手段之一，因此要最大限度地考虑到他们的心理障碍，消除学生心理上的顾忌。对初级层次的学生来说，不能挫败他们的自信心，这就要求教师要进行隐性分层，不要告知学生处于哪个层次阶段，这样做有利于学生的身心发展。在对学生进行座位调整时候，教师也要注意将三个层次的学生分为一组，这样有助于学生的交流沟通，可以形成互补式的学习，激励学生不断上进，最终的目的是不断壮大高级层次的学生队伍，减少初级层次的学生人数。分层教学只是一种动态分层，是随着学生状况的改变而改变的，因而在开展新的模块教学时，教师要重新制订教学计划，只有这样才能保证数学分层教学的准确性，进而开展有针对性的教学，使每一位学生都得到全面发展。

二、学习过程分层教学策略

（一）课前预习分层教学策略

学生学习数学的过程是一个快乐的过程，学生是学习的主体，所以，数学教师的教学重点并不在如何讲课上面，而是在如何促进学生的学习上面。教师的教学要给学生最为充足的思考余地，教师要发挥自身的引导作用，教授学生运用科学合理的学习方法，从而使得他们更好地获取多种数学知识，实现"授之以渔"，使学生在探索学习的过程中养成良好的学习习惯。与此同时，数学教师还要注意自己的教学预案内容，不能过多过深，这样会增加学生在数学学习过程中的负担。数学教师还可以根据教学的实际情况，将教学计划提前提供给学生，这样一来，学生既能够及时对预习情况进行反馈，教师也能够根据学生的预习效果，科学地界定自身的教学目标和方式。

（二）课堂教学内容分层教学策略

课堂教学内容分层教学，可以采用以下几种方式：

第一，数学教师要根据学生的不同层次编写学案，用其指导学生学习。学生在学习过程中，可能会遇到多种问题，这样就能够很好地开展及时有效的课堂讨论。

教师要提前阅读完相关的学案内容,并且科学地补充学案,确保学案具有个性化特色。

第二,教师在课堂中创设问题情境,引导学生认定目标,学生进行独立学习,解决本节课的重、难点。

第三,课堂中成立交流小组,将小组中存在的问题作为讨论的重点,教师可以针对这些问题运用多种形式的层次分配以及安排方式。

第四,课堂中解决问题,对有价值和有争议的问题进行全班交流讨论。数学教师要在适当的时候给予指导点拨,帮助学生学习。

第五,训练巩固。教师要在此环节中发挥主导作用,以进一步落实本节课的学习效果。

(三)作业、练习分层教学策略

在数学分层教学环节中,分层次进行练习、布置作业是其中的一个重要组成部分。无论是数学作业还是数学练习题,都要由易到难、逐次推进。在练习过程中,对高级层的学生,要让他们独立完成练习和作业,以提高他们灵活运用知识的综合能力为目标进行练习,要以学生的创造性为主,并且能够完成新知识的预习任务。对中级层的学生,主要是以巩固理解为主,增加学生的强化训练,提高做练习题的质量,尽可能完成新知识的预习任务。也可以鼓励中级层的学生选做一些高级层学生的练习题,数学教师可以对个别有困难的学生进行指导,争取该层次的学生都能够独立完成。初级层的学生要以基础练习为主,掌握练习的知识主线,可以让初级层的学生选择做一些中级层学生的练习题和作业,以巩固基础知识为主、预习新知识为辅。

在题目的安排上,排在前面的练习题主要是加强学生的基础,让学生掌握最基本的数学知识,在后面的练习可以选作题目,让学生根据自己的掌握情况和学习能力合理选做,在这个过程中要让每个学生都学有所得。在布置作业方面也要分层进行,有弹性地布置作业,调动学生的积极性,让学生觉得学习数学不再是一种负担。这种作业、练习分层教学的策略,可以大大减少作业的抄袭现象,减轻学习压力,从而更好地培养学生的能力,强化他们的学习效果。

(四)数学测试分层教学策略

考试是检验教师教学效果和学生学习成果的一条重要渠道。学生的考试成绩最有说服力,最能反映学生对数学知识的掌握情况,同时也能帮助教师发现学生在学习数学的过程中存在的问题与不足。我们可以针对学生的数学成绩进行分析,寻找原因,使其在后续的教学过程中做到有的放矢、因材施教。在中学数学分层教学的实施过程中,每个阶段的考试都应该具备阶段考试的形式和特点。比如,学校可以在一个学期内安排两次月考,分别安排在期中考试前和期中考试后,这样才能更好地分析学生在这个月内所掌握的数学内容,分析他们在分析、解决问题以及利用知识等方面的意识和能力,而且要让他们在考试中获得数学学习的自信心,从而尽可能提升他们的学习兴趣。

此外,从期中考试来看,重点在于检测前半学期的数学学习以及掌握状况,针对所学习的内容,设置考试题型,可以设置基础题型、中等题型以及拔高、难度比较大的题型,让全体学生务必全部做完最为基础的题型,让中等层次的学生来解决中等水平的数学题,初级学生选择自己能做的习题进行解答,拔高、难度比较大的题只让高水平学生来解答;在最后阶段的期末考试中,要实行统一命题和统一考试的模式,主要是检测学生在学期范围内对于数学内容的掌握和运用情况,检测他们掌握以及运用知识的意识与能力,对不同层次的学生而言,如果成绩好,则可以在下一年进入高层次班级。这种考试方式,不仅能够很好地检测他们的学习情况,而且能够激发学生的进取心。

三、数学分层教学的实施策略

数学课堂教学是保证实现数学课堂教学目标的重要手段,从数学课堂教学来看,它在很大程度上为学生提供了用来构建知识的空间以及参与课堂教学的空间,这样才能保证他们积极地参与课堂活动;将学生变成知识的构建者,给予学生学习的主动权,实施新型的教学方法,将学生进行分层次教学与指导,这样有益于分层教学的实施,实现学生学习效率的最优化,提高学生的学习效率。抓住数学教学的关键,分层次地进行引导教学,引导学生观察问题、分析问题、探究问题以及解决问题,在学生的认知方面形成有力的冲突,激励学生进行学习,激发学生的求知欲望。对于基础层次的学生,要启迪他们对问题的独立思考,鼓励他们解决数学教师提出的问题;对于中级层次的学生,鼓励他们积极思考,掌握新知识与旧知识的区别;对于高级层次的学生,要大胆尝试创新,学会发现问题并且能够提出问题。与此同时,数学教师要与学生展开讨论和交流,对学生的问题进行分类指导,多观察学生的动向,关注学生发展的差异性,发掘学生潜能和优势。让高级层次的学生在运用知识的过程中,加强对新知识的探索,让学生进行层层推进;引导中级层次的学生进行知识的联系,降低学生惧怕困难的情绪,可以让高级层次的学生进行讲解,引导中级层次学生进行思索,在这个过程中,数学教师可以进行必要的讲解,揭示规律的实质;要鼓励初级层次的学生,调动这个层次学生的主动性和积极性,打好基础,树立学习数学的信心。

在探索新知识和培养学生能力的过程中,要注重培养学生的动手能力、思维能力以及观察能力。数学教师要提供适当的帮助,发挥自身的引导作用,鼓励学生向高层次的学习目标迈进。数学教师要做好学生的分层工作,加强对学生的训练,逐步解决在学习过程中发现的问题,针对学生的练习,教师要对不同层次的

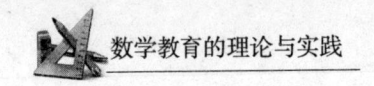

学生进行习题的选择，分层次练习，有目的性地、有针对性地提高学生的理性认识，实现分层教学的目的。

四、教学评价的分层策略

从传统评价来看，它指的是依据既定的教学目标，测量和分析学习者在教学活动中发生的多种改变或变化，收集有关资料，并做出价值判断的过程。在数学分层教学的实施过程中，我们要改变传统的评价观念。我们在进行教学评价的过程中所依据的主要是教学目标，对于不同层次的学生而言，教学目标相应有所不同，这样我们就要采用多种教学评价方式，根据不同层次的学生提出不同层次的评价要求，与此同时，还要让学生融入并且参与评价。如果数学评价的标准与数学教学目标不同步、不一致，单纯地将学生数学考试的结果作为评价的标准，那么这样的评价就不能客观地、全面地、准确地评价数学教学效果的好坏，这样的评价方式也不利于学生的素质教育，更不利于数学教学目标的实现。在具体的评价过程中，教师可以根据考试成绩进行比较评价，不能忽视学生在学习数学过程中的学习态度、学习方法以及其他方面的评价，教师可以通过与学生交流、观察学生的行为等方面收集有关的学生资料进行评价。因此，在数学分层教学中，教师所使用的教学评价手段应该是多样化的，其依据也应当是多元化的，依据全面性的评价原则进行分层教学评价，从综合的角度出发开展教学评价，要使得教学的评价结果为数学教师的教学提供有利的依据，能够正确地反馈学生的学习情况和进步情况，为数学教学提供最大的参考价值。

第七章　中小学数学翻转课堂教学模式

第一节　翻转课堂教学模式概述

一、翻转课堂教学模式的内涵

翻转课堂(The Flipped Classroom)在国内也称翻转教学、翻转教室、颠倒教室等，它颠倒了课堂教学的顺序，把原来在课堂上由老师教授学生的教学内容放到课前让学生自主学习，而在课堂上由老师帮助学生完成知识的内化与吸收。翻转课堂通常包含两个环节：课前自主学习和课堂协作探究学习。课前学生依据教学视频进行自主学习，在课堂上展开独立探索和小组协作探究学习。课前自主学习主要依靠教师录制或整理的教学视频（也可以有其他类型的学习资料）。学生根据教师提供的教学视频完成自主学习和课前练习检测题，将学习过程中遇到的问题反馈给老师，教师对所有学生所反馈的问题进行分析，整理和确定在课堂上需要解决的问题。课堂上，教师引导学生开展小组协作学习，并给予个别学生以针对性的辅导，保证每一个学生都可以从中获得更多的学习乐趣和学习成果。

翻转课堂有利于学生自由安排学习时间和地点，可以按照自己的学习进度和方式进行自主学习，在无压力的环境下接受新知识，教师也不再是教学的权威，而是变成了学习的指导者、帮扶者，当学生在学习方面出现问题时，教师可以提供及时的指导，学生也可以寻求其他同学的帮助，从而完成知识的内化。翻转课堂的网络环境和平台的建构，增加了师生间、生生间的互动，提高了学生学习的积极性，体现了教育方式的个性化。

目前，对于翻转课堂的认识，容易局限于认为翻转课堂就是课前观看视频，并完成测试。笔者认为，这种认识是不全面的，这不能代表翻转课堂的全部内容，而只是描述了课前预习这一个环节而已。因此，判断一堂课翻转成功的标准便是：学生在课前的学习情况达到了传统课堂中教师讲授的效果和课堂中学生完成了知识的获取并达到预期的学习效果。

另外，从课前学习资源类型来看，笔者认为翻转课堂更多的是一种学习理念，根据这种理念，在课前，学生用来自主学习的资料并不仅仅局限于视频，也可以是教学课件、互动教材甚至教师博客等。关键是学生可以很好地理解这些教学材料以完成课前知识的建构，从而为课堂上的深度互动创造条件。

二、翻转教学的特征

（一）师生角色发生翻转

教师在学生的学习过程中应当担任什么样的角色，一直以来都是教育界的热门话题之一。原先的那种教师绝对权威的角色伴随着信息化社会的到来，显得越来越不合时宜。翻转课堂自始至终，就带有这样一种革新精神：教师走出了知识灌输者的角色定位，成为学生学习的帮助者和促进者。教师的价值更多地体现在如何设计教学内容支架及多元化的学习活动帮助学生自主建构知识体系，推动学生的自主学习和学生间的协作学习。当学生学习遇到问题的时候，教师作为指导者随时为学生答疑解惑，成了学生的朋友。翻转课堂要求教师转变角色，也对教师应当具备的教学技能提出了更高的要求，对于很多老师来说无疑是一种挑战。在翻转课堂教学中，学生在家或任意地方通过观看教学视频进行自主学习，然后完成检测练习题，对所学知识的掌握情况进行及时的反馈。教学原有的教学策略显然是不合适的，必须加以调整。学习策略的调整需要遵循这样一条原则：新的学习策略的实施，应该考虑学生的适应性问题，要警惕新的学习策略给学生学习带来的负面影响。在学生完成学习活动后教师及时的反馈也是非常必要的，这样学生才能从教师的反馈当中了解学习的不足进而加以改进。

另外，学生观看教学视频后的作业完成情况对教师也有很大的帮助，通过考查学生完成作业的情况，教师可以了解学生在学习中存在的各种问题，挑选出最典型的问题供学生在课堂活动中协作探究，以此来帮助学生完成真正的内化知识并深刻地掌握知识。课堂活动时间的重新布局，给了教师充分发挥自己教学特色的空间，教师可以根据自己对学习的理解，组织各种学习活动，使学生完成对知识的建构。

翻转课堂中，学生是主动学习者和探究者，而不是传统课堂教学中的被动接受者。它要求学生积极参与到学习中，在兴趣的引导下，自觉完成课前自主学习，然后带着问题积极参与课堂深入探究、小组讨论，总结学习成果，升华知识。这样学生才能成为翻转课堂学习的主人，才能真正提升教学质量，促进学生个性的发展，达到教学效果最优化的目的。

（二）学习时间发生翻转

教师在台上讲、学生堂下听是传统课堂的授课模式。在翻转课堂中，课堂上的时间大部分是用于学生讨论学习，教师有时候也会针对一些典型性问题开展一些集体讲解，但是这只是很小的一部分时间。原来的讲授时间被教师转移到了课下，原来课上教师要讲解的内容则放在课下由学生自主学习，课上在对基础知识完成建构的基础上，给了师生更多交互的机会。教师应该根据学生课前学习情况，设计用于学生课上自主学习和协作学习的活动情境，激发学生自主、协作探究的意识和兴趣。

传统教学中，反馈非常缓慢，对于学生课下的学习成效，学生通过作业的方式提交给老师，老师批改学生的作业，通过作业的完成情况了解学生的学习进展，在上课的时候才能将学习情况反馈给学生，这种延迟不利于学生的即时自我纠正和定位。在翻转课堂中，通过在线测试，学生可以快速了解自己的学习效果，更好地掌握知识和控制学习进度。

（三）教学资源呈现方式发生翻转

教材或教学课件是传统课堂中教学资源的主要呈现方式，在课堂上，教师依据自身对教材的理解按照一定的结构向学生传授知识。在翻转课堂中，知识的载体变成了短小精悍的微教学视频，这些教学视频时长一般在 10～20 分钟，因为根据相关的研究表明，这个时间是学生可以保持精神集中的最佳时间，在这个时间段内的视频教学，学生不至于产生认知负荷和厌烦情绪。而且学生的学习环境相当轻松，学生可以根据自己对学习内容的需要快进、暂停或者回放教学视频，再也不会像传统课堂里的学习一样，担心遗漏一些关键知识。在学习的过程当中，如果有什么不懂的地方，他们可以随时向老师或者同学请教，寻求帮助，这些教学视频也可以储存起来方便在学生需要的时候进行复习。

三、数学翻转课堂教学存在的问题

（一）对学习者的个性化跟踪与反馈机制不完善

翻转课堂教学模式具有很大的教学变革，在这种变革之下，我们可以在一定程度上看到其带来的负面影响，这种影响时刻改变着大家对翻转课堂的认识。首当其冲的就是个性化跟踪不到位，翻转课堂的实施效果评估一直都是业界的一大难题。翻转课堂的独特性在于其个性化的学习特征，从某种程度上是因为个性化学习充分尊重学生的意愿和学习要求。在学习过程中学生在翻转课堂上的状态能否达到一定的跟踪，充分影响了学习工作的开展。如果不能紧跟处理翻转课堂的工作任务，就会在某种程度上造成个性化跟踪机制无法准确实现，进而影响翻转课堂教学模式的有效性。

（二）翻转课堂教学内容缺乏系统性

翻转课堂教学目前采取了很多多元化的管理渠道，这充分说明了课堂教学在方式上的丰富性，但是也凸显了翻转课堂教学内容的复杂性。无论是广泛吸取网络教学的经验，还是大量使用多媒体技术，翻转课堂教学的主体内容都存在着一定的差异，导致整个课堂教学内容缺少系统性。有的翻转课堂教学匆忙进行改革，使得学生不能从习惯中快速适应，有些教师过分依赖网络，不能把握好教学的质量关，这些都说明翻转课堂在教学内容和系统上一定要做出充分的计划和安排，一定要保持课堂教学的统一性，拿出翻转课堂内容方面的一致标准并在成熟时进行全面推广。

（三）教师的教育观念和专业能力参差不齐

从某种程度上来说，传统教学模式长期的贯彻执行下，不仅使学生很难从传统教学的思维和应试教育中及时脱离出来，多年从事教学工作的教师包括行业的管理者也都很难完全脱离传统教学模式，多次的教育改革也仅为这种体制惰性而失之于宽，教学改革不能贯彻落实彻底。所以，教师的观念不改变，翻转课堂的推进就很可能出现问题，或者不能完全适应教学要求。专业能力的参差不齐也导致翻转教学过程中出现各种各样的问题，比如有些教师缺少必要的网络技术知识，这些都说明这种教学模式存在一定的问题，不能及时适应新的改革内容，更不能驾驭翻转课堂的改革内容。

（四）网络学习平台不完善

翻转课堂的翻转，主要体现在教师与学生主体的翻转上，体现在课堂教学与自主学习的翻转。翻转的结果是，学生成为教学的主体，一切教学不是因为教而学，而是因为学而教。课堂教学翻转为以学生自学为主，通过利用一切的先进技术和教育平台，更换教育形式和教学方法，让学生产生新鲜感的同时也能够提升学生的学习能力，这就是真正的翻转。然而，这种翻转的背后是整体教学水平和素质的不完善，教育质量不能得到显著提高，教学网络信息平台功能不齐全。教师缺少必要的教学能力，这说明我们的教育水平失去了最终的评判标准，仅仅依靠网络信息平台，而往往这种平台不能完全实现全部的功能，平台机制不够完善。

第二节 翻转课堂教学模式的优势

一、实现了个性化教学

在翻转课堂中，学生通过观看教师提供的形式多样的学习材料进行课前学习，在现代信息技术的帮助下，学生可以在任何合适的时间、地点进行学习，并且可以按照自己的学习进度自由学习，也可以依据自己的学习兴趣有选择性地对所学知识进行一定程度的拓展。传统课堂受制于具体教学形式的限制，无法做到针对不同水平的学生实行分层教学，在课堂上，所有学生都是整齐划一的统一步骤，不能满足学生个性化学习的需求。然而，翻转课堂却很好地弥补了传统课堂这一不足之处，它承认层次教学的重要性，并且在教学中得到良好的实践，有些学生学习能力比较强，他们就可以在完成基础知识的前提下选修一些有深度的内容加以补充学习；对于学习有困难的同学，为了在学习上取得更大的进步，可以组织观看教学视频，加深对基础性知识的理解，在完成了对基础知识的建构之后，再转入更高一级的学习上面去。在学习的过程中，还可以随时向老师、同学询问和请教，真正实现学习上的自定步调。

二、增加了课堂学习中的交互性

师生交互在传统课堂中非常少，因为在课堂教学当中，一方面要完成知识讲授的目标，另一方面还要给学生适当的练习机会。由于时间短暂，交互仅仅体现在教师对学生的提问上，而且这个时间基本很短暂，涉及的学生也是很少的一部分，生生交互则几乎没有（甚至有些教师会认为交互是对教师本身权威的剥夺，而这是他们不能接受的）。在翻转课堂中，学生之间结成各种学习小组，针对某一问题开展合作探究或自主探究，教师既可以针对小组的问题提供指导，也可以针对每一个学生进行一对一交流。在翻转课堂上，教师的角色发生了转变，变成了学生的同伴、引导者和辅导者。课堂上完成作业时，如果有相当一部分学生遇到了共同的问题，教师可以引导他们组建学习小组，针对该小组面临的具体问题进行有针对性的指导或者组织小型讲座。而对于那些学习困难的学生，教师也可以对其进行专门的个性化辅导，帮助其找到知识薄弱点并加以强化讲解，从而更好地帮助这些同学。教师还可以引导不同风格的学生组成学习小组，学生间互帮互助、相互交流，从而实现生生交互，让学生们相互学习、取长补短。

三、改变了教师和家长的交流视角

如今，家长们越来越关注学生在学校的表现，比如是否认真听课、课堂表现如何、有没有积极回答教师的提问等。翻转课堂教学为教师和家长的交流提供了更多的便利条件，课前学生通过教学视频在家里学习课程内容，家长作为监督者可以更加真实地了解孩子的学习情况，或者和孩子一起，寻找解决问题的方案，参与孩子知识建构当中来。也许有些家长对孩子的学习内容不是很熟悉，不知道孩子是否真的实现了学习目标，这时，家长可以和教师及时沟通，通过教师的反馈来了解学生的学习状况。此外，教师和家长还可以和老师一起针对不同的孩子制定一些个性化措施来对学生进行必要的约束，从而提高学习的质量。

四、扩展了学习场所

信息技术的一个重要特征，就是忽视了时间和空间的限制。翻转课堂充分利用这一点，扩展了学习的空间和时间。有很多社交软件专门针对学生群体开发了交流讨论的模块，便于学生在课下时间也能够便捷地进行学习交流和合作学习。

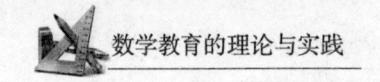

还有的软件做出了家校联系模块和师生交流模块,对教师发布任务、学生上交作业等情况都做了线上处理,让学校和家庭都变成了学生的学习场所,真正扩展了课堂空间。

五、改变了学生的学习方式

在传统的课堂教学中,一般是由教师根据教学大纲制定每节课的教学内容,利用教材和板书进行授课。在教学中,学生需要紧跟教师的讲课节奏,这种情况下,学生很容易走神,造成知识点上的遗漏,而教师也难以掌握每个学生的学习状态,难以及时做出调整。在翻转课堂教学模式中,教学任务均是学生在教师的引导下自主完成,主动性非常强,这样避免了传统教学中被动接受知识的弊端。在翻转课堂上,学生可以利用媒体文件重复观看不懂的内容,也可以较快掌握简单的内容。这样学生可以自由掌握学习进度,也可以根据自己的学习状态及时地调整,提高学习效率。

第三节 翻转课堂教学模式的原则以及需注意的问题

一、数学翻转课堂教学模式的原则

(一)学生主体性原则

《义务教育数学课程标准》指出:"教学活动是师生共同参与、共同发展的过程,学生是学习的主体。"学生是教学过程中认知和发展的重心,教学活动要面向全体学生,使学生身心得到全面发展,建构主义对学生的主体地位也给予了肯定和尊重,建构主义认为学生学习知识不是通过教师的传授,而是学生在一定的教学情境中,借助教师或同学的帮助,以达到对知识的有意义建构。教师不再是教学活动中唯一的主角,一切教学活动都要围绕着如何促进学生的主动学习来设计,这充分体现了学生的主体地位。

翻转课堂教学模式正是从学生的角度出发进行教学,整个教学过程都充分体现了学生的主体地位。课前,学生下载老师上传的教学视频,并观看视频进行学习,学习过程中遇到问题可以通过网络查阅大量的资料或者与老师和其他同学进行讨论交流,给了学生充分的自由和足够的时间学习新知识。课堂上,教师鼓励学生勇敢提问,教学活动中给了学生更多的自主探究、合作交流、反思分享的机会,必要时教师给予适当的组织、引导,以加深学生对知识的理解,从而形成自身的知识结构。

(二)教师主导性原则

新课标中"教师在教学中起主导作用"是指教学的内容、方法和对课堂的管理与组织主要是由教师负责的，教师要引导学生主动探究，培养学生学习的主动性和积极性。所以，教师不仅要关注如何去教，更重要的是要促进学生主动去学，这就需要教师为学生提供一定的支持和帮助。因此，教师要以学生的发展为自身的发展，用满腔的热情和积极的态度对待每一位学生、上好每一堂课，与学生建立良好的关系，相互学习，达到教学相长的效果。翻转课堂教学模式中，大部分的教学活动都留给了学生，但并不是说老师就没事了，其实教师才起着决定性的作用。教师在教学过程中起到主导作用，要为学生提供具有针对性的学习材料，课堂上组织学生进行教学活动，给予学生必要的帮助等。

（三）民主合作的教学原则

教学中的师生关系是平等的、朋友式的，教学过程中，无论是教师还是学生都有权利提出自己对问题的不同看法，并且勇敢地说出自己的见解，或者与他人交流讨论、协作学习以解决问题，这些都是民主合作的重要表现。所以，教育要面向全体学生，使所有学生的身心都能得到全面、健康、和谐的发展。尊重每一位学生，与学生建立良好的关系，引导学生探究学习，共同完成教学任务。翻转课堂教学模式正体现了这种民主合作的教学原则，因此，只有师生平等、教学民主、合作交流，学生的聪明才智才能得到充分的发挥，教师的主体地位才能得到充分的体现，教师的教与学生的学才能有机地结合。

二、数学翻转课堂教学需注意的问题

第一，教师在教学过程中，利用翻转课堂可以准确地确定学生的学习目标和课堂目标，这样就可以简化自身的教学目标，让教学变得更直接、更有效。数学教学中学生往往难以发现自己的问题，而且对所遇到的困难经常感到无从下手，翻转课堂就非常有效地解决了这个问题。以反比例函数学习为例，学生课下自主学习的教学目标：学生可以运用电子设备学习与反比例函数有关的知识，在网络互动中建立反比例函数概念，提高学生对信息技术条件下教学模式的认识，在课下自主探究的过程中感受数学学习的快乐。课上学习目标：通过自主学习与探究，采用小组合作交流的办法让学生对反比例函数有更深入的了解和认识，形成较完整的知识构架。教师利用翻转课堂还可以有效提升师生交流的价值和意义，让学生更好地理解数学的内涵，提高学生学习数学的兴趣，锻炼学生对困难问题坚持不懈寻求答案的勇气和毅力。

第二，在教学过程中，教师操作翻转课堂的经验告诉我们，学生可以借助教师的有效指导完成整个教学视频的观看任务，并且由此深刻体会数学课堂教学的内容和意义。学生在观看完教学视频后，可以对自己通过视频所学的内容进行自主探讨分析，从而理解自己在视频中学习的内容。这样的教学模式对于我国目前传统教学模式下培养的学生来说非常有帮助，其在一定程度上锻炼了学生的自主

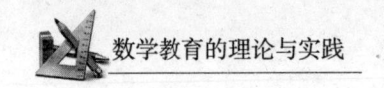

能力,还在自主学习过程中培养了学生的学习兴趣。

第三,翻转教学模式中的评价由老师、同伴共同完成,不仅重视评价学习的结果,而且根据创建的学习档案,对学生的整个学习过程进行评价,实现定量与定性、形成性与总结性相互结合的评价效果。在评价过程中,教师根据综合评价情况获取有益的教学反馈,了解学生各项活动的实施情况,为日后开展类似活动提高可靠的指导。

第四,学生在观看教学视频时,及时书写笔记并展开思考,视频播放可以暂停和回放,从而有效控制学生的学习进度,便于知识的巩固和复习。翻转教学模式的评价方式也有所不同,它改变了传统的纸笔测试形式,主张采用访谈、学生学习档案记录、小论文等评价方法,把形成性与总结性评价结合起来,运用不同的评价手段实现对该教学模式中老师与学生的评价。

第五,要注重学生之间的合作与师生之间的互动。翻转课堂中需要学生之间进行合作学习,学生在学习过程中按照一定规则结成学习小组,以小组为单位完成学习过程中的探究、讨论、练习等任务。教师在引导学生学习新知识的时候,让学生在小组范围内进行探究,能够开发学生的思维广度,以类似头脑风暴的方式探究新知,加强了学习效果。比如,在探究"三角形的稳定性"的时候,让学生结组进行探索,发现生活中的各种三角形结构,了解这些结构的稳定性。学生个人的思维面比较狭窄,让大家结组就可以使学生多发现一些案例,从正面和反面多种情况考虑三角形稳定性的使用范围。同时,学生经常在小组内讨论知识,能互相借鉴彼此的学习方法,共同提高学习效率。学生在小组内讨论自己的学习情况,对其他成员进行定期的评价,有助于学生掌握自己的学习状态,及时改进学习态度和方法。此外,师生之间的交流也是很有必要的。又如,在观看了一些教学视频之后,教师根据视频中的内容提出一些问题,让学生进行回答,这样可以考查学生的学习效果。同时,教师对学生的提问也能够引导学生学会串联知识点,形成一个完整的知识体系。还可以让学生针对视频中不懂的地方向教师进行提问,但是教师不一定立即做出回答,可以先把这个问题抛给其他学生,或者让学生在小组中进行讨论,这样可以收到较好的教学效果。

第四节 翻转课堂教学模式的实施策略

一、明确翻转课堂的教学目标

在翻转课堂教学过程中,小学数学教师应该充分了解相应知识点的应用方式,并合理地安排课堂时间,也应该了解小学生对数学知识的了解掌握情况,以此为前提制定科学合理的翻转课堂教学策略,并利用视频教学的辅助方式对翻转课程进行合理地设计，以此达到教学目的。例如，在小学数学教学中，"正方体的体积和表面积"课题中，教师就可以采用翻转课堂的教学方式。首先可以让学生了解和熟知正方体的形体，并让学生自行阐述在生活中遇到的正方体，也可以让小学生在生活中搜集正方体的物体，并对此进行相关的测量和记录。在针对这个知识点讲解之前，可以先观看正方体的视频资料，让学生有了更深的认识，再引导学生将记录的数据带入正方体面积和体积的计算公式中。

例如，在初中数学教学中，教师应当根据初中学生的特点以及各个时期不同的要求来确定教学目标的类型和内容。课下自主学习目标：例如，在二次函数的学习过程中，学生可以在课下利用电子设备对二次函数的知识进行学习，同时可以通过网络来建立二次函数的相关概念，让学生感受到在信息技术基础上的翻转课堂教学模式的内涵，使其能够在课下感受到学习数学知识、探究数学问题的快乐。课上教学目标：课上学习目标主要是让学生通过合作学习的方式，在交流、讨论、合作中深化对相关数学知识的认识，形成比较系统的知识架构体系。通过课上教学目标和课下教学目标的明确建立，能够有效加强师生互动和生生互动，营造了积极的学习氛围，培养了学生的合作能力和探究精神。

二、利用教学视频，吸引学生的注意力

随着信息技术的发展，人们逐渐走进信息化时代。在教育教学领域，信息技术得到了广泛的应用。多媒体教学辅助工具在各学科教学中都有重要的应用，可以利用其特殊的功能制作一些课件或视频，吸引学生的注意力。尤其是在小学数学教学当中，小学生对于教师的语言讲解逐渐失去了兴趣，枯燥单一的形式很难激发学生的学习兴趣，因此利用视频教学的形式显得比较新颖。

比如，在学习《100以内的加法和减法》的时候，教师就可以利用视频教学的形式，在视频中可以用演示加画外音，一边进行方法讲解，一边给学生举出例子，可以给学生列举一些需要借位的例子。这类问题是学生学习起来比较困难的部分，可利用电子视频给学生展示这类问题，教会学生基本的借位计算方法，并且列举出计算细节，告诉学生需要注意的事项。根据视频教学的内容，学生可以有针对性地进行练习，按照视频上教授的计算技巧和方法掌握这些学习内容。采用视频教学的形式，学生可以自主学习，教师只起到教学辅助指导的作用。利用多媒体给学生展示一些教学的重点内容，能够给学生留下深刻印象，对于提升学生的学习效率非常有用。

三、组织学生进行课前自主学习

在传统的教学中，一般来说，学生的自主学习也就是在课前的预习。通过预习，对将要学习的内容进行了解和分析，学生翻看教材上的内容并且将课本上的知识

点进行总结归纳。但是这种传统的预习方式比较枯燥，一些学生并不能认真完成教师布置的预习任务，所以说课前的自主学习效果并不是很好。针对这样的情况，教师应该采取全新的教学形式，让学生能够自主进行课前学习。以前都是学生通过阅读或者查阅资料的形式进行预习，这对学生能力的要求比较高，一些学生可能完成不了。在翻转课堂中，教师可以制作一些预习课件或者视频，归纳出教学的目标以及重点，让学生在课前通过观看视频完成预习。比如，在学习《图形与变换》时，教师可以带领学生首先回顾一下学习过的图形变换都有哪些。学生可以进行讨论回顾，有图形的平移、旋转以及放大和缩小等，这些都是学过的内容，可以首先给学生展示一些图片，让学生进行观察，说出图形的特点，利用多媒体将这些图形进行旋转或缩放，然后让学生观察变换过后的图形。通过这样的举例，学生能够了解图形变换的基本方法和状态。在学生对学习内容有了一定的了解后，教师就可以开展接下来的教学：对图形进行变换后，让学生说出发生了怎样的变换，以这样的方式进行教学，帮助学生更好地完成预习。

四、分组学习，培养学生的自主学习意识

分组教学是近年来比较流行的教学方式，在翻转课堂中，分组教学的形式比较适用，能够发挥学生的主观能动性，让学生进行自主学习。教师可以根据学生的实际情况，将其分成几个小组，每个小组的综合实力基本相当。在教学过程中，学生以小组为单位完成学习任务，在小组内学生可以讨论解决问题，遇到困难的时候可以请教教师。分组教学的形式可以实现优势互补，小组内的学生可以互相帮助，一些学习能力较强的学生可以主动帮助那些基础知识比较薄弱的学生，在帮助讲解的过程中，也加深自己的印象。另外，一些学习积极性不高的学生在组内成员的带动下，会被高涨的学习氛围感染，更加愿意积极主动地投入学习当中。遇到难题时，小组成员要有分工地进行合作，每个人都应该积极地发表意见，将想法大胆说出来，为小组学习贡献力量。比如，在学习《统计》的时候，教师可以布置教学任务，让学生统计一下某小区每户的月用电量，这是一个综合实践性比较强的数学任务，需要小组成员共同完成。小组成员可以分工合作，展开社会调查，将统计的内容进行综合整理，最终完成教师布置的任务。

五、改革翻转课堂的教学评价

第一，强化过程教学评价。对学生学习的过程、教师教学的过程以及课堂交流的过程，进行适当评价，通过课堂教学和课程总结完善教学评估。整个过程的评价需要建立在实践理性的条件下，建立第三方评估机制平台，从而强化评价的过程和本身所具有的价值。良好的教学评价能够全方位地改善教学的内在机制，不断提高教学的完整性和学生学习的主体性。教学的本身就是过程，对过程的评

价就是强化对过程的评价。

第二，加强多元化评价。从教育部关于强化中小学教育质量的意见中可以看到，促进评价的内涵实际上是在开发和建设评价机制。这个机制必须是多元化的、全面的教学机制，具体来说，多元化的评价包括评价主体多元化，即评价的人群不仅仅是上课的学生、授课的教师，还必须包括来自各个层面的专家学者以及家长。建立权威的评估机制才能得到真实有效的评估数据，要建立评价指标的多元化，多元化的评价指标不仅包含评价工作的内容，也包含评价对象的内容，在多元化的评价主体下，数据指标必须设置得科学合理。翻转课堂的评价，就是要建立在多元化的评价系统之中，通过不断地扩张教学体系，在翻转中不断创新体制机制，实现教学终端的各项内容变革，翻转教学课堂也将会出现不同层面的教学评价，坚持以学生为主体，建立教学的多元化测评体系。

第三，教学过程要兼顾全员评价。评价不是抽查，不能仅仅将几个学生的数据作为测评的指标体系，在整个教学评价中，将全员的教学评价全部纳入信息系统之中。所有的评价内容都来自和包含各方面的知识、技术以及情感等，需要不断发挥资源导向，让资源面对和流向全体成员。翻转课堂教学就是这个主要的要求，不论教师在翻转课堂上采取哪样一种翻转措施，都需要全面实现多元化的教学评价，使教学评价成为真正的评价主体，不能忽视全体学生的要素评价，不能让一个学生落单。

第八章　中小学数学互动教学模式

第一节　互动教学模式的概念及要素

一、互动教学模式的内涵和特点

（一）互动教学模式的内涵

互动教学模式就是在教学过程中，教师为学生创设相互平等、相互和谐、彼此融洽的教学环境，以此为基础，通过教师与学生、学生与学生之间的相互交流、相互沟通、相互合作、相互讨论，实现不同思想方法、不同观点之间的交流融合，使学生在双向交流的过程中主动思考、积极参与，并将所学的知识进行内化和再创造的过程。

互动教学模式充分地将教师的"教"与学生的"学"在课堂中统一起来，在教学过程中以问题为媒介展开讨论，并且开展师生、生生等多方面的交流互动，其实质是课堂上教师与学生、学生与学生在一个平等、和谐的环境下建立起来的良好的沟通与合作，共同解决问题的过程。在课堂上，教师通过鼓励、启发、诱导、提示、分析、阐述、推理、讲述等方法，而学生则通过反思、质疑、沟通、反问、体会、理解、思考、认同等手段，达到教与学的统一。

（二）互动教学模式的特点

1. 创设教学情境，激发学生的兴趣

数学来源于生活，与我们的生活密切相关。教师可以根据教材的学习内容，创设教学情境，举一些生活中的例子，让学生感受到数学与实际生活的联系，拉近学习内容与学生的距离，而学生也能更加畅所欲言。例如，在学习三角形的稳定性时，举一些生活中的例子，或者根据教学内容讲一些关于数学家的故事或者数学故事。例如，在学习"勾股定理"的时候，可以给学生讲述"勾股定理"的由来以及与它相关的故事，让学生在数学课堂也能像听故事一样上课，激发学生的学习兴趣。可以通过多媒体将教学内容呈现出来，把一些不能动的图形设计成动画，让学生深刻地体会，从而更好地理解教学内容。又如，在讲授"平移"和"旋转"的时候，可以利用多媒体通过动画的形式展现出来。还可以设置一些问题，让学生去探讨、寻找答案，这样能够激发学生的求知欲，让学生在学习的过程中更加积极主动，促进互动教学。

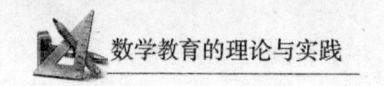

2. 学生为主体，教师为主导

传统教学大多是以教师为中心，老师讲，学生听，满堂灌，学生像容器一样被动地接受知识，在教学过程中，没有更多考虑如何让学生更好地理解并掌握知识。而随着教育改革的不断推进，必须改变这种教学方式，教师不仅要传授知识，还要注意学生思维和能力的培养。这就要求教师在课堂上应该以学生为主体，整个教学活动以学生为中心进行，这也就为互动教学创设了有利的条件。通过教师提问、学生回答或者分组讨论等互动形式，体现了学生的主体性。教师在学生探索、寻找答案的过程中，适当给予引导，学生通过自己的思考得到答案，这也更加有利于知识的掌握，同时能更好地调动学生学习的积极性。在互动教学中，以学生为主体是前提条件，让学生自主地进行学习，教师充当引导者，而不是高高在上的权威者，只有这样，课堂互动才能顺利进行。

3. 师生平等对话，活跃学习氛围

互动教学一定要建立在师生平等的基础之上。一直以来，学生都有惧怕老师的心理，不敢面对面与老师交流，更不会主动找老师探讨问题，这就阻碍了师生之间的顺畅交流，不利于课堂互动。所以，必须要让学生消除这种心理，作为老师，应该主动与学生建立平等、友好的师生关系，让学生主动大胆地与老师交流，让学生感觉老师就像朋友一样，而不是不可靠近的发号施令者。给予每位学生充分的尊重，让学生在课堂上有话敢说，教师认真倾听，在情感上与学生进行真正彻底地互动。这样能更好地活跃学习氛围，提高课堂教学效率。相反，只有课堂氛围活跃了，互动教学才能更好地实施。所以，师生之间要平等、友好、相互理解、相互尊重，营造和谐的课堂学习氛围，让学生在心灵获得解放的同时，情感得以交流，学习效果更加显著。

二、互动教学的类型

（一）教师与学生群体的互动

教师与学生群体的互动是指教师的行为指向全班或学习小组的师生合作、交流互动。这种互动形式会让学生觉得自己的课堂表现行为代表的是一个群体，而不是自身，因而会更加愿意大胆地表现，教师也能从一个学生的反馈中了解群体的情况。该互动形式适合用在课堂提问或者课堂讨论中，教师提出一个问题让全班学生回答。例如，在学习"一次函数"时，向全班提问：一次函数有什么性质？如何根据函数图像来判断 k、b 的取值范围？或者以学习小组的形式讨论。

（二）教师与学生个体的互动

教师与学生个体的互动，是指教师和某一个学生，在课堂上教师通过提问的方式与某个学生进行问答式的互动，有预期的目标和明确的对象。教师应该结合课堂的实际情况与学生进行互动,要根据需要给学生充分的机会,而不是只关注成绩好的学生。在学生回答问题的过程中,不管学生回答是对还是错,教师都要认真倾听,让学生敢于表达自己的看法,善于引导学生,与学生沟通,给予学生适当的评价,让学生觉得自己是被尊重的。具体的实施过程可以是,在课堂上,教师向某个指定的学生提问。例如,在学习"全等三角形的判定"时,在课堂练习环节,给出题目,指定学生来证明两个三角形全等。

(三)学生个体与学生个体的互动

由于在课堂教学中,学生之间的交流更方便,除了课堂纪律外,不受身份等其他因素的影响,互动过程显得更真实、更客观。通过学生间的互动,情绪可以互相感染,学习情绪高涨的同学可以带动一些学习热情不够的同学。由于每个学生的基础、学习能力都不一样,学生在互动交流的过程中也能达到取长补短、共同进步的作用。这也有利于营造和谐、友爱、互帮互助的良好学习氛围。例如,在课堂讨论中,同桌之间的交流。

(四)学生个体与学生群体的互动

在教学活动中,这种形式的互动能促进学生融入班集体,个体学生接受学生群体的关注能增加自豪感,提高学习积极性,强化学生的课堂参与意识。该形式的互动,可以是学生个体提出问题,学生群体讨论,或者是让学生个体当"小老师",带领学生群体一起学习。学生之间得以交流,同时也体现了学生的主体地位,在争辩的过程中,对学习成绩和发展都产生了极大影响,让学生个体更善于人际交往和团队协作能力。例如,在课堂练习中,可以让学生个体到讲台上给全班同学讲解。

(五)学生群体间的互动

这种互动是指学生小组间的互动。在教学过程中,经常会以学习小组为单位进行合作学习,这种互动能够培养学生的集体竞争意识,发展团队精神。小组成员间的不同智慧水平、思维方式和认知风格,更有助于小组学习,通过讨论协商最后观点达成一致,更好、更有效地解决了学习问题。而不同的学习小组会有不一样的观点,各个小组发表自己的观点,小组间争辩,最后结论转化为全班共识,这个过程就是学生群体间的互动。例如,在学习"平行线的性质"时,让学生以学习小组的形式探究,小组间互动交流,总结出平行线的性质。

三、互动教学模式的理论基础

(一)哲学依据

在马克思主义的唯物史观中,生产与交往是社会实践活动中互为前提的两个方面：交往可分为物质层面的交往和精神层面方面的交往。教学是一种社会实践活动，它是在同为主体的人与人之间的精神层面上进行的交往。雅斯贝尔斯在分析教育活动时，他认为交往使人能够通过教育了解他人与历史，理解自己的现实，使人类的历史文化得以延续。这些观点，为数学教学中师生互动模式提供了重要的哲学基础。

（二）符号互动论

符号互动论主要研究的是人们相互作用发生的方式、机制和规律，可以作为互动教学的社会学理论依据。符号互动论对互动教学有着极其重要的意义，符号互动论认为，人的行动是有社会意义的，个体间的互动是其生存和发展的前提，人们通过和他人的互动了解自己。符号互动论有三个前提：第一个前提是人们对事物采取行动是看这些事物对他们是否有意义；第二个前提是人与人之间的社会互动是这些事物的意义的来源；第三个前提是通过人在处理所面对的事情时进行释义过程修正和把握这些意义。社会交往中，人与人的相处就是互动的过程，班级是一个小的社会团体，在数学课堂上，把符号互动论应用到数学教学中，更有利于学生的发展，以及师生之间、生生之间良好关系的形成。

（三）交往教学论

交往教学论是一种侧重于探讨师生关系的教学理论，该理论的核心观点是教学过程是一种交往过程。交往教学论十分强调和重视教学的教育性，以"追求解放"为目标，解放就是发展学生的个性，使学生通过教育变得成熟，具有独立的人格和能力。这就要求教师在教学过程中只能是引领者，师生之间是平等对话和自由交流的关系，学生在获得知识、提高能力的同时，个性也得到发展和解放。交往教学论认为，教学过程是师生互动交流、生生互动交流的交往过程。注重"相互交流"的课堂环境，把教学活动定位于教师与学生之间的平等、民主的交往过程，在课堂上应该体现学生的主体性，让学生积极地参与到课堂互动之中，在互动过程中更好地实现教育教学目标。而交流互动的方式有组内交流、组间交流、教师参与交流，教师在其过程中只是协助者和指导者。"合作探讨"是交往教学的主要模式，通过合作促进了学生之间人际交往和合作能力的提高。师生之间、生生之间，在教学过程中，通过和谐的交往，融洽课堂气氛，互相促进，更好地完成教学任务。

（四）主体性教育理论

主体性教育是指根据社会发展需要和教育现代化要求，通过启发、引导受教育者的内在教育需求，创造和谐、民主、宽松的教育环境，有目的、有计划地组织和规范教育活动，从而培养他们成为能够自发主动、创造性地去认识和实践活动的社会主体。一句话，主体性教育是一种培育和发展受教育者的主体性的社会实践活动。当前的教育，强调培养学生的创新精神和自主学习能力，当代教师在传授知识的同时，更要注重学生素质和能力的培养。因此，教育要突出学生的主体地位，教师的任务是要将学生的主动性、积极性调动起来，要教学生学会，还要教学生会学，侧重学生学习能力的培养。

四、数学互动教学的作用

（一）对于学生的作用

1. 调动学生积极性，提高课堂效率

互动教学模式能够充分发挥学生在课堂上的积极性，让学生变成主动的学习者，从而提高课堂效率。在传统的教学模式下，教师只负责教，学生被动地接受教师"满堂灌"的教学内容，是教师对学生进行"单向"的培养。而在新课程标准中强调：学生是认知的主体，是具有鲜明个性特征、是会思考、会创新的"活"的人，教师应该在认识到学生这一特性的基础上，在教学活动中设计丰富的教学情境和思维情境，通过鼓励、启发、诱导、提示、分析、阐述、推理等的过程，让学生在教学过程中动起来，亲身经历知识的发生发展过程。学生也应该在教师的引导鼓励下，尝试讨论、尝试思考、尝试质疑，将学习从"要我学"变成"我要学"，将"老师的课堂"变成"我的课堂"。

互动式教学模式在尊重教师主导作用的基础上，充分认识到学生才是学习的主人这一点，让学生将被动学习变成主动探索的过程，通过师生互动、生生互动，从本质上将课堂还给学生，以此来解决教与学之间的矛盾。从原先的仅仅让学生获得基础知识和基本技能的层面上，逐步培养学生动手、动脑的能力，从而获得作为新时代的人才所必需的基本思想方法、基本活动经验。

2. 拉近生生距离，发展良好人际关系

互动教学模式能够拉近学生与学生之间的距离，有利于生生之间发展良好的人际关系。当前，独生子女越来越多，而独生子女难免又存在着各种问题。究其源头，很大一部分原因是其沟通交流的能力差。大多数的独生子女缺乏正常的人际交往能力，存在着孤独、害怕交往、拒绝交往的心态，而这也是班级中许多问题学生常常表现出来的状态。那么，建立和谐融洽的班级氛围，也是克服以上问题、培养良好班级集体意识、树立团结协作观念的一项极为重要的工作。在学生与他人的交流过程中，不仅能够使学生在集体生活中健康发展，而且可以提升学生的知识水平，从而促进其自身朝着健康有利的方向发展。

互动教学模式有助于在班级中形成一种互帮互助的氛围，从而拉近学生与学生之间的距离，减少他们之间的隔阂，这种教学模式在另一个层面上，也教会了学生如何做一个社会人，并且在互动的过程中发展自身。与自己一个人单独学习

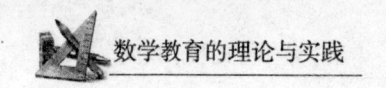

相比，互动教学模式更多地关注学生情感方面的需求，在教学过程中培养出来的沟通能力、理解能力，也为学生日后走上社会奠定了坚实的基础。

3. 培养个体能力，进行反思提高

首先，互动教学模式有利于培养学生的个体能力。在互动教学中，学生个体更能得到其他同学的帮助和影响，通过个体间的互动交流发现自己的不足，从而进行反思、改正。在互动课堂上，进行合作讨论的学生个体之间能够相互借鉴、相互学习、取长补短，在讨论交流中，学生通过聆听他人的见解，进而发现自身的缺点和不足，近而审视自身。通过反思、感悟、理解、改正、提高，使学生个体的能力素质得到提升，相比单纯的由教师或家长指出学生的不足，互动中的学生更容易接受前者，其影响力更大、感染力也更强。而被学习的学生也能从中发现自己的闪光点，并长久地保持下去。

其次，在互动交流的过程中，避免不了学生用口头或书面语言的形式阐明自己的观点或理论，使自己的想法让其他同学或老师明白，而此时，学生必须选择适当的词汇、句式，将所要表达的内容在大脑中进行整理、概括、归纳，从而表达出来。在这样一个过程中，不但有利于学生语言表达能力的提高，更有利于学生个体在思考中把握问题的本质，培养其解决问题的能力。

4. 培养合作意识，增强学习自信心

互动教学模式是以师生在课堂中的交流作为媒介，更多地培养学生的一种以学习素养为主要目标的教学模式。以数学课堂为例，传统意义上的数学素养是指理解数学知识的内涵，并具备会做题的能力，而新课程倡导的数学素养还包括在教学活动中勇于探索、敢于质疑，并且主动解决问题的一种精神状态，以及在解决问题过程中表现出来的合作意识和团结意识。那么，学生在课堂上的互动交流，则有助于发展学生个体在主动探索的基础上所进行的合作学习。

在互动教学模式的课堂上，学生们将自己的想法分享给在一起的同学，在他们展现自己对某些问题所持有的不同看法的过程中，不仅增强了他们学习的自信心，而且也培养了他们的合作意识，可谓一举两得。

5. 促进自主学习，培养终身学习能力

《基础教育课程改革纲要》倡导在学习的过程中，应将获得基础知识与基本技能的过程，同时成为学会学习和形成正确价值观的过程。因此，这一目标不仅强调了学习方式的变革，而且突出了自主学习的重要性。

目前，随着新课程改革的深入进行，在新教材中，经常会出现在课前让学生自己去探索研究、提出问题的片段，而这个过程则需要学生具备较强的自主探究能力和自主学习能力。其次，自主学习能力的培养，也为个体进行终身学习打下了坚实的基础，它是学生走出校园后最重要的一种学习方式。因此，自主学习的重要性是毋庸置疑的。

互动教学模式要求学生在课堂上互动交流，发表自己的观点和看法，而这些观点、看法的形成，则需要学生在课前查阅与本节课有关的书籍和资料，这样才能在课堂上有话可说、有观点可表达。这一步骤，不仅使学生自主学习的能力得到了提升，而且加深了学生对学习内容的理解和记忆，提高了课堂教学效率。

（二）从教师的角度进行优势分析

1. 改变师生关系，实现教学相长

新课程改革中所倡导的一个重要理念就是教师应转变自身的角色，而本书所讨论的互动教学模式则要求教师和学生在一个相对平等融洽的环境中学习和讨论，那么，如何才能实现师生之间的平等呢？笔者认为，一个关键的环节就是教师应该走进课堂、走近学生，以此来营造平等融洽的师生关系。从这点出发，就要求教师在课堂教学的过程中要走下讲台、走向学生，倾听学生的意见和想法，只有当老师和学生处在一个亦师亦友的状态或环境中，教师才能更好地了解学生的个性心理状态和学习情况，从而制订下一轮的教学计划，并适当对已有的教学计划进行调整和补充。因此，互动教学模式能够改变教师和学生之间的关系，使其真正做到教学相长。

2. 促进教师成长，拓宽知识内涵

在课堂上实施互动式教学模式也是对教师的一种自我鞭策和自我督促，在这样的一个过程中，教师成长得更快，自身知识的广度和深度也得到了拓宽。

互动教学模式在具体的课堂教学中能否真正落到实处，教师的作用至关重要，倡导以教师为主导的互动教学模式，要求教师在上课之前需要进行充分、全面的备课。具体来说，教师首先应该明确本节课的教学目标以及对学生的学情有一个基本的了解和掌握。其次，教师应在充分落实新课标教育教学理念的基础上，创设能够使学生动起来的教学情境，在这一环节的设计与实施中，教师不仅要钻研教材，还要研究学生，要充分认识到什么样的知识才是学生需要的知识，更要以丰富的理论基础作为保障。最后，学生在互动交流的过程中，常常会提出一些似是而非的问题，对于这一问题，就要求教师对教学内容必须进行深层次的理解，这样才不会被学生提出来的问题弄得手足无措。由此可见，教师教育理念的转变对互动教学模式能否在课堂上顺利实施，具有举足轻重的作用。而在互动教学模式的实施过程中，也有利于教师的自我鞭策和自我督促，使教师的知识面不断得到扩展。

（三）从教学的角度进行优势分析

1. 促进多向互动，获得双向感悟

互动教学模式能使师生在一种轻松、愉快的氛围中平等学习，最大限度地调动了师生的双主体参与，从而提高双创新能力，改善教学效果。互动教学模式最大的一个特点在于在整个课程的设置中,教与学之间的互动是一个多向的互动。在互动教学模式下形成的这种师生互动(包括教师与学生个体、教师与学生群体)、生生互动(包括学生个体与学生个体、学生个体与学生群体、学生群体与学生群体)的多向互动的教学模式,能最大限度地体现以教师为主导、以学生为主体的思想内涵,使得整个课堂呈现出一个动起来的状态。

在传统的教学模式中,教师以知识的权威者的身份带着学生去学习,将知识传授给学生,其在课堂上的一举一动都对学生的个性心理发展有着一定的影响。但是教师却很少从学生那里得到反馈,可以说两者之间的影响是单向的,而互动教学模式要求教学双方建立起平等融洽的关系,进行问题的探讨研究。在这样的一个过程中,教师与学生进行互教互学,教师不仅仅是教学生,在某些情况下,学生也在教老师。学生的行为在某种程度上也会对教师产生影响,两者都是共同参与、共同发展、共同进步的关系,同时在课堂上获得的教学体验、教学感悟也是双向的。

2. 革新传统教学模式,提高课堂参与度

互动教学模式要求学生真正成为学习的主人,而不是被动地接受知识。但是,由于我国现行的班级制度中,班级里面的人数过多,课堂上唯一的一个教师有时候难以进行全面的管理,教师不可能顾及每一位学生的学习情况和心理状态。在传统的教学模式下,学生常常是人在课堂上、心却在外面,而互动教学模式能够充分调动每一位学生的学习兴趣和积极性。通过与他人的互动交流,表达自己的看法,分享自己的学习成果,让学生成为课堂的主体,学生自然不会分心去干别的事情。同时,在小组讨论交流的过程中,一方面,小组中的成员是相互合作的关系,另一方面他们彼此也是相互监督、相互促进的关系。这样一来,教师也不必再花时间去提醒那些开小差的同学集中注意力,自然会有他们小组的同学给予提醒,这也是提高教师教学效率一个非常明智的途径。最后,互动教学模式能够改变枯燥无味的课堂教学,使得课堂动起来,学生通过与他人的合作交流,不仅收获了学科方面的知识,更重要的是获得了对学习的信心和兴趣,这样更加有利于其日后的全面发展。

第二节 数学互动教学存在的问题及影响因素

一、数学互动教学存在的问题

(一)课堂教学互动机会较少

第一,课堂教学以教师为中心。在数学教学中,由于数学知识相对于其他学科知识较为复杂，因此，在课堂教学中，大多数时间都是教师讲解，很少有师生互动的机会，而且受"填鸭式"教学模式的影响，学生已经适应了单纯的"听"课，而教师也习惯这种单纯的"讲"课。学生与教师之间缺乏有效的互动，尤其是对于一些难以理解的数学知识，没有师生互动，教师无法了解学生的课堂学习效果。

第二，互动机会不均衡。很多数学教师在进行课堂提问或者习题训练的过程中，都习惯于提问学习成绩较好，或者是性格开朗的学生。而且大多数时候都是提问最想回答问题的学生，这样就导致一些学习成绩较差、性格内向的学生没有回答问题的机会，无法参与到课堂互动中。

（二）互动形式单一

通常情况下，数学课堂教学过程中，进行互动的形式主要是提问一名学生，或者是全班学生一起回答。这就导致在教学过程中很多学生无法充分地参与到互动教学中，尤其是单独提问一名学生的情况下，其他学生便失去了课堂互动的积极性，不愿意思考和回答。另外，在全班学生一起互动的情况下，由于不同学习水平的学生对于知识的理解能力不同，这就又会导致学习效果不均衡、教学效果差的问题。

（三）学生缺乏课堂互动积极性

第一，学生不喜欢数学。由于数学学科比较枯燥乏味，而且中学数学不同于小学数学，在难易程度上有所提升，导致很多学生不喜欢学数学，对于数学学科产生一种抵触心理。因此，很多学生对于数学课堂教学中的互动并不感兴趣，经常出现注意力不集中的现象。

第二，学生害怕回答问题。很多情况下，学生想回答问题，但是由于怕回答错误，因而不敢回答，往往会等其他学生回答之后，再比较自己内心的答案。这种不敢回答问题的现象也是数学互动教学中存在的主要问题之一，与此同时，更多的情况下，学生无法真正意识到课堂互动的重要性，认为课堂互动与自己学习成绩关系不大。

（四）课堂互动过于形式化

现如今，越来越多的数学教师开始注重互动教学，时常在课堂教学过程中，提问一些容易回答的问题，鼓励和引导学生参与互动，然而这些问题过于简单，尽管学生参与到互动中，但是始终无法充分地开拓学生的思维能力。尤其是一些学习成绩较好的学生，认为这些问题太简单，不想回答，学生互动积极性不高。另外，由于互动形式单一，在进行集体互动过程中，往往会造成互动秩序混乱，学生趁机搞小动作，不利于提高课堂互动的有效性。

二、数学互动教学的影响因素

（一）学生因素

第一，学生的学习态度和目的。学习目的是学生进行学习的主观原因，而学习目的又决定了学生的学习态度，学习态度和目的直接影响着学生进行学习的内部动力，是影响课堂互动实施的重要因素。课堂互动需要教师与学生双方参与，如果学生没有学习动机，对课堂活动不够积极，那么课堂互动是没法进行的。在调查中发现，有些学生对学习没有目标，可学可不学，上课内容对他们而言，无关紧要，这样的态度直接影响着学生在课堂上的表现。

第二，学生的知识基础。如果学生的数学基础很差，没有达到应有的水平，那么就会直接影响到互动的实施。教师提出一个问题让学生回答，或者让学生合作探讨学习，由于基础、能力不够，互动无法顺利进行。

第三，学生对数学的兴趣。兴趣是最好的老师，在实际教学中经常会发现，如果学生对数学感兴趣，学习态度就会比较积极，在课堂上，会非常认真地听课，认真思考，主动回答教师的问题，积极主动地与其他学生或教师讨论、交流。然而，如果学生对数学不感兴趣，对教师的问题也不会认真思考、主动回答和寻找答案。

第四，学生的性格。很多学生即使喜欢数学，觉得数学重要，但也不愿意与教师或其他同学交流，更愿意自己思考、学习，或者是片面地听教师讲。有些学生因为胆小、害羞，怕被嘲笑而不愿意参与互动，而有些学生是因为性格不是很开朗，不想成为大家关注的焦点，所以不愿回答问题。在课堂上，互动比较积极的学生除了学习好的学生外，就是性格外向、开朗的学生。

第五，学生之间的影响。在课堂中经常会发现，当教师向全班学生提问时，刚开始没有人回答，但是只要有一位学生回答，很多学生也会跟着回答、说出自己的想法，或者反驳其他学生的观点。

（二）教师因素

第一，教师的教学方式。在课堂上，教师的教学方式非常传统而且比较单一，缺乏灵活性，只知道给学生传授知识，但是却忽略了学生的发展，以及如何才能让学生更好地掌握知识、运用知识。所以，绝大多数的数学课堂都是老师讲、学生听，很少互动，仅有的互动，其形式也只限于老师提问、学生回答。提问的问题非常简单，答案随口而出，或者是简单的"是"与"否"的回答，没有体现出课堂互动的价值，这样的问题也激发不起学生的求知欲，或者无法让学生感兴趣。如果这样，数学教师的教学方式就已经限制了数学课堂互动。

第二，教师的个性。有些教师性格比较开朗，课堂上比较幽默，课堂氛围非常活跃，能让枯燥的数学内容变得有趣，提高学生学习的主动性，其所教的班级，学生都比较喜欢数学课，都能积极参与课堂活动。相反，如果教师比较严肃，不苟言笑，学生会产生惧怕的心理，在课堂上会比较拘束，小心翼翼，会因为担心回答错误被教师批评而不敢回答问题。

（三）教学环境因素

第一，课堂环境。课堂环境是指影响学生学习成就和品德的课堂风气或气氛，课堂环境对教学效果有着直接影响。在一个班级中，如果绝大多数学生都爱学习，课堂纪律、学风很好，那么课堂教学活动就能顺利进行，学生的参与度也会很高。但是，如果大部分学生都不爱学习，课堂纪律很差，那么就会直接影响到课堂活动的进行。课堂纪律也会影响课堂互动的进行，如果课堂纪律很好，学生就会集中注意力，参与课堂互动；如果课堂纪律很差，学生的配合度也必然会比较低。

第二，教学内容。不同性质的教学内容会影响课堂互动的方式和学生的学习兴趣，有些概念的学习比较枯燥，学生不感兴趣，很难主动参与课堂互动，而有些内容对于学生来说又太难了，学生不易理解，如果让学生自主探究学习，学生将无从下手，也得不出什么结果，耗费了时间，也影响着学生参与互动的积极性。如果教学内容相对来说比较简单，学生经过思考能得出结论，那么当教师提出问题时，学生也能积极回答。

第三节　数学互动教学的原则

一、数学互动教学的主要原则

（一）创新性原则

创新既包括教师教案设计、教学方法研究、教学情境设置等方面的创新，在教学方法上考虑如何提高学生积极参与的热情，在情境设计上考虑怎样才能更加吸引学生等；也包括先进教学手段运用方面的创新，例如多媒体手段的运用、先进教学仪器设备的引用等。

（二）快乐性原则

因为互动教学要调动大家积极参与的兴趣，因此快乐性原则不可忽视。轻松愉悦的氛围能使课堂互动参与度更高，使学生们放下思想包袱，更好地融入课堂，以便他们能在学习中感到快乐，在快乐中学到知识。

（三）自主性原则

每个阶段的学生都蕴含着无限的潜力，教学的自主性原则就是要使学生顺利完成从被动接受到主动学习的转变，一方面是提高自己脱离老师独立学习的能力，

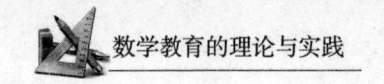

另一方面是提升自己挖掘自身潜能的能力。

二、数学互动教学需注意的问题

（一）课前准备要充分，课程目标要明确

数学互动式课堂教学比传统课堂教学对教师的课前准备工作要求更高，要求教师课前认真研究教材大纲，明确课程标准，注重研究学生已有的生活体验和知识经验，根据学生的认知结构精心设计具有启发或鼓励学生参与教学活动的方案；认真准备必要的教具和多媒体课件，为学生学习需求及时提供信息服务。同时，课前准备要立足教学内容，精心设计互动问题。第一，要"动"在教学热点上，选择大部分学生熟悉、关注度高的问题进行互动，这有利于学生大胆提出自己的观点。如果设计的问题学生不熟悉，互动就有可能开展不起来。第二，要"动"在教学重点上，教师必须吃透教材和新课程标准，把握重点、难点，使选择的互动问题具有重点价值，同时采用多种教学手段激发不同层次学生的兴趣，培养他们分析和解决问题的能力。第三，要"动"在教学疑点上。"疑是思之始，学之端。"思维是从疑问和惊奇开始的，所以，教师在教学中应抓住学生容易生疑的知识点设计互动问题，对于疑点，学生往往比较敏感，围绕疑点开展互动，可以激发学生探索欲望，激发学生的创造力。

（二）课堂气氛要和谐，学生参与要积极

提倡学生主动学习，充分调动学生的积极性是数学互动式课堂教学的要点之一。然而，学生只有在不受压抑的情况下才能自主思考、探究，才能无所顾忌地提出假设、发表见解。因此，教师要注意创设和谐的数学氛围，激发学生参与课堂教学的热情。同时，也要注重借助数学的"美"，利用信息技术与数学教学的整合来激发学生的求知欲、好奇心，精心设计、启发、引导学生的思维，努力让学生真正参与到知识发生、发展的全过程之中。

让学生的主体地位在课堂上得到落实和凸显，既是互动式教学的内在要求，也是学生能力发展的需要。只有让学生真正成为课堂的主人、学习的主人，互动式教学才能有效开展。互动式教学是一种民主、自由、平等、开放式的教学，"双向互动"的形成，必须由教师和学生的能动机制、学生的内在求知机制和师生的搭配机制共同形成，取决于教师和学生的主动性、积极性、创造性以及教师教学观念的转变。所以，营造民主的课堂氛围，建立和谐、平等的师生关系，是开展互动式教学的基本前提和条件。教师要促使每个学生都积极参与其中，而决不能只局限于教师与个别优秀学生之间。只有"互动"实现全员性、广泛性，才能促使教学互动向更深、更广的方向拓展，使每个学生的能力得到培养和锻炼。

（三）创设数学情境，激活学生创新思维

在数学互动式教学过程中，教师的主导作用体现在：数学情境的创设；对学生已有知识和情意系统的激活；围绕问题开展阅读实践、创新等的活动尝试；组织学生讨论、对话等交流活动。其中，数学情境是含有相关数学知识和数学思想方法的情境，既有利于数学思想方法的提出，又能为解决数学问题提供相应的信息和依据，有利于引导学生发现问题、提出问题并解决问题。教师制作或者使用教具，利用多媒体教学手段是优化教学情境的常见手段，比如在多媒体教学中，教师基于对教材的深刻理解，制作直观、生动、形象的多媒体课件，从而使知识、教学过程多层次、多角度、直观形象地展示给学生，激发学生的学习兴趣和强烈的求知欲望，调动学生学习的积极性和主动性，增强师生之间的互动，培养学生的创新意识、创新精神和创新能力。在教学中，教师要鼓励学生用不同的观察视角、新颖独特的思想方法解决问题，进一步提高课堂教学效率。

（四）优化课堂教学环境，激发学生积极参与"互动"

每节教学内容都可以按照主题分成若干个教学环节：导入—温故—启发—思考—讨论—深化—训练—总结，如此等。当然这些教学环节要根据不同的教学内容进行适当调整，而且每个教学环节可以有不同的方式。比如讨论，有同桌讨论、前后桌4人讨论、10人以内的学习小组讨论。2人或者4人的讨论方式适于比较小、简单、易于得出结论的问题，用时较短，灵活且便于操作。要引导学生在讨论中一步一步地修改、完善、总结出问题的最佳答案。学生讨论时，教师要注意倾听，在必要时进行启发、指点和纠正，避免学生讨论出现大的偏差。另外，教师在设置需要讨论的问题时要精心设计，注意引导，控制时间，驾驭全局，防止课堂讨论失控或者结论偏差太大。总之，不论是哪个环节，都不必刻意追求教学内容的完整性，要将精力集中在重点和难点部分，把落脚点放在学生动脑、动手、积极思考、主动参与上。同时，课后要及时分析、总结，不断反思，逐步完善数学互动式课堂教学模式。

第四节 数学互动教学的策略

一、数学互动教学的主要策略

（一）情境启发策略

"启发式"是大多数数学教师采用的教学方法，学生在课堂上通过教师设计好的教学步骤，分阶段向前推进，阶段性引导学生思维，从而向学生灌输数学概念。虽然这不失为一个好的教学方法，但就现今高速发展的信息化时代来看，"启发

式"在课堂上显得过于单调。近年来,互动课堂教学愈演愈烈,大有覆盖整个教育行业的趋势,特别是其"师生完全参与教学"的特点,值得广大教育工作者学习和借鉴。在这之中,就需要教师将"启发式"教学方法与教学情景相结合,形成互动课堂。具体来讲,想要实现互动课堂的主要策略包括以下几点:第一,教师在教学关键点启发学生,重点是激发学生的学习兴趣;第二,设计好教学方案,利用书本上的知识点去营造一个贴近教学的问题场景,从而让学生有意愿去自己解决问题;第三,使问题得到解决,这就需要教师有足够的教学经验去应对学生的自主性答案。

(二)小组讨论策略

小组讨论策略的目的是让学生形成一个团队,通过团队的合作与交流,集中团队个体智慧变成团队集体的优势,拓展团队成员的整体思维,这样就需要更强的互动性。主要策略是:第一,成功而有效的分组,教师要把握每个学生的优缺点,从而在分组的时候能够尽量使每个小组都处于一个平衡的点;第二,每个小组之间也要有互动,形成一个更大的团队;第三,制定清晰明确的目标;第四,各小组之间保持一定的独立,同时明确分工;第五,使每个学生都自愿自主地参与到小组活动中。

(三)动态生成策略

近年来,多数学校已经普及多媒体教学,在笔者看来,正是因为多媒体教学具有强大的互动功能,使得其在教学活动中占据重要地位,得以使师生互动在课堂上完美展现出来。正是由于多媒体教学的动态生成等诸多优点,不仅能完成教学任务,更能增加学生的学习兴趣,才使得教师和学生可以实现共赢。主要策略如下:第一,教学环境大大改善,不再拘泥于课本;第二,设计思路广,不再拘泥于讲台;第三,能引导学生更加感兴趣,和教师之间形成互动性交流,并捕捉动态生成中的亮点。

(四)全程激励学生,让其乐学

所有人都希望得到别人的正面评价,作为学生,最希望得到的就是老师的夸赞。因此,在教学活动中,适当地正面评价学生的学习过程,不仅有助于提升学生的学习兴趣,更能激发周边学生的学习热情。比如,一名同学在思考后回答老师的引导性问题,老师可以鼓励其再接再厉;就算回答错误,教师也应该持鼓励性态度,建议其与其他同学共同交流探讨,以便确定正确答案。

二、数学互动教学的路径

(一)合理设置课程内容

第一,针对不同层面学生设计互动内容。学生的数学兴趣和理解能力一般分布不平衡，部分学生出现偏科问题，所以在实施互动教学方法时需要注意不同类型学生的特性。对一些因为偏科或对数学不感兴趣的学生，要设计一些较生活化和浅层面的互动内容，使他们容易接受。而对数学基础较好、兴趣较高的学生，要鼓励他们深入探讨数学知识的原理和思想，让他们作为互动教学的催化剂和思想火花，带动整体情绪和气氛。针对不同基础层面所设计的互动教学方案，一方面要使学生容易参与，同时也要使教师容易把握教学的节奏和课程内容的深化程度，诱导学生达到主动积极的讨论和思考状态，确保互动教学方法的实施。

第二，针对课程内容设计互动讨论内容。由于数学的知识点比较多，每个部分的特点有所不同，如平面几何讲求推证，立体几何要求空间想象能力，所以要根据具体数学内容设计互动教学过程，使互动讨论的内容变得容易接受，同时应注意引用数学应用中具有启发性的典例。在实施互动教学方法时，可以根据不同内容的特点，将数学课程内容与学生喜好的学科相结合，使学生充分体会数学知识的应用性，从而提高学习的动力和兴趣。在实际教学中，有些学科（如物理）本身就十分强调数学素养，应用较多的数学概念、公式和原理，可以将数学课程与其他学科更紧密地结合起来。

（二）增强师生课堂互动意识

在传统的教学中，主要以传授知识为主，教师为了学生能取得好成绩，往往只关注学生是否掌握了所学知识，忽视对学生思维的培养和个性的发展。长久以来，教师已经习惯了这种教学方式，学生也习惯了整节课都在"听"，如果让学生自主探讨学习或者相互讨论，学生反而不知道干什么。新课改理念凸出课堂教学要体现学生的主体性，要注重学生思维、能力的发展，以及整体素质的提高，这与互动教学目标相一致，所以，在教学中，教师和学生都要增强课堂互动意识。教师要更新教育理念，意识到互动对课堂教学的促进作用，在课堂上创造互动的机会，带领学生参与其中。在学生获取知识的过程中，教师不要一味地告诉学生结论，而是要让学生带着问题思考，与教师争辩，或者与其他学生讨论，自己寻找结论。在这个过程中培养学生的语言表达能力、合作能力和创新意识，使学生的互动意识逐渐得到增强。

（三）创设课堂互动条件

第一，创设问题情境。课堂互动过程是师生之间或生生之间针对某个问题进行争辩、讨论的过程。如果在课堂上教师没有向学生提出问题，整节课学生都在听讲，那么学生获得知识就会很被动，在学习上没有紧迫感，学习态度也不会积极。而当教师提出问题时，学生因为担心被教师提问到，学生自然而然就集中注意力，认真思考，或者与同伴讨论，希望能得到答案，这个过程促进了课堂互动的顺利进行。如果没有问题，课堂互动将无法实施。所以，教师要根据教学内容创设问题情境，给课堂互动创造基本的条件，让学生产生兴趣，积极参与到学习中。在设置问题的时候，教师要考虑到大多数学生，而不是少数成绩好的学生，问题应该由简单到复杂，尽量让所有学生都能参与互动，这样才能提高学生的学习积极性。鼓励学生各抒己见，当有学生提出问题的时候，教师不要直接回答，要让其他同学思考，引导他们寻找答案。学生可能对所学知识不感兴趣，但对听故事或者玩游戏会很感兴趣，所以在问题的引入中，可以添加一些故事或者游戏来激发学生的兴趣，提高学习积极性。例如，在勾股定理的学习中，可以给学生讲述数学家证明勾股定理的故事。

第二，了解学生的知识水平。学生的知识水平影响着课堂互动的顺利进行，所以教师在设计互动环节时，要事先了解学生的知识水平，要考虑学生的知识基础能否解决教师所提的问题。如果教师所提的问题对学生来说太难，学生将无法参与到互动中，学习积极性也不高，而如果教师提的问题太简单了，学生也提不起兴趣，所以课堂互动要建立在学生已有的知识水平上。在学习新内容之前，要对相关的旧知识进行复习，促进学生对新知识的学习。

第三，激发学生的数学兴趣。很多学生觉得数学很难，而且枯燥无味，对数学提不起一点兴趣，就出现了这种现象，不想学，学不会，进而就慢慢地一点一点地放弃数学，这直接影响着学生参与课堂互动的积极性。一部分学生不愿意回答教师问题或不愿意参与到小组讨论的原因是对数学不感兴趣，这些学生在课堂上不会认真听课，不会主动回答问题，小组合作学习的时候也不愿意参与其中，直接影响到了课堂互动的实施和效果。所以，作为数学教师，要想办法提高学生对数学的兴趣，让他们主动参与课堂活动中。对于如何激发学生的数学兴趣：首先，通过问题引起学生的好奇心，激发学生兴趣；其次，通过联系实际生活激发学生兴趣；再次，通过课堂游戏激发学生兴趣；最后，通过趣味故事激发学生兴趣。

第四，改变学生学习态度。学生的学习需要决定着学生的学习态度，而学生的学习态度直接影响着学生在课堂上的表现，如果学生没有确定的学习目标，对学习抱着无所谓的态度，就会大大减低学生的学习积极性，对于课堂活动更不会主动参与。很多学生对学习没有强烈需求，觉得学不学都无所谓，为了这些学生能配合教学活动使课堂互动顺利进行，教师需要改变他们的学习态度。让学生树立人生目标，明确学习目的，意识到学习的重要性，进而改变学习态度，积极参与到学习活动之中。

（四）营造良好的互动氛围

第一，建立平等的师生关系。课堂互动的顺利开展需要宽松、活跃的课堂氛围，还要有平等、和谐的师生关系。如果教师比较严肃，学生觉得教师是高高在上的权威者，那么学生在课堂上就会显得比较紧张和压抑，思维也没法打开。如果教师比较和蔼、幽默，学生在课堂上会表现得很轻松，积极思考、探索问题，大胆地发表自己的观点，更会因为平等、良好的师生关系而喜欢数学。在数学课堂上，教师与学生应该是教学相长的关系，通过平等的师生关系进行互动，让教师与学生、学生与学生的讨论贯穿于整个课堂，在学生增长知识的同时，师生之间也彼此分享快乐，以合作的心态互相评价，促进集体智慧的发挥，达到更好的教学效果。在课堂上还可以互换角色，让学生来讲解习题，体验一下当老师的感受，培养学生对数学的信心和热情，提高数学学习的积极性，主动参与课堂互动。

第二，以小组学习的形式促进学生合作学习，建立良好的关系。合作能力是人应该具有的基本素质，有时候小组的整体能力比个人的能力显得更重要。而且个人的知识、能力较为有限，而聚集小组间每个的有限知识、能力，则可以发挥无限的作用。在课堂学习中，以小组形式合作学习能更快、更有效地解决问题。当教师向全班学生提问时，学生会觉得不是指向自己个人，自己可以不用思考，等着其他同学来回答，这样很多学生就没有真正地参与课堂互动，而这样被动的学习态度，也会影响课堂互动的顺利实施。为了让每一位学生都积极参与互动，教师应该根据教学内容采用小组合作学习的方式进行教学。为了避免学生没有围绕学习目标进行讨论或毫无秩序、冷场等情况出现，教师要让每个学习小组明确学习目标，明确告诉学生讨论的问题。在分组时要根据学生的知识水平、性格等因素合理分组，如果在一个小组中都是学习差的学生，将很难顺利探讨问题，要学习好的学生带动学习差的学生学习，在小组间要进行合理地分工，让每位同学都参与其中，让学生畅所欲言，并进行科学的评价。通过小组间的合作学习，学生间不仅可以共享知识，还可以交流情感，更有利于在学生之间建立良好的关系，而良好的学生关系能够更好地促进课堂互动。

（五）充分利用现代信息技术促进教学互动

随着时代的发展，人们之间的交流与互动形式已经发生了很大的改变，互联网的全面普及使得交流变得方便快捷，电子化和多媒体技术使得交流的表现形式变得丰富、生动和自然。对于互动教学的认识也应该在交流方式和内容上进行更新，一方面从时间上可以进行拓展，不仅限于课堂的面对面交流，还可以进行远程网上实时交流或非实时交流；另一方面，互动交流的平台、表现形式也可以多样化，充分利用网络技术使用多种渠道进行互动，使用各种先进的教学软件让难以理解的数学理论、公式、图形、复杂的运算变得生动有趣和易于理解，激发学生进行思考和讨论。最后，应鼓励学生使用匿名方式在网上进行专题讨论，使学生在精神不受束缚的状态下发表对课程的看法，对学习难度的认识，不因问题的正确性、理解的深度、反应的时间等因素伤害学生的自尊心，保证讨论互动的开放性。

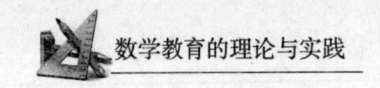

（六）将数学语言通俗化

数学语言本身具有很强的严密性，在使用互动教学方法时，一些概念、理论和公式可以使用通俗化的生活语言进行表述，尽量做到深入浅出。尽管用通俗语言表达数学问题不够严格，但作为相关概念的引入和帮助问题的理解，通俗的语言更有利于启发学生逐渐进入数学思维。在数学课程的互动教学中，进行通俗化表述数学问题时，要注意从感性认识到理性认识的过渡和发展。因为学生对数学语言本身的理解参差不齐，不能一味讲趣味性和感性化理解，最后还要回归到数学思维的严密性，这样才能最终达到学好数学的目的。总之，使用通俗化表述再发展到严格准确的数学表述，然后还可以再返回到通俗化表述，这是一个周而复始的过程，利用好这个过程就会使数学课程的互动教学显得其乐无穷。

第九章　中小学数学情境教学模式

第一节　情境教学模式简述

一、情境教学模式的概念

（一）情境的内涵

情境就是一个人进行活动的场所或者环境。情境在不同的学科领域有着不同的含义，心理学认为情境是人受到的一种刺激，有着一定的生物学和社会学方面的意义；社会学认为情境是人在进行社会生活的时候所处的社会环境，情境是教学的这个过程创造出来的"有情之境"，是一种借助于人力而进行优化后的适合学生学习需要的一种环境。

（二）数学情境教学的内涵

情境教学是创设含有真实事件或真实问题的情境，学生在探究事件或解决问题的过程中自主地理解知识，建构意义。这里的情境是基于现实世界的，是与现实世界一致或类似的。情境教学可以这样理解，为了让学生在一种轻松、愉快的氛围中学习知识，同时提高他们的学习兴趣和学习能力而创设的一种知识的场景。数学情境一般由三个部分组成：基本元素，情境中被陈述的基本对象；元素的基本属性；元素间的相互关系。在这里，我们把情境中的元素、元素的属性以及元素间的相互关系称为数学情境的基本构成要素。而数学情境教学就是创建一种数学知识的情境，目的是让学生在这种情境中轻松地掌握数学知识，培养数学思维，提高将数学知识更好地应用到实际生活中的能力。而创设数学情境最有效的方法就是创建一种数学的问题情境，让学生产生疑惑，从而在解疑的过程中学习数学知识。

二、数学情境的特征

（一）真实性

选取一个材料作为数学情境，它必须是真实科学的、合理可信的。换言之，选取的情境一定要尊重生活实际，符合客观规律，不能人为地编造与生活不符的情境。情境可以虚拟但不可以虚假，也不能忽略现实情境存在的意义，这样的"失

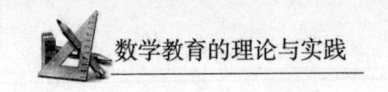

真"情境,既不利于学生数学应用意识的形成,也难以让学生达到准确地认识生活、感受生活的目的。

(二)启发性

兴趣是学习的动力,一个好的情境,应该吸引学生的注意力,调动学生的学习积极性,激发学生的认知冲突,使学生自己去学习,去发现问题、提出问题以及解决问题。这就意味着有效的情境应该具有启发性的特征,这也是有效的情境最重要的一个特征。

(三)针对性

一个有效的数学情境,要有鲜明的目的,必须针对课本的学习任务。因此,情境的创设一定要有数学味道,要为教学内容服务,要与问题紧密结合在一起,一旦偏离了这个目标,将会影响情境创设的效果。

(四)层次性

数学是一门逻辑性、系统性都非常强的学科,前后知识间联系十分紧密。而学生学习数学,也是一个特殊的认识过程。因此,设置情境时要具有合理的阶梯性和程序性。也就是说,问题情境的设计要由易到难、由浅入深,步步提升难度,把学生的思维层次逐渐提升到一个新的高度。把一个难度大、比较复杂的课题分解为若干个相互联系的小问题,或者把解决某个问题的完整思维过程分解成几个小阶段。

(五)互动性

一个有效的问题情境,不仅依赖于教师合理巧妙的预设,更需要依靠学生积极主动的参与,然后对情境中所包含的数学问题加以完善,实现教学目标。所以说,课堂数学情境的创立,是学生、教师和书本知识三者产生互动的结果,为学生建立一种自主平等、和谐气氛的基础,放松学生的紧张心理,也会吸引学生的注意力,端正学生的学习态度,营造出一种浓厚的学习氛围,在教学过程中达到师生互动、团结协作、知情交融的境界。

良好的数学情境,既是激发学生主动思考的重要动力,也是解决数学问题的良好开端。所以,有效的情境应具有以上几种特征,无论选择或创设何种情境都要以实现教学目标为着力点,才能做到有的放矢,不要为了情境而情境,只有合理恰当地创设情境,才会有显著的效果,使教师和学生都能终身受益。

三、数学情境教学的目标

在传统的课堂教学中,教师重点营造的是一种科学情境,即课堂教学崇尚统一性、一致性、简单性、必然性以及整体性,以理性为核心,其目标指向科学知识本身。在这一情境中，教师往往处于绝对的核心地位，按照自己所理解、预设的知识目标规范学生的学习行为，在部分学生偏离或者无法达到预定的教学目标时，教师往往会采取强制性的措施来约束学生，课堂上经常呈现出严谨、严肃、严格、严厉，甚至于严苛的气氛。

当前，情境教学受到了广泛关注，在课堂教学中，应适时、合理地创设情境，设置适当的悬念，引导学生在教师创设的情境中不断进行探索，使学生在自我参与中产生心理体验，刺激学生参与整个学习过程，并始终全身心地投入到学习之中，使知识在情境的作用下更好地被学生接受、内化，从而保证教学活动的有效性和预见性。同时，在教学中，应强化情境的开放性和包容性，丰富情境，培养想象力，拓宽情境，倡导发散性思维，超越情境，发展批判性思维，给学生留下充分的创新余地。

数学课上的情境创设，应该为学生学习数学服务，应该有利于学生用数学的眼光关注现实生活，应该为学生学习数学知识、技能提供支撑，为数学思维的发展提供土壤，即情境创设是为有效学习。需要特别说明的是，创设情境的目的在于激发学生的问题意识，诱导学生提出数学问题并解决数学问题。因此，数学情境的创设，不要脱离课堂教学目标去为情景而设置情景，不要刻意追求为课件而制作课件，而是要恰当处理复杂的情境，注重虚拟情境中的数学信息探析，处理好长效核心知识学习与学生兴趣的关系。

四、数学情境教学的主要形式

（一）问题情境教学

问题情境教学的宗旨是培养学生思维的独立性和创造性，学习过程是一个不断设计问题情境、激发学生求知欲，使学生的思维在问题思考与探索中得到促进和发展的过程。问题情境是构成教学活动的环境，是学生产生数学学习行为的条件，是一种学习情境。创设问题情境是教师经常采用的一种教学手段，既是教师基本功的集中反映，也是教师创造性劳动的中心环节，教师依据教学内容向学生提出需要解答的问题，以激发学生问题意识为价值取向的刺激性的数据材料和背景信息。教师在实施问题情境教学时，必须考虑以下几个方面的问题：一是未知的东西；二是思维动机；三是学生的知识能力水平。只有那些难度适中且有助于学生形成既熟悉又陌生的认知冲突的问题，才能成为构成问题情境的最佳素材。

（二）实验情境教学

心理学表明，思维是学习过程中智力的核心，一般要经过动作思维、形象思维、逻辑思维三个发展阶段。在数学的学习过程中，让学生动手操作，从中发现规律，并通过探讨、归纳、总结的过程，体验数学，从而培养学生分析问题、解决问题的能力。实现对知识的迁移,这也契合了《义务教育数学课程标准》中提出的"培养学生动手能力,体验数学,享受数学"的要求。数学"实验"使教师真正改变"传授式"的讲课方式,学生克服"机械式"的死记硬背,更加突出了学生的主体地位。学生对数学"实验"有着浓厚的兴趣,基于这一特点,教师创设"实验式"情境,能够有效激发学生的好奇心和求知欲,促使思维进入最佳状态,他们对学习数学的态度由被动转化为主动,从而产生强烈的自信心和成就感。教学实践表明,通过学生亲自进行的数学"实验"所创设的教学情境,其教学效果要比单纯的教师讲授有效得多。

(三)生活化情境教学

生活化情境教学是将教学活动置于现实的生活背景之中,以此来激发学生作为生活主体参与活动的强烈愿望,将教学要求转化为学生作为生活主体的内在需要的一种方式。在教学的各个环节中,如课题导入、新内容学习、知识巩固、作业练习等环节结合教学内容,教师为学生提供一些数学史、数学故事或其他有趣的与社会生活有关的知识,改变学生学习数学的传统观念,使学生深刻理解所学内容的生活意义和社会意义。在教学组织形式上开展小组讨论、合作学习,使学生在浓厚的生活氛围中得到陶冶,体验和理解知识的价值与意义。当学习与生活建立紧密的联系时,教师就可以利用生活资源丰富的优势,使教学活动变得更加生动,让学生在开放、平等的氛围中采用灵活的学习方式,主动获取知识。

(四)多媒体情境教学

以多媒体教学为载体,进行现代化教学模式中的情境教学,就是要摆脱传统教学的束缚,优化视听环境。只有创造良好的视听环境,学生才能在学习过程中身临其境,产生浓厚的学习兴趣。教学信息要生动具体、有形有声,才能达到真正意义上的教与学的情感交融。中小学数学课程的基本理念,要求注意信息技术与数学课程的整合。整合有利于学生认识数学的本质。利用信息技术可以呈现传统教学中难以呈现的内容,并能充分利用信息技术形、色、声、动、静等方面的功能,使静态图形动态化,抽象的知识形象化,使数学的概念可以用数字的、图形的和符号的方式加以表达,渲染气氛,增加课堂内容,使学生充满好奇心和想象力,提高学生学习数学的兴趣和探究新知识的欲望,促使学生主动发现、主动探索,为学生营造理想的教学环境,提高课堂教学效益。

五、数学情境教学的程序

(一)明确教学目的,研究教学内容,分析教学内容各维度教学目标的落实点

课堂教学有一定的学习内容的预设,总是要完成一定的教学目标,教学情境

必须为完成课堂教学目标和内容服务。因此，教师在创设教学情境时，必须事先认真学习和弄清学科课程标准中的学生在知识与能力、过程与方法、情感态度与价值观等方面的目标体系。弄清课程的背景、实质、目标、学习的内容和评价建议，使教学真正为课程目标服务。

（二）了解学生实际认知状况和生活经历，使用与学生生活和实际经验密切相关的教学情境素材

教学情境是为学生积极建构学习环境，要想使学生真正成为自由的和负责的个体，就应该为他们创设各种真实的问题情境。因此，好的教学情境一定是学生熟悉的，可以在学生个人经历中寻找到，可以被学生理解。教师创设的教学情境，必须符合学生的认知状况，必须贴近学生生活。这就要求教师必须了解学生，熟悉学生生活，了解学生认知状况。教师可以采用多种手段，深入了解学生，积累各种有用的素材和信息。在创设一个教学情境时，努力在学生熟悉的生活中找到并筛选出学生感兴趣、具有挑战性的，并且能够促使学生主动探索的课程资源。

（三）认真在较为丰富的课程资源中进行筛选

课程资源是丰富的、大量的，具有开放性。新课程要求教师必须筛选出最适合的资源，用于创设教学情境。教师只有在社会的大环境里学习和探索，把校内、校外、自然、社区内的课程资源以及信息化的课程资源都开发利用起来，才可以有大量可供选择的素材，并使各种资源和学校的课程融为一体，才能更好地为教育发展服务，教师也从传统的知识传授转变为学习活动的指导者、促进者、服务者。

（四）精心设计教学情境和教学方案

在教学设计和创设教学情境时，要考虑为学习者建构对知识理解提供合理的概念支架。教师根据教学目标的要求，事先把复杂的学习任务进行逐一分解，以便把学习者的理解逐步引向深入。在设计教学情境时，教师应对教材进行科学的加工和拓展，使课本上的知识活动起来。在设计教学情境时，将各种要素糅合在一起，完成一个教学再创造的过程。

（五）准备教学设备和试操作

教师创设的教学活动可能涉及大量设备器材的使用、素材的收集、活动的组织等。在课堂上还可能涉及大量的学生动手操作、分组合作、交流研讨的学习活动，为了使教师能够更好地驾驭课堂，教师在课前必须认真检查设备的准备情况，复查小组活动方案的可行性，必要时还要试操作，使所创设的情境能够真正激发学生的学习兴趣，真正为教学服务。

（六）做好学生可能出现问题的预案

教师在预先设计教学方案时，可能已经对学生的直接经验有所估计，但是在

实际教学中，预先估计的有时与预测的不一致。因此，在创设教学情境的过程中，充分做好学生在课堂教学中可能出现的问题的预案十分重要。我们应该根据不同的情况，对教学随时做出调整，使教学成为学生已有直接经验的归纳和引申，增加教学的体验性和生成性。

（七）教学中应用

在课堂教学中，按照事先创设好的教学情境和教学程序开展教学，教师应当作为学习参与者，平等参与学生的研究。教师应当激发学生的学习动机，培养学生的学习兴趣，建立一个接纳的、支持性的、宽容的课堂气氛，并随时留意发现学生思维中的闪光点，加以引导和适时的鼓励。教师要设身处地地感受学生的所作所为、所思所想，随时掌握课堂中的各种情况，并创造良好的学习氛围。对课堂教学中出现的突发情况和学习中的问题，要运用教学机制加以解决，使学生的思维更加活跃，探索热情更加高涨，成为学生学习的引导者、支持者和协助者。

综上可以看出，创设一个数学教学情境，教师应当做到：第一，准确掌握教学的知识技能目标、过程与方法目标、情感态度价值观目标；第二，在充分了解学生已有的生活经验和认知水平的基础上，创设出具有趣味性、参与性的教学情境；第三，有驾驭课堂的能力，在教学中能较好地对问题做出进一步的拓展，能够与学生进行情感交流，积极互动，成为教学活动最积极的引领者。

第二节　数学情境教学中情境的创设

一、创设数学教学情境的作用

（一）情境创设有助于激发学生的学习兴趣

兴趣是认识某种事物或某种活动的心理倾向和动力，对鼓励学生获得知识和发展学生能力都有很大作用，同时也是进行素质教育的有利因素。教师通过创设情境能使学生顿时对教师所讲内容产生兴趣，使学生愉快而主动地学习，并产生坚定的恒心，表现出奋发的探索精神，对学生的学习效果具有事半功倍的作用。教师要善于把枯燥无味的数学知识创设出生动形象的教学情境，展示在同学面前，激发学生的学习兴趣，促使学习动机的产生，而学习动机中最现实、最活跃的部分就是兴趣。所以，情境创设能够有效地调动数学的学习情绪，使学生轻松愉快地听讲、练习，这是学生内在动力持续增强的重要保障。

（二）情境创设有助于加强学生对数学的理解

数学是一门古老的科学，纵观其历史发展过程，有许多小故事、小典故或是小寓言不仅能告诉学生知识是如何形成和发展的，还能让他们认识到知识的实质。

如果能用这些教学资源来创设教学情境，不仅能引起学生的注意和兴趣，更能加深学生对教师讲授内容的理解；在丰富的数学故事的背景下，学生易于发现数学的美，提高自身对数学的审美能力。例如，在学习勾股定理时，可以给学生介绍赵爽弦图，毕达哥拉斯去朋友家吃饭发现了等腰直角三角形的勾股定理，以及多个数学家在证明勾股定理方面做出的贡献。情境创设有助于学生知道知识点的来龙去脉，加强学生对数学的理解，把学生的精力集中到教学活动之中，为达到教学目标打下了坚实的基础。

（三）情境创设有助于培养学生的合作精神和自主能力

在数学教学过程中，学生是一个独立的个体，如果想要达到一个好的教学效果，必须能让学生主观上把学习内容变成自己的东西，教师的强迫与家长的施压都无济于事。因此，新课标中指出，学生是学习的主体，教师是学习的组织者、引导者与合作者。在数学课堂上，教师要充分调动学生动手去做、动脑去想、动耳去听，让学生自己动手进行操作活动，这样就自然体现了学生是学习的主体，从而培养了学生的自主能力。创设小组合作情境也是教学中常见的一种形式，它有利于学生主动参与进来并使每个学生都有机会表现自己。在这个过程中，可以加强学生之间的交流，取长补短，培养他们的合作精神。总之，情境创设在学生体验过程、落实"四基"、发展能力的同时，还培养了学生的合作精神和自主能力。

（四）情境创设有助于培养学生的探索精神和创新能力

一个好的教学情境的创设，可以点燃学生思维的火花，开拓学生思维的广阔性和灵活性。如果创设的情境是具有启发性的问题，学生会积极动脑思考，他们会变得精力充沛和思维活跃，有助于培养学生的探索精神。课堂情境创设可以看作是学生思维能力的创造性活动，它能促使学生从不同的角度思考问题。在教学中，教师可以从实际出发巧妙地将一系列问题隐藏在教学情境之中，给学生自由的思考空间，从而激活学生的思维，使学生不断地进行知识的探索。教师应该鼓励学生进行数学猜想、反驳与反思，充分挖掘学生的创造空间，引导学生由"单一思维"向"多种思维"发展，培养学生的创新能力。

（五）情境创设有利于培养学生提出问题的能力

问题是数学的灵魂。著名科学家爱因斯坦指出："提出一个问题往往比解决一个问题更重要。"哈佛大学流传的名言："教育的真正目的就是让人不断地提出问题、思索问题。"在情境学习理论的指导下，数学教育可以将所要传授的知识融于情境中，通过创设有意义的、丰富的、真实的数学情境，为学生提供生动而真实的学习机会，让学生在特定的情境中，通过观察、分析、探究与猜想，从而提出数学问题，探求解决数学问题的方法和策略，培养学生的问题意识，解决问题和应用知识的能力。"学贵有疑"，教师在教学过程中，针对学生好奇心强的特点，将学生未知的数学规律、法则、关系、事实等前置应用，创设新奇的悬念情境，展示数学知识的非凡魅力，有助于激发学生探求知识的热情，从而使学生的学习得以继续和延伸。

二、数学情境教学创设需注意的问题

（一）淡化情境创设的形式，追求问题情境的本质

形式是为内容服务的，内容决定着形式的选取，同一内容可以有多种形式与之相对应。把这一道理放入数学教学中我们就会发现，虽然很多时候我们以为数学知识来源于生活，创设生活情境似乎应该是我们的第一选择，但这并不意味着我们的问题情境创设就必须或只能选择生活情境或者某一种情境。教学实践给予我们的反思与启示也是这样，我们可以有最优化的选择。

（二）必须关注问题情境的实效性

问题情境创设绝不仅仅在于情境本身，而应关注情境载体下教学目标的实现，关注教与学的效果。反观我们的数学课堂与问题情境创设，教师仅仅满足和停留于提出问题，利用多媒体等现代化教学技术打出文字或图形并进行过程演示等层次的现象绝不是孤例。这样一种不给或者缺少了学生阅读、观察、思维、巩固、熟练等时空的情境创设，至少在形式上是不完整的，在效果上也必然会大打折扣。实际上，无论是什么样的情境创设，首先要做的就是引导学生进行必要的、独立的数学思考。如果缺少了这样一个过程，如果教师越俎代庖，过早地进行了所谓的"引导"和"启发"以及过程展示，就难以体现数学学习的自主探究、自主学习理念，使之流于形式。教学效果的取得及其对后续教与学的影响，也必将会是降低和消极的。

情境创设有两个维度，一个是"境"，一个是"情"。一个真正意义上的情境创设应该能激发学生乐于参与、关注和活动的"情"，并引导学生浸润于探索、思维和发现之"境"。这就要求数学教师在进行数学问题情境创设时，必须要做到以境导学、促学，以情感人、育人。教学实践也说明，好的问题情境创设会让教师身处其中变得更有活力，会让学生浸润其中兴趣盎然地进行数学学习，会让整个课堂的气氛变得积极而热烈、内容丰富而多彩。这里"好"的情境创设的要求也是具体的，即与教学内容相适应的形式采取上的灵活、多样和新奇，与形式相适应的教学内容上的趣味、丰富和科学，要注意教学各因素的有机结合，避免过于关注某一方面而忽视其他重要内容的不良倾向；"好"的情境创设，还应贯穿于教学的每一个环节，与学生的知识与经验、兴趣与爱好等相契合，使学生在已有知识背景的基础上产生新的认知冲突，最终培养学生获得适应社会生活和进

一步发展所必需的数学的基础知识、基本技能、基本思想、基本活动经验。

（三）问题情境的设计是否真正贴近学生的生活

一节数学课真正能够吸引学生的是什么？教师所提供的情境，尤其是生活情境，诸如到工厂了解生产流水线、到商店买东西等，是不是真正地贴近学生的生活？例如，在应用题教学中，一些教师为了巩固数学知识，设计的问题情境是在某些现实问题原型的基础上经过高度加工而成，因而拉大与现实生活之间的距离，造成这些问题离学生生活太远，学生缺乏这方面的生活经验。甚至有些应用题的情境是人为编造。学生面对这些问题时会感到枯燥乏味，兴趣索然。因此，设计问题情境时应适度回归生活，取材于学生日常生活的事例，让学生感受到数学就在身边。

（四）创设问题情境要引起数学思考

"数学教学要生活化"，好像成为目前教师经常提起的时髦话题。数学本没有"生活化"之语，只是为了想改变过去数学过于脱离学生生活实际而提出的。提出之后，又使许多教师陷入"生活化"泥潭之中。学生从生活中学习，却始终没有从生活中抽象出来，还被浸泡在生活氛围中，以致思维能力得不到明显提高，课堂教学低效。学生求知的欲望是由有价值的问题引燃的，有了问题，学生的思维就有了方向。因此，问题情境的创设必须隐含数学问题，要体现数学学科特色，能够引导学生进一步探究，激发学生思考的兴趣，使学生产生继续思考下去的愿望。同时，问题情境的创设，既可以从生活中取材，也可以从纯数学题材中选择，既可以引入丰富的情境，更可以开门见山、直奔主题，提出一节课学习的主要内容。无论采取何种方式，关键是要能引起学生的思考，提升学生的思维能力，提高学生的数学素养。

三、数学情境教学中情境创设面临的阻碍

（一）教学内容的限制

实施情境教学对教学内容有一定的要求，必须创设具体的情境教学内容，并不是每一节课都必须实施情境教学，适宜实施情境教学的内容主要是一些概念、命题、定理的发现、验证教学；图像的动态研究；有关数形结合、思维发散的习题训练等方面的内容。

（二）教学时间的限制

传统数学教学大容量、高强度、多反复的课堂训练模式，在大多数数学教师身上留下了深深的烙印。而实施情境教学，从情境素材的选取到情境的设计与实施，都需要教师花费大量的精力和时间。很多教师担心在繁重的教学任务下创设教学

情境、开展探索学习活动，会影响其数学教学进度与质量，也害怕花费大量精力、时间设计的教学情境，因自己缺乏经验达不到应有的教学效果而白费精力。其实，数学探索活动并不排斥数学基础知识和基本方法的学习，它们是相辅相成的有机整体。学生在数学探索学习活动过程中多参与、多思考，会提高学生的学习兴趣，同时增强学生对基础知识的理解和掌握，因而学生反而会获得更多体验学习的机会。任何改革都要付出代价，现阶段数学教师被推到了新课程改革的最前沿，一边是等着我们去实施的使人心潮澎湃的新课程理论和教育思想，另一边是行政部门高高在上的成绩要求，在这两难的境遇里要想有所作为，我们就必须具有戴着"镣铐"跳舞的勇气和决心，才有可能在教学改革中取得一点进展。

（三）教学设备与技术限制

因为某些情境创设的探究活动必须借助于现代教学技术，因此对教学环境提出的设备要求较高。而现在大部分普通中学的多媒体教室的配置多为电脑、投影屏幕、投影仪、实物投影仪、音响、话筒等，而且这些设备只能由教师操作，学生仍然坐在下面听课，亲自动手的机会非常少。有的学校配备了人手一台电脑的网络教室，但是与多媒体课室是分开的，只是供信息技术课使用，数学课中不能方便地使用网络教室。少数学校配置了网络环境下的多媒体教室，但由于资金不足，这样的教室非常少，根本无法满足全校老师的使用要求。硬件设备上的短缺，成了教师利用多媒体技术创设教学情境，给学生提供动手操作、体验学习机会的最大阻碍，但是相信设备不足的现象只是暂时的，随着经济的发展和国家加大对教育的投入力度，以后各个学校多媒体教学设施配备度也一定会提高。

很多教师的多媒体技术以及网络知识非常有限，使用多媒体技术的能力不强，能制作出高水准的教学课件的教师比较少。在创设数学教学情境中大量使用的多媒体课件，很多不是教师自己制作的，有的是从网络下载后稍做修改，对原创者的制作意图不是十分明了，创设的情境显得生硬；有的老师有一些奇思妙想，但因能力不足也不能随心所欲地付诸实施；即便有的老师会自己制作课件，但由于备课时间长，花费精力多，授课的教学效果还另当别论，因此积极性并不高。

（四）教师对数学情境教学的认识不足

在教学实践中，很多教师对数学情境教学的认识没能得到深化。有的老师认为上课时播放一段动画、展示一张挂图就是创设教学情境；有的教师过于追求教学的情境化，创设的数学教学情境脱离了学生的生活实际和经验；有的教师创设的数学教学情境缺少"数学味"，没有实现为教学目标和教学内容服务，只是为创设情境而创设情境，与教学内容无关的背景信息太多、太杂，不仅不利于学生对知识的观察、感知、抽象和概括，也不利于对学生"数学化"能力的培养，而且会模糊学生的思维，失去了情境创设的价值。

（五）教师缺乏数学情境教学的理论学习和经验指导

现阶段，相当一部分教师想开展数学情境教学，却不知道如何创设有效的教学情境，值得借鉴和参考的情境素材又非常少。由于缺乏理论学习和实践经验，对情境教学的理论理解不够透彻或出现偏差，在教学中没有结合学科内容特点和学生的学情，生搬硬套别人的情境教学经验，导致教学中的情境创设流于形式，没有实现对学生学习的帮助，也没有达到它应有的教学效果。

四、数学情境教学情境创设的原则

（一）针对性原则

在数学教学中，情境创设要针对教材内容，明确教学目标，抓住教学内容的重难点及关键。否则，再好的教学情境，如果不能服务于教学任务，偏离了教学的内容，那么都是徒劳而有害的。情境创设还要从学生的实际情况出发，针对学生的年龄特点、学习心理、知识基础、兴趣爱好、理解能力等特征，做到收放自如。

（二）启发性原则

课堂教学成功的关键在于学生能否在课堂中积极的思维活动。富有启发性的情境能引导学生发现问题，并能有强烈的愿望去解决问题，使课堂气氛变得愉悦，促进学生自主进入探求知识的境界。备课时，教师应该深入钻研教材；创设情境时，尽可能选用具有启发性的素材，唤起学生注意，这样学生对新课内容的学习欲望必将有所增强。

（三）直观性原则

在数学教学中，教材中蕴含了大量的动手操作活动，教师要对其进行深入挖掘，设计一些操作性强的实践活动，如让学生画图形、测量距离、拼四边形、旋转三角形、平移物体、剪轴对称图形等，或利用现代多媒体技术 PPT、几何画板和 FLASH 等直观方式创设情境，在学生各个器官的参与下，在活动中让学生进行自主探索、合作交流，要一直把创造发挥的机会留给学生。在经历自主探索后，能够学会数学和会学数学，让学生能认识到数学知识的本质属性。创设具有直观性的数学情境，能够激发学生内在的动力，有助于学生在轻松愉悦的氛围中掌握教学内容和了解知识发展的来龙去脉。

（四）趣味性原则

在数学课堂教学设计中，要选取学生感兴趣的内容作为情境创设的素材或者活动。课堂趣味性情境就是把与教学内容相关的趣味知识，即数学典故、数学史、数学家的故事、游戏、谜语等作为素材传授给学生。而情境创设的形式要新颖，能让学生对外在形式产生好奇感和兴趣的同时，深化为内在知识的掌握；重要的是情境创设的内容要有吸引力,做到学生喜欢看、乐意听、爱思考,语言要做到言简意赅,让学生善于理解其意。趣味性情境的创设能防止数学课堂教学中平铺直叙这一弊端的出现,能以引人入胜的学习情境把学生从注意力不集中马上转换到有意注意,从而激发学生学习数学的兴趣。

(五)层次性原则

根据学生的身心发展规律和认知水平,他们认识事物的过程是从单一到复杂,从特殊到一般,由易到难循序渐进式发展的。因此,教师在设计情境时应遵循层次性原则。不同的情境应该避免停留在同一个知识水平,应该形成具有递进的层次,否则整堂课会让人觉得平淡无奇,没有亮点。创设具有层次性的情境能激发学生认知冲突和引起学生研究的兴趣,同时,学生发散性思维能力得到了培养。只有这样,学生才有广阔的思路,才能有助于创新性思维的产生。

(六)生活化原则

数学来源于生活,而又服务于生活,是指把生活中具体的事物抽象化、形式化,用数学知识加以猜想和论证,再把得到的结论应用于生活之中。数学作为一门工具性的学科已经渗透到人们日常的工作、生活和学习等领域,据此我们在教学中设计的情境要尽可能将数学知识建立在生动直观的基础之上,能使学生在具有生活化的数学情境中探索和发现数学,了解数学的价值。创设生活化情境,不仅能够解决实际生产生活中的许多问题,更有助于学生在自己日常生活中,用数学的眼光去看世界,认识数学的本质。

(七)主体参与性原则

现代教育提倡以学生为主体、教师为主导、教材为主线。数学情境教学不仅要发挥学生的主体性,还要通过优化课堂情境激发学生的主体性,创设的情境要使学生产生学习数学的意识,积极参与数学活动、主动探究数学和运用数学。一个有效的教学情境,不仅有赖于教师的巧妙预设,更要依靠学生的主动参与,对情境所包含的数学主题予以展开,加以完善。学生的主动参与,使情境的内容变得丰富起来,情境的学习意义才会最大限度地被学生认可。缺乏学生的积极参与,即使再精美的设计也有可能变成一厢情愿的假想。创设情境就是为学生营造一种与教学内容相一致的教学环境,在创设的情境中激发学生积极的数学情感,发挥学生的主观能动性,让学生自己在数学活动中建构数学知识。因此,教学情境的创设应从学生的感知出发,让他们通过感性材料去认知和理解数学,激发学生的参与意识和学习热情。创设的情境要具有趣味性和创造性,以调动学生的积极性,使学生真正成为学习的主体、发展的主体,最大限度体现学生的主体参与性。

（八）贯穿实践性原则

弗莱登塔尔曾说："学一个活动最好的方法是做。"学生有效的数学学习，不能单纯地依赖模仿与记忆，只有通过自身的探索活动才能实现它的有效性。情境教学既注重"情感"，又提倡"学以致用"。在特定的情境中和热烈的情感驱动下对教学知识进行实际应用，同时还通过实际应用来强化学习成功所带来的快乐。在数学情境教学中贯穿实践性，创设既带有情感色彩，又富有实际价值的操作情境，把现在的学习和未来的应用联系起来，并注重学生的应用操作和能力的培养，拓展数学教学的空间，学生在产生顿悟的同时，求知欲也得到极大的满足，更乐意投入到新的学习情境之中。同时，使学生的数学意识得到增强，学生的思维能力、表达能力、动手能力、想象能力、提出问题和解决问题的能力，都得到较好的培养和训练。

学生的求知欲望是由有价值的问题引起的，有了问题，学生的思维就有了方向。因此，情境的创设必须隐含数学问题。情境创设和协作、会话、意义建构一起成为学习环境的四大要素，情境的设计不能与其他环节脱离，而应该是系统中有机的组成部分，构成其他教学环节的基础。因此，情境创设必须考虑到与其他三个环节的衔接，应该有利于其他要素的展开，有助于学生顺利完成对新知识的意义建构。

在数学情境教学活动中，必然存在角色选择的差异性问题。比如，有些人会成为情境中的"主角"，有些人会成为情境中的"配角"，而其他人只能是"观众"。对此，教师除了要注意尽量保证情境中"角色"分配的公平和机会均等外，还应努力实现在情境教学设计过程中每一位学生的积极参与。这样，不仅可以实现学生之间在知识与能力方面的相互启迪与促进，而且可以尽量避免部分同学因"角色"差异而导致的情感障碍和学业滞后。另外，在数学情境教学中，要注重数学与其他学科的联系与综合，这是数学教学一个重要的研究和实践趋势。

总而言之，切实掌握好以上原则，对开展数学情境教学会有很大帮助。在日常教学工作中，经常创设数学情境以调动学生的积极性，使学生成为学习活动的主体，形成主动发展的态势，在促进学生数学学习能力提高的同时，学生的数学成绩也会稳步提高。

五、数学教学各个环节的情境创设

（一）新课引入中的情境创设

"良好的开端是成功的一半"，这就突出了新课引入中情境创设的重要性。新课的开始，如果教师能够针对学生的心理发展规律，精心设计情境，用准确且简练的语言，适时而精妙地导入新课，可以迅速吸引学生的注意力，引起学生对

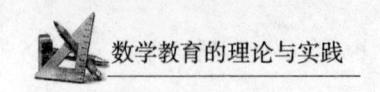

所学知识的求知欲。因此，在新课引入中应进行情境创设，从而唤起学生思考，明确自己的学习目的，强化师生感情。

（二）新课进行过程中的情境创设

对于一堂数学课，教学任务的完成主要是学生对新课讲解过程中知识点的掌握情况。在设定的情境中，由教师引导学生主体对数学知识的认知活动就是数学学习的过程。课堂上，在学生已有的知识水平和学生的情感态度的调配下，对新知识不断地进行获取，以至于知识结构更加完善、清晰，从而实现学习目标。因此，在教学过程中，教师要通过创设情境保持学生对学习内容的注意；通过创设情境来营建一个愉快而和谐的课堂氛围；通过创设情境让学生积极主动地参与到教学活动中去；通过创设情境启发学生的数学思维、交流思想、表达情感。

（三）课堂练习中的情境创设

课堂练习对于每节数学课都是至关重要的教学环节，它能让学生在巩固知识、形成技能的基础上培养他们的数学能力，既保证了教学任务的顺利完成，又减轻了学生过重的课业负担，提高了教学质量，对全面实施素质教育、进行新课程改革有着重要的意义。创设课堂练习的情境，能使学生将所学的知识转化为社会发展所需要的技巧、技能，提升解答问题的能力。

（四）课堂小结中的情境创设

在大力推广新课程理念的今天，情境教学是新课程理念所倡导的一种好的教学模式。而在如今的数学课堂中，教师们往往设计了丰富多彩的导入情境、充满探索的操作活动，对课堂小结的创设却不够重视，往往是学生抑或是教师草草地概括一下本节课的知识点。而课堂小结则可以高度概括本节课中知识的重难点，为下节课学习的知识做好铺垫，是前后知识联系的重要环节。它能对学生本节课学习的零碎的知识点进行数学建构后形成清晰的知识脉络，使自身的知识系统更加完善，因此，数学课堂小结的创设需要教师的高度重视，这样一堂课才会更精彩。

六、数学情境教学情境创设的策略

（一）创设问题情境，使学生的探索欲望和学习动力得以激发

思维是从问题开始的，"问题"是调动学生积极思维的"催化剂"。所谓问题情境，就是教师为引导学生学习某个课题而精心设置的悬念、冲突、矛盾、迷茫等心理刺激。数学课堂教学的问题情境，就是通过具体数学问题引起的悬念或探索活动，以激起学生的求知欲望，进而形成的一种教学情境。许多抽象的数学知识都是基于一定的情境而构建和发展的，问题情境是最常见和应用最广泛的一种情境，是启迪思维激发兴趣的重要途径。创设问题情境，实际上就是教师根据学生的认知

特点和心理特征，通过精心设计问题在讲授内容和学生求知心理间制造一种"不和谐"，将学生引入一种与问题相关的情境之中，激发学生的探索欲望和学习动力，促使学生积极参与教学活动，在活动过程中发现、产生新的问题，并依据问题情境所提供的各种线索在教师的引导下多角度、多方位地对情境内容进行分析、比较、综合，使学生在思考、探究问题的过程中不断地完成"同化"和"顺应"，巩固灵活的知识基础，建构新的认知结构，发展有效地解决问题的能力。创设问题情境作为学生再创造数学活动的依托，是一种返璞归真的策略。问题情境作为组织教学的启动器和动力源，将教学内容以问题的形式镶嵌在具体的情境中得以展开，无疑问题的质量决定了问题情境的教学效力。创设"问题情境"是一项十分重要的教学技能。教师要善于将所要解决的课题寓于学生实际掌握的知识基础之中，精心设计问题情境作为教学过程的出发点，造成学生心理上的悬念，以问题情境激发学生的学习积极性，让学生的学习要求变得迫切，进而达到优化教学的目的。

（二）创设发现情境，培养思维的探索性

数学教师的职责不仅是教给学生现成的知识，还应遵照"导入勿牵"的教学思想，让学生在学习时，积极参与发现新知识的过程，获得发现真理的能力，并且充分享受发现的乐趣。教师应根据教材内容，围绕教学目标创设发现情境。

数学概念来源于现实生活，因此，贴近生活实际的情境有助于学生发现数学概念的确切含义。例如，学习角的定义时，先让学生观察时钟的时针和分针构成的角，再看张开两个手指或圆规的两只脚所形成的角，接着指出我们所关注的角，只是角的两边张开的程度，因此角的两边可以是没有终点的直线，然后鼓励学生给角下定义。在这样的情境中学习数学概念，对培养学生用数学的眼光审视世界、用数学的方法解决现实问题大有裨益。

（三）创设游戏情境，使学生在数学中体会知识的乐趣

游戏教学法是采用游戏方法讲授和巩固学习知识，把知识寓于游戏之中的教学方法。它的优点是能够把单调乏味的说教过程变为艺术性的游戏教学，把抽象的概念变成直观演示，能使学生的学习由被动变为主动。瑞士心理学家皮亚杰断言：如果每一个正常儿童的个人首创精神都能在游戏中具体表现出来，那么他们也就具有了精确的数学思维能力。

所谓游戏情境，就是结合教学内容创设游戏活动或模拟游戏活动情境，让学生在以不同角色参与游戏活动时学习新知识、运用新知识，并从游戏活动中得到启发，提出一些与所教数学内容密切相关的数学问题。由于数学游戏情境是将抽象的数学知识以学生所喜闻乐见的游戏活动形式表现出来，集趣味性和知识性于一体，所以能够很好地提高参与者的热情与兴趣。通过数学游戏，可以为学生搭建一个供他们自主、独立地发现问题、实验、操作、表达与交流的平台，并获得

知识、技能、情感与态度的发展。把数学问题"蕴藏"在游戏之中，无疑是让学生乐学、爱学的最佳方式。

（四）创设猜想情境，使学生实现对数学学习的"再创造"

牛顿说过："没有大胆的猜测，就做不出伟大的发现。"实际上，数学及其他科学发展的渊源之一就是猜想。纵览中外数学发展史可以发现，几乎所有的数学上的创造和许多具有深远意义的数学知识无不是从猜想开始的，如哥德巴赫猜想、高斯猜想、黎曼猜想等。综观数学的创造过程，在证明一个数学定理之前，先得推测证明的思路。猜想是对研究对象或问题进行观察、实验、分析、比较、联想、类比、归纳等，依据已有的材料知识做出符合一定经验和事实的推测性想象的思维方法。数学猜想是在数学证明之前构造数学命题的思维过程，即在数学学习或解决问题时展开的尝试和探索，是关于解题的主导思想、方法以及答案的形式、范围、数值等的猜测。所谓数学教学中的猜想情境，就是为学生设计环境条件、创造机会，引导学生在熟悉的旧知识中尝试探索、猜测、发现新知识的情境。数学猜想直接引导与影响着数学学习者的探究活动，这种猜想能使数学学习者意识到自己努力的方向，同时提醒自己不要变成符号的奴隶，而通过感觉和想象的活动去领悟推理链条中所隐含的整体性、次序性以及和谐性，达到对数学推理链条的整体把握。数学的"再创造"对于学生来说，本质上是一种创造，而提高学生的猜想能力是培养创造性思维的一个有效途径。因此，在数学教学过程中教师应经常创设能够引导学生自觉进行感知、想象、归纳、类比等猜想活动的情境，让学生对问题的条件与结论、拓展的方向、解法的思路展开猜想，引导学生在充分理解题意的基础上敢于打破常规，标新立异，逐步培养学生自觉从事探究活动的意识。

数学猜想主要包括直觉猜想、类比猜想、归纳猜想以及实验猜想等，教师要善于创设适当的问题情境，注意启发诱导，激发猜想兴趣，进行大胆猜想，并注重实践检验，对猜想做出正确评价，鼓励学生主动发现数学的规律，从而提高学生发现问题和解决问题的能力，使他们经历知识形成和发展的过程。对于教学中遇到的诸如概念的产生，定理、公式的发现，规律的探索，问题解决的方法和途径的选择等问题，则要注意从中选择学生力所能及的部分创设情境，引导他们在实践中学会猜想。

（五）创设探索情境，激发学生的学习兴趣

为了提高学生数学学习水平，激发学生的数学学习兴趣，教师换一种教学方式让学生感到好奇是非常有必要的。因此，教师可以利用探索情境来激发学生学习数学的兴趣。探索情境可以帮助学生开拓思维，展开想象，把学生的想象力融入问题中，用自己的理解方式去探索、去研究问题。在课前，教师要有所准备，明确本节课的目的和重要内容，提前为学生布置任务，让学生有所准备。探索情境的创设，会使学生快乐地学习，使学生的数学学习更加轻松愉悦。

（六）创设动态情境，提升学生对数学知识的感性认识

美国心理学家布鲁纳认为："在学校教育教学中，所有教学计划在很大程度上将依赖于为达到教学目标而采用的教学媒体。"数学课堂教学中的动态情境，就是运用电影、录像、幻灯、图片等多媒体教学手段创设的特定情境，给学生以生动直观的感性认识，激发学生兴趣，促进学生思维水平的提高。创设愉悦情境引发学生思维的主动性；创设悬疑情境激发学生思维的积极性；创设争议情境启发学生思维的深刻性；创设激励情境促进学生思维的敏捷性；创设应用情境培养学生思维的创造性。

利用多媒体辅助教学，充分发挥多媒体三机一幕的优势，在课堂教学的过程中针对不同的教学内容，综合运用图、文、声、像、景并茂的特点创设情境，以便多层次、多角度地展现教学内容，化不可见为可见，化静态为动态，化抽象为直观，化复杂为简洁，充分展现知识形成的过程，使得课堂变得绚丽多彩，大大优化了教学氛围，使师生之间的信息交流系统变得丰富而生动。在这样一个和谐的教学情境中，不仅能激发学生的学习兴趣，最大限度地调动其学习积极性，从而进一步引导学生探索学习，而且有利于突破教材的重难点，达到提高课堂教学效率的目的。

数学教材中的难点，主要发生在由常量数学到变量数学的飞跃过渡，由静态图形到动态图形的过渡，由平面图形到空间图形的过渡。这些知识的过渡都需要学生多角度、多侧面、全方位地去观察、体验，才能真实地、深入地、全面地把握它、理解它、掌握它。传统的教学手段无法展现数学问题的运动和渐变过程，难以刻画数学问题的相对性和绝对性、不变性和可变性的辩证关系，而充分发挥多媒体技术强大的图形图像动画功能，却可以把抽象的概念具体化、静止的内容活动化，从而使教学变得形象直观。这样有利于学生学习情境的创设，有助于学生思维能力的发展和创新能力的培养，具有传统的教学无法比拟的优势。

第三节　数学情境教学的有效性

一、提高数学情境教学有效性的意义

第一，创设有效的数学情境教学是学生认知发展规律的需要。瑞士心理学家皮亚杰的研究表明，11岁以上的儿童可能达到形式运算水平，即达到认知发展阶段的形式运算阶段，但是根据美国的一项调查数据显示，只有13.2%的初中生达到了形式运算阶段。从生理年龄来看，中学生应该处于形式运算阶段，但是真正达到形式运算阶段的却少之又少，而且即使是同一个人在某一领域的思维可以达

到形式运算阶段的水平，但当其遇到新的陌生问题时，其思维也可能退回到具体运算阶段水平。因此，这就需要教师在日常的数学教学中创设有效的教学情境，引导学生从具体运算阶段过渡到形式运算阶段。

第二，创设有效的数学情境教学，可以缓解学生的数学焦虑。目前，不少中学生对数学都存在不同程度的焦虑感和畏惧心理，这将直接影响学生的数学学习自信心和学习效果，甚至危害学生的心理健康。相关研究表明，导致数学焦虑的影响因素主要包括两点，即数学学科本身的高度抽象性和学生的情感活动被传统应试教育模式所压抑。在传统的应试教育模式下，学生只是被动地接受与应付教师的教学，而学生自身丰富复杂的情感活动被长期压抑，最终导致学生在被动孤立的教学活动中丧失了对数学的学习激情和求知欲望。但是实际上，数学教学也可以是生动活泼与精彩纷呈的。数学教师可以通过创设有效的数学教学情境，唤醒学生的情感，激发学生的学习兴趣，从而最终缓解学生的数学焦虑。

第三，创设有效的数学情境教学，可以实现育人目标的有机整合。情境教学可以有效突破理性至上、知识本位的数学教育传统，揭开数学的冰冷面纱，拉近数学与学生的距离，强调数学教学中长期被忽略的情感因素。在数学情境教学中，可以通过"育人以情"让学生在情感领域的创造性探索中实现认知与情感、动脑与动手、逻辑思维与形象思维的和谐发展，最终实现德育、美育、智育有机结合的育人目标。

第四，创设有效的数学情境教学，可以开辟学生主动构建知识的新路径。创设有效的数学情境教学的着眼点是站在人的活动与环境和谐统一的哲学高度，对数学教学情境进行审视和创设，立足于学生的智力发展、心理发展以及情感发展需要，创设出与学生的情感、心理可以产生共鸣的学习环境与氛围，让学生可以全身心地沉浸其中，通过自身的操作、体验、摸索、感悟、发展实现自己的充分主动发展，积极构建知识。

二、数学情境教学有效性的原则

（一）数学化原则

无论多么绚丽多彩的情境最终都必须回归到数学上，"数学化"才是数学教育的本质要求。情境只有与数学知识结合在一起，才能变成有价值、有内涵的情境。因此，情境必须具有数学性，对数学知识的理解有帮助。

（二）科学化原则

数学是一门自然学科，在教学中要注意学生科学素养的形成。在创设情境时，教师应该准确掌握知识的框架与结构，符合课程的目标要求，而且设置的情境也必须符合学生的认知规律，不能一味地追求虚拟或者虚假的情境，影响学生对客观世界的认识。

（三）现实性原则

在学生的周围环境中存在着很多的教学实例，以这样的背景来作为情境，更加有利于吸引学生的关注力，加深学生的理解，义务教育课程标准要求数学教学要重点借助现实背景，在现实情境中理解数学知识。

（四）启发性原则

情境的主要作用就是启发学生去思考、提问并解决问题，从而实现对数学内容的正确理解。好的情境应该是可以引导、启发学生一步一步地得出结论，最终能深入理解数学知识的内涵。

（五）趣味性原则

中学阶段的学生对于有趣的内容往往比较容易集中注意力，在数学课堂上创设一种有趣的情境，更加能吸引学生的眼球，让学生感到新奇感和趣味性。兴趣对于学生来说是最好的老师，教师将数学问题融于一些学生感兴趣的具体情境之中，不仅可以激起学生的学习兴致，而且可以激发学生的求知欲，让学生去主动思考、主动探究。

三、提高数学情境教学有效性的策略

（一）仿真类情境

仿真类情境，顾名思义，"仿照真实类"。由于现实中教学条件的限制，我们达不到真实类情境的创设，因此仿真类情境的创设成为教师的选择之一。仿真类情境中提高不同类型情境有效性的策略，主要有以下几个方面：

1. 利用实际问题模拟创设情境

在教学中加入实际问题情境的创设，不仅让学生有熟悉的学习背景，还可以让学生理解"数学来源于生活"。情境中的实际问题选取也尤为重要，首先，要选取与学生日常生活密切相关的内容，而且要有一定的趣味性；其次，要紧扣教学内容，遵循教学目标，当心"去数学化"，创设实际生活情境时，不要过于渲染气氛，活跃的课堂氛围有利于学生知识的吸收，但过于活跃则容易偏离数学教学内容主题；最后，要注意最后"回题"，很多课堂中的问题情境创设有头没尾，学习完本节课新知后，一定要注意回到最初实际情境中去解决问题或者升华问题，让学生深刻认识到"数学应用于生活"。

2. 编制趣味故事创设情境

初中生的认知结构基本已经形成但还不完备，通过有趣的小故事作为一节课的引入不但可以满足学生对情境趣味性的要求，适当的故事情境更加可以将学生不知不觉地带入数学知识内容中。在设置趣味故事情境时，需要重视以下几个方面：第一，故事情境的编制要符合实际情况，过于虚拟的故事情境不利于学生对现实世界认知的发展；第二，趣味故事的编制要紧扣数学内容，不能为了达到趣味性原则而牵强附会，把一个与课堂内容无关的故事情境放到数学课堂上；第三，故事情境的编制应尽量简洁，及时将学生的注意力引导到数学知识上。有时教师为了吸引学生的目光而使用大量华丽、有趣的辞藻，造成故事的描述过于烦琐，反而适得其反，学生不能从烦琐的故事情节中迅速寻找到相关的数学知识信息。

3. 动思结合，动手操作实验创设情境

对于中学生来说，物理课和化学课上做实验是常见的事，如果在数学课上也能让学生的手动起来，亲自去模拟数学知识的产生过程，一定会引起学生的学习兴趣。通过数学实验的操作，让学生的手、眼和脑三者合一，将手中的外部动作转化为大脑中的思维语言，在实验操作的过程中产生数学疑问，带着疑问去学习，进而获得新知。创设数学实验情境需要重视以下几个方面的问题：第一，数学实验是一个"年轻"的课题，因此在选取数学实验课程时要谨慎，不能因为实验能够引起学生学习兴趣就盲目地进行数学实验授课，导致事倍功半；第二，数学实验的设计尤其重要，教师需要让学生提前准备好实验所需的材料，以免浪费课堂时间，在实验的设计、操作上要提高学生的参与度，教师主导实验的进行，将实验的进行方向控制在数学内容上，而实验的主体仍是学生，让学生自主的设计、解决并应用问题；第三，在实验操作中得到的数学结论，教师一定要将其化为数学语言再次突出强调，以免实验的新奇冲淡了数学的本质。

(二) 提供资源类情境

1. 趣谈数学文化史创设情境

著名数学家保罗·郎之万（Paul Langevin）说过："在数学教学中，加入历史是百利而无一弊的。"随着新课改的进行，数学教育的目标已经不仅仅局限于数学知识的掌握，更加注重的是在数学学习过程中数学思维和数学素养的培养。通过对数学史的解读，能让学生深入了解数学知识的来源以及产生背景，有利于学生数学思维的培养。但通过调查统计发现，学生对数学知识的历史并不是很感兴趣，创设一个学生不感兴趣的数学史情境并不能达到高效的教学效果。调查统计又指出，中学生对趣味故事十分喜好。因此，教师要将趣味故事与数学文化史结合起来，选取数学历史中有趣的历史小故事作为问题情境，把知识放在有趣的文化史平台上探索，既让学生了解到知识的来源与产生，又能聚集学生思想的注意，从而创设出高效的情境。

2. 借助多媒体技术创设情境

随着科学技术和教育的发展，当今社会越来越提倡多媒体技术在数学课堂中的应用。用优美的音乐、多彩的图片、有趣的动画去凝聚学生思维,聚集学生目光,提高学习兴致。同时,在课堂中使用多媒体技术创设情境时也要注意:第一,适当地使用优美的音乐、绚丽的图片、有趣的动画,的确可以吸引学生注意力,但过多地使用则会造成学生的思维脱离课堂,忽略数学知识的学习;第二,贯穿课堂,多媒体的使用不宜过多但也不能过少,多媒体的作用不仅仅是课堂开端的引入,在练习、应用等环节仍然可以使用多媒体技术创设练习情境,把所学的知识应用于实际情境之中,让学生感受到数学就在身边。

(三)实施"动态"化的情境教学,实现有效数学课堂

数学来源于生活,同时也应用于生活,教师可首先通过数学的生活化特点将数学课堂丰富化、形象化和多样化。"动态"的情境教学作为锻炼学生操作能力和学习能力相结合的环节,其作用十分重要。因此,教师可以利用课堂中的操作性环节增加师生互动、生生互动,进而完成课堂教学目标。

(四)促成竞赛活动的课堂,让学生通过合作、竞争的方式自动生成高效课堂内容

教师通过阶段学习来创设课堂竞赛活动,让学生利用竞赛活动的课堂激发学习的动力和自信心,从而完成提升学生学习能力的目标。教师还可以通过竞答、笔答和合作完成项目的方式组织课堂学习活动,通过让学生感受课堂中的竞争气氛,从而激发学生思维能力的发展,使用"动态"的情境教学模式创设更加活跃的课堂,在增加趣味性的基础上推动全面学习能力的发展。

(五)设计任务化的教学课堂,丰富"问题"学习情境的内容

课堂教学中可以以任务教学的形式实现"问题"的有效性,教师可以通过对任务的考核组织课堂"问题情境"的教学。在问题学习情境的创设中,教师要重视任务教学法在课堂中的有效应用,根据数学内容合理规划学习任务,根据学生的数学基础和学习能力确定任务的难度,以发展学生的思维能力、解决问题的能力和自主学习的能力为目标开展活动,从而实现问题学习课堂的科学发展。例如,在"设计轴对称"这一教学中,教师可以布置"通过对课本知识的预习,了解、寻找生活中的轴对称图形,在此基础上自己设计一些轴对称图形"的课堂任务,以提问的方式检验学生的课堂学习效果,从而实现高效课堂教学的目标。

第四节 数学情境教学的优化路径

一、优化课堂教学时间分配机制,为数学情境教学提供时间保证

在数学课堂教学中,教学时间是一种十分宝贵的资源,它决定着教学目标的

确定、内容的选择和结构的安排。教学过程中如果在时间分配上存在着教师支配一切的单向性，学生缺乏自我选择的机会，就会影响情景教学的正常开展，影响教学的效率和质量。

因此，面对大量数学练习题，在上习题课前让每个学生针对所要讲的题目写出问题最大的五道题，整理后可以看出全班的主要问题所在，上习题课时就可以有针对性地对主要问题细讲，对相对简单的问题少讲或不讲，实现用有限的时间解决最主要的问题。通过课前调查还可以节约习题课教学时间，缓解课堂时间紧张的情况，从而保证数学情境教学的有效开展，起到优化课堂教学时间分配，提高教学质量和效率的效果。

二、注意积累情境素材，丰富数学课堂情景教学

我们需要具有诱导性、启发性和探索性的数学情境，它既可以来源于生活，也可以来源于数学自身，还可以来源于其他学科。因此，平时要多用数学眼光看社会、看自然，要关注学生的生活世界，多留意公众媒体，如电影电视、报纸杂志、网络世界等，养成积累情境素材的习惯，这样才能创设出丰富的有浓郁生活气息和鲜明时代感的情境。

例如，在讲点、线、面之间的位置关系这一节时，可以借助于教室，并以教室这个长方体为主线，使学生在直观感知的基础上，认识点、线、面之间的位置关系。通过大量的观察和思辩论证，使学生逐步理解直线与平面平行、平面与平面平行、直线与平面垂直、平面与平面垂直关系的性质和判定方法。还可从观察教室的棱、对角线和面的各种位置关系，抽象出直线与平面的三种位置关系。这样既达到了学习目的要求，又降低了学生学习几何的难度。

三、创设情境要从学生的生活实际和已有的生活经验出发

创设的情境要从学生的生活实际出发，从学生已有的生活经验出发，迅速引起学生注意，促进学生积极探索和思考，才能起到优化课堂教学的目的。只有溢满生活气息的数学，解决现实问题的数学，才能让学生产生积极愉快的情感，感受到数学的价值，数学知识与现实生活的链接才能让数学学习更具有实际意义。

同时，数学既然是日常生活的提炼与反映，就必然会反映日常生活的真实面目。数学情境的创设，一定要尊重生活实际，符合客观规律，不要人为地编造与生活不符的书本数学。因此，教师创设的生活情境，不能只关注其中的数量关系，而忽略了现实情境存在的可能性，导致数学因情节失真而与生活断层、脱节甚至产生矛盾。这样既不利于学生数学应用意识的形成，又难以达到让学生正确认识生活、了解生活、学会生活的目的。

四、创设情境应根据教学内容和目标来设置

情境的创设，应根据教学内容与目标来设置，它只能服务于课堂教学，而不是流于形式，或是喧宾夺主。

情境创设只是手段，体验其中的数学才是目的，不应对情境本身做过多的具体描述和渲染，以免喧宾夺主，分散学生的注意力。每节课总有一定的教学任务，需要实现一定的教学目标，包括认知技能、数学思考、情感态度、价值观等方面。创设的情境就要紧紧围绕教学目标，而且要比较具体、明确，还要让教师及时从情境中提炼数学，切忌在情境中流连忘返。

例如，在教学过程中利用多媒体创设情境，可以为学生提供思考的空间，产生诸多复杂的心理体验，让知识更好地被学生接受并内化。但必须注意到多媒体技术只是必要的技术辅助手段，而不能代替教师的教学活动。只有摆正它在教学中的位置，才能有效地、最大限度地发挥其在数学教学中的作用。

根据学生的身心发展特点，在数学教学中创设一些具有趣味性的情境可以激发学生学习的内在需要，促进学生情感与态度的协调发展。然而，如果教师创设的情境过于迁就学生的趣味，过于强调感官刺激，偏离数学学习本质目标，这样的情境对于学生的数学学习并无实质性的作用。

五、创设的情境必须与学生已有的心理水平和知识结构相适应

现代教学理论认为：在学生的"最近发展区"提出问题，能促进学生最大限度地调动相关旧知识来积极探究，实现学生的"现有水平"向"未来的发展水平"迁移。因为过于容易的问题学生感觉乏味，不感兴趣，反之会使学生感到高不可攀，丧失探究信心。所以，在创设问题情境时，教师要充分尊重学生的认知基础，创设符合学生心理特征，富有挑战性、现实性的问题情境。

数学教学不应该以知识传授为唯一目的，要想提高教师创设数学问题情境的能力，应重视在求知过程中逐步加深问题的深度，探求解决问题的方法，逐渐培养学生自己解决问题的能力，但也不能放弃教师的讲解。提出问题后不要急于给出问题的答案，尤其是对那些发展性、探索性和创造性的数学问题，不要因重视提出问题，追求表面形式的热闹气氛，而影响了解决问题。不要硬拖着学生进入教师预设的教学轨道，重过程教学不能忽视知识结果的学习。要恰当处理当前的问题和难以解答的问题，要重视学生提出的奇异问题并给出回答。

六、认真对待"错误"的数学情境

在数学教学过程中，不论是老师还是学生，出现错误都是不可避免的。此时，教师针对错误进行系统分析非常重要。首先可以通过错误发现教学中的不足，从

而采取措施进行补救。同时,错误从一个特定的角度揭示了掌握知识的过程,是在学习中对所学知识进行不断尝试的结果,教师认真总结,分析其原因进行针对性讲解,引导学生讨论,使学生辨别是非,分清正误,利用反面知识巩固正面知识,使学生领略解决问题中的探索、调试过程,从而不断深化学生的思维,这对学生能力的培养会产生有益影响。

第十章　中小学数学多媒体教学模式

第一节　多媒体教学模式简述

一、多媒体教学模式的内涵和特点

（一）多媒体教学模式的内涵

多媒体教学是指在教学过程中，根据教学目标和教学对象的特点，通过教学设计，合理选择和运用现代教学媒体，并与传统教学手段有机组合，共同参与教学全过程，以多种媒体信息作用于学生，形成合理的教学过程结构，达到最优化的教学效果。

多媒体教学于20世纪80年代开始出现，但当时采用的是多种电子媒体，如幻灯、投影、录音、录像等综合运用于课堂教学。这种教学技术又称多媒体组合教学或电化教学。20世纪90年代起，随着计算机技术的迅速发展和普及，计算机多媒体教学已经逐步取代了以往的多种教学媒体的综合使用地位。因此，现在我们通常所说的多媒体教学特指运用多媒体计算机，并借助于预先制作的多媒体教学软件或课件来开展的教学活动过程，它可以称为计算机辅助教学（Computer Assisted Instruction，即CAI）。

多媒体计算机辅助教学是指利用多媒体计算机综合处理和控制符号、语言、文字、声音、图形、图像等多种媒体信息，把多媒体的各个要素按教学要求进行有机组合并通过屏幕或投影仪显示出来，同时按需要加上声音的配合，以及使用者与计算机之间的人机交互操作，来完成教学或训练过程。

多媒体教学软件是一种根据教学目标设计，表现特定的教学内容，反映一定教学策略的计算机教学程序，可以用来储存、传递和处理教学信息，能让学生进行交互操作，并对学生的学习做出评价的教学媒体。用于课堂教学的多媒体教学软件简称为多媒体课件，又称CAI课件。

（二）多媒体教学模式的特点

1. 信息承载量大，教学效率高

首先，多媒体教学设备以电脑、音像设备以及投影设备等现代设施为主，这些设施都有存储量大的基本特点。相较一般的教学方式来说，多媒体教学设备内

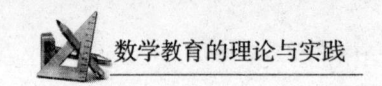

可存储的教育信息量大，课堂教学时间往往有限，但多媒体教学设备可在有限的时间内通过图片、文字或影片的演示提供各种相关资料与最新信息，传递给学生课堂相关的多种知识，可以满足学生的多样需求，从根本上提高教学效率。

2. 信息传递方式丰富，吸引学生注意

多媒体教学方式丰富，不仅可以通过幻灯片的平面呈现方式表现出来，还可以采用音响设备、收录音机等多种方式传递信息，能够用多种形式吸引学生注意力，减少其对教学课堂的疲劳感。

3. 信息呈现精彩，提高学生兴趣

多媒体教学的知识讲授方式丰富多彩，可以对学生的视觉、听觉等各种感官进行刺激，较以往学生听教师讲的传统教学方式是一种深刻的改变与革新。看、听、记相结合，极大地提高了学生的学习兴趣，也便于学生进行知识的识记工作，对取得良好的教学成果起着十分积极的作用。

4. 丰富课堂内容，拓展学生知识面

在信息承载、信息传递与呈现等其他方面之外，多媒体教学还可以通过教学短片的呈现及其他基础知识与实际应用的结合来丰富课堂内容。此外，教师还可以以链接附件的方式为学生提供课堂外拓展知识的参考和课堂作业的布置，达到拓展学生知识面、巩固学习效果的目的。

二、数学多媒体教学的基本模式

计算机辅助教学不仅仅是一种现代化的教学手段和教学方式，它更体现和代表了一种新的教育思想和教学理念。社会的发展使计算机深入到人们生活的各个领域，随着教育改革的不断深入、教学环境的不断完善、现代信息技术的更新换代，我们对多媒体教学的重大意义会有更深刻的认识，数学多媒体教学会有更美好的发展前景。多媒体课件应用于教学可以分为两大类型：一种是辅助式，另一种是主体式。目前，数学教学中普遍运用的是辅助式多媒体课件，即在传统课堂教学中，计算机在教学过程中的某一个或几个环节，如模拟演示、辅导、练习、复习、测试中发挥作用，主要是针对教学某一部分内容的需要而设计的，它是教师优化课堂教学过程选择的教学媒体之一。主体式多媒体课件主要是运用在"人机对话"的网络教学形式中，它可以代替教师的全部或大部分工作，学生主要通过网络课堂获得知识，而教师的任务是通过计算机网络了解学生的学习情况，及时对学生进行个别指导，获得学生的反馈信息，调整学习进度。主体式多媒体课件在设计上，要求比辅助式多媒体课件更加周密、细致、全面，教学中对计算机硬件的要求也更高。数学多媒体教学中，主要有以下几种基本教学模式：

（一）形象展示教学模式

众所周知，计算机可集动画、声音于一体，因此，教师在教学中借助计算机演示各种静态和动态的数学过程，通过声、形刺激学生的大脑皮层，增加学生对知识的感性认识，从而理解抽象的数学概念。如高中数学立体几何，传统教学往往是教师通过烦琐而抽象的语言来讲解，而学生又往往无法理解和掌握教学中的难点和宏观的概念，然而通过演示，学生对空间概念等几何面体知识的理解和掌握可以从抽象的文字记忆转化到形象的图文记忆中来。在这一过程中，计算机只是作为一种现代化的教学工具，学生和计算机之间并无交互过程，但计算机演示的动态数学现象，尤其是那些其他教学媒体很难或无法揭示的数学现象，就能丰富学生的感知，帮助学生理解抽象的数学概念。所以，数学教师如果能利用多媒体课件在课堂教学中形象、生动地演示数学现象，就能起到画龙点睛的效果。

（二）人机"会话"教学模式

教师是教育者，学生是学习者。现代教学提倡教师的主导作用与学生的主体作用这一关系，要求学生是一个主动的学习者。因此，学生通过和计算机的"对话"获得知识，是一种新型的教学模式。计算机既是教材，也是教师，在多媒体课件中体现了教师的教学指导思想，教师对教学目标的理解和对教材的认识，以及在此基础上采取的教学思路和教学方法的运用。同时，教师还要对学生通过计算机反馈的信息进行针对性的处理。数学是一门综合性非常强的学科，它要求学生除掌握课本知识外，还要了解相关的其他基础知识。因此，这种多媒体课件容量大、交互性强，课件的设计要求更周密、更能全面地体现教师的教学意图。这种多媒体课件比较适用于网络教学，当然，网络教学对教学硬件的要求较高，要求计算机处理信息的速度较快，具有较强而迅速的交互功能，如果计算机之间实现联网，就能够实现资源共享和信息交流。教师也能通过计算机及时了解学生的学习情况，获得反馈信息。

三、数学多媒体教学的目的

（一）调动学生情感，激发学习兴趣

对于数学的印象，大部分学生的反应是枯燥无味加上难学。引导学生对于数学的学习具有良好的兴趣和动机，在数学学习活动中获得快乐和享受，是数学教师在课堂教学中应当重点追求的目标。然而，兴趣和动机并不是天生就有的，而是通过外界事物的新颖性、独特性来满足学生的探究心理的需要而引起的。而在数学课堂教学中，多媒体是教学信息的载体，是传输信息的工具和手段。它的作用不仅是用来传递教学内容，而且会改变传统的教学方法和学习方法，调节课堂气氛，创设学习情境，激发学习兴趣。

（二）发挥学生的主体作用

学生是学习的主体，兴趣是最好的老师。多媒体技术通过文字、图形、图像、动画、音频和交互式网络等方式，使教学过程图文并茂、生动活泼，集中学生的注意力，培养学生的探索钻研精神，使学生从被动的学习接受者，成为主动的知识猎取者。能够有效地激发学生的学习兴趣，使学生产生强烈的学习欲望，充分发挥学生的主体认知作用，变被动学习为主动学习。

（三）提高学生想象力

通过多媒体技术，可以把数学中难以用黑板表现出来的图形或者一些动态概念，用图形、图像、动画、文字和声音等方式向学生提供丰富的感性材料，通过直观的视觉来帮助学生理解，大大降低难度，使学生深入认识事物的本质，从而使教学难点顺利解决。这样学生多种感官同时参与学习，教学信息丰富，学生获得的记忆表象数量及质量均大幅提高，日积月累，想象力自然会得到长足发展。

（四）培养学生的数学思维能力

数学教学的核心和精髓是培养学生的数学思维能力，使学生成为学习的主人。在信息技术不断发展的今天，利用多媒体技术的优势，可以培养学生的逻辑思维能力、发散思维能力、创新思维能力以及空间想象能力。

第二节 数学多媒体教学中存在的问题及原因

一、数学多媒体教学中存在的问题

首先，多媒体教学在课堂中的应用形式比较单一，资源的利用率不高。对于多媒体教学在数学教学中的应用，很多教师单纯理解为PPT课件的制作，其实现在很多学校都配有计算机教室、校园网，数学教师应该思考如何充分应用这些多媒体资源。

其次，多媒体应用存在形式化现象。有些教师在运用多媒体上面过于注重形式上的变化，而对于将学科特点与多媒体有机融合这个关键点却往往过于忽视。多媒体是为了辅助教师更好地将教学内容展现给学生，并帮助教师较好的完成教学目标。因此，教师在开展多媒体教学时，必须以此为出发点。

再次，教师的多媒体应用能力不强。主要包括两方面的问题：第一，有些教师在运用多媒体的时候，由于自身对于多媒体的运用并不十分熟悉，导致上课的时候会因为一些技术上的问题影响到课堂的教学秩序，而对于一些突发情况又不能较好地及时解决，最后使得课堂组织松散，进而影响教学进度；第二，多媒体教学资源的制作并非是简单的大量知识点堆积，在设计和选择上要有所思考，不然教师的时间白白浪费，效果也不甚理想。

最后，教师存在不合理、不科学地运用多媒体教学。有些教师在进行教学时过分依赖多媒体技术，将课堂的时间分配完全由多媒体来支配，将传统教学的所有环节都减去，无形中加快了教学的速度，带来的直接结果就是一堂课的知识点被扩充了，而学生对于知识点的接受和消化能力受到极大的挑战，如果这个度拿捏不当，教师很容易将课堂由被动语言讲授变为被动画面讲授。

二、数学多媒体教学问题的原因

第一，教师作为多媒体教学的直接实施者，自身存在一定的原因。首先，教师在多媒体教学理念上存在一定的偏差，多媒体与学科融合的内涵是运用更优化的手段将知识点传授给学生，所以教师并非一定要用多媒体去取代所有传统的教学手段，根据知识点的特点合理安排教学手段，最终实现教学效果的最优化，这已经成为教师进行教学准备时必不可少的环节之一；其次，教师对于多媒体教学资源的整理能力不够。网络丰富了多媒体教学的资源库，但是一个高质量的多媒体教学资源还必须经过教师的分析、加工和整理，然后根据自身的课堂及学生情况进行设计和整合。

第二，多媒体教学资源作为学生接受知识的直接工具，也是造成现状的原因之一。首先，学校对于多媒体教学的硬件投入比较重视，配备多媒体设备，建立计算机教室，甚至数字化校园等，但是在软件的投入上却不甚理想。教师使用的教学资源（软件方面）基本停留在PPT放映等基础使用上，网络化、数字化、智能化等较为先进的软件教学资源还没有得到应用。其次，教师对于多媒体资源的作用定位不准确，教师往往觉得多媒体就是简单取代传统教学手段，将教学内容由语言和板书表达转换为多媒体展示，这样的思维使得多媒体教学没有发挥出真正的作用，教学效果的提升也十分有限。

第三节　多媒体之于数学教学的利好

一、多媒体技术能够增加课堂教学内容

数学学科研究方法以推导、分析、归纳、演绎为主，教师运用多媒体技术辅助教学，把现象、实物轮廓、图像、融为一体，还可配上必要的声音来刺激学生的听觉，以此来带动学生积极、主动地参与到课堂教学中，从而较好地激发起学生思考和探究的兴趣，使学生由"要我学"向"我要学"转变。数学是集抽象性与逻辑思维性于一体的学科，而且每节课的教学内容太多，都需要教师消耗大量的教学时间进行书写，大大降低了教学效率。传统的讲述法、谈话法的教学方法远远不能适应新课改下数学课堂教学的要求，因此多媒体教学的使用便应运而生。在数学教学中，教师能增加某些知识点的可见度、可闻性、可操作性，增大容量，

增大信息量，提高讲述传输速度，改变单纯的让学生听、做、演、练的方式为视、听、思考、操作相结合的学习方式，实现探究教学方式，该教学可以节省教师板书的时间，以便给教师提供更多的时间教授重难点。另外，由于数学课程内容比较抽象，教师很难用口头语言表述清楚，进而导致学生很难掌握相应的知识点。为了提升数学教学效率，数学教师一定要合理地使用多媒体技术，使教师不能用口头语言表述清楚的内容用声音和图片展示给学生，以便让学生更好地理解数学知识。比如，教师在教《平移、旋转》时，在屏幕上使用图形变换就比在黑板上画的更直观易懂，更形象得多，这样还更切实际，收效好。多媒体教学可以使教师节省大量的教书时间，可以使学生在单位时间内获取最大限度的信息量，争取更多的思考时间，而教师可以利用图形的颜色和图像的闪烁给学生以暗示，还可以通过平移和旋转使学生了解知识形成的全过程，使学生在发现中掌握知识。

二、多媒体能图文声像并茂，促进学生思维的发展

思维是人脑对客观现实的概括和间接反映，思维活动是在感知的基础上产生和发展的，感性认识是思维活动的源泉和依据。因此，教学时应让学生通过感知来获取大量具体而生动的材料。在多媒体教学中，使用文字、数学、语言解说等配合传统教学的分析、推理，可促进学生抽象思维能力的发展；同时运用音乐、图形、图像、动画等，可促进学生形象思维能力的发展。利用多媒体计算机快速绘图、动画、视频、发声等功能，可以快速模拟某些发现的过程，使传统教学难以实现的"发现法"教学可以经常实施。

三、多媒体以境育情，培养学生的创新意识

运用多媒体不仅要使学生掌握一定的数学基础知识和计算技能，而且可以培养学生的创新意识。以往培养学生的创新意识，往往需要大量的时间在教学中进行各种实物展示或者物体移动等演示活动，引导学生从大量的感性材料中逐步抽象概括，获得新知。然而，一些实验教具较小或者不宜随堂展示，或者有的展示过程费时费力，教学效果欠佳，使用多媒体可以很好地解决这个问题。例如，教学《内错角相等》时，把原先用手工展示的两个内错角旋转、移动、叠加的过程用多媒体展示出来，学生可以清晰地看到两个内错角中的一个旋转、移动、叠加到另一个上面，完美重叠的动画过程给学生留下很深的印象。这样多媒体技术的动态模拟演示，可以化静为动，声色兼备，变抽象为具体，有效地帮助学生认识事物本质，更好地建立深刻的思维过程，有助于学生理解不易明白、不易掌握的知识要点，培养学生的创新意识。这样，学生在课堂学习中就会热情高涨，各抒己见，课堂气氛特别活跃，数学教师再及时点拨，学生就会很容易地掌握知识点。因此，利用多媒体创设情景，唤起学生的主体意识，发挥学生的主动精神，发展

完善学生个性，使创新意识得到培养、创新潜能得到激发、创新能力得到发展。

四、利用多媒体创设教学情境，激发学生学习数学的兴趣

数学教学内容多，时间少，方法灵活，单靠记忆不可能真正掌握解题方法，因此必须加强学生对基本概念和解题方法的理解，这时多媒体技术的应用就能够发挥巨大的作用。利用多媒体技术能够创设更加直观、形象的情境，学生也能在情境中通过体验加深对知识内容的理解。多媒体情境教学的利用，还能够建立起学生与数学问题之间的"有形"桥梁，让学生在能够感知的情境中去看待问题，能够激发学生依靠自己去解决问题，从而依托情境构建自己学习数学的知识体系。例如，在学习"等比数列的前n项和公式"这一章节时，就可以借助多媒体展示谢军在国际象棋比赛的场景，然后引用古印度国王奖励国际象棋发明者的故事来引出等比数列求和的公式。发明者要求在第一个格子放1颗麦粒，第二个格子放2颗麦粒，第三个格子放4颗麦粒，以此类推直到第64个格子，到底国王能不能满足发明者的要求或者满足发明者的要求究竟需要多少麦粒，通过等比数列求和就可以知道答案。这样就能够吸引学生学习等比数列求和的兴趣，这对于提高课堂学习的积极性十分有益。

五、利用多媒体将数学教学中的抽象概念形象化展示出来

数学课堂教学中，抽象的概念、问题相当多，而利用多媒体能够将抽象的知识变得更加形象和具体，对于学生更好地理解、掌握和应用也是一种有效的方式。例如，在讲解"空间几何体位置关系"章节时，就可以利用多媒体课件进行相应的演示，先展示实例中的空间点、直线、平面，例如教室中的某一点、墙与地面之间的一条线、黑板面，之后引入新课，然后再介绍点、线、面的特性及画法，以立体几何的形状将空间实物中的点、线、面抽象出来，就会让学生在认识空间几何位置关系时能够联想到实物。在这样的展示下，学生对于空间几何体的位置关系也会有更加形象的认识和把握，对于理解这一概念和解题也非常有帮助。

六、促进数学教师与学生之间的交流

数学教学任务量大、难点多，教师在课堂上必须要精讲和多讲，在压力之下，很多数学教师都忽视了与学生之间的交流，对于教学信息的反馈也不重视，这样的课堂教学效率必然十分低下。有的教师也会认识到与学生交流这一点，但是在形式上也只是让学生到黑板上进行板书，这样做会耽误很多的时间。由于黑板有限，无法展示更多的内容，因此许多数学老师不愿意以此种方式进行师生之间的互动。而利用多媒体就能够直接将学生的作业、练习等进行展示分析，将同学的不同解题方法进行比较，也有利于通过纠正一名学生的错误来提醒大家注意，还能够发

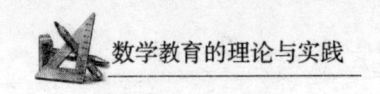

现学生的创新之处，并鼓励学生更加积极地学习。

通过多媒体方式实现教师与学生之间的互动，能够在最有效的时间内完成课业的检查分析，能够减轻教师的教学负担和学生的作业负担，还能够更好地提高学习效率和效果。对于学生学习数学过程中出现的问题以及作业中反映出来的问题，都能够进行及时的处理和纠正，这样也能够让学生感受到自己被重视，通过教师对自身问题的提出和帮助，学生也会更加认真地对待自己的课业学习。

第四节 数学多媒体教学模式的策略

一、数学多媒体教学的原则

（一）科学性原则

科学性是多媒体课件设计的核心原则，在设计时，应根据教材内容，科学地设计制作多媒体课件，避免在图像、动画等运用过程中出现科学性偏差或错误。同时，制作多媒体课件必须符合学生的认识规律，有利于学生认知心理的发展，保持积极探索信息知识的良好精神状态，这样多媒体课件就为认知能力的培养架设了桥梁。

（二）直观性原则

学生既是学习的主体，也是各种信息加工的主体。用计算机的动态画面展示事物发展或推理的全过程，利用它的图画特性将抽象的、理论的东西形象化，将空间的、难以想象的内容具体化。教师利用多媒体课件设计仿真直观情境，就能把教材中抽象的理论和原理用直观的视频表现出来，为学生营造学习知识的实际情境，有利于激发学生联想，唤起学生兴趣，使学生产生心灵呼应，从而自觉参与学习，学习效果会更理想。

（三）针对性原则

数学课堂教学中，我们常会遇到一些比较抽象的问题，难以用传统的媒体加以解决。运用多媒体模拟实验的功能，能把高度抽象的概念、知识形成的过程直观地显示出来，有助于学生对新概念的理解，并促进学生思维的发展。

（四）艺术性原则

教师在制作多媒体课件时，需要对大量的信息进行妥善处理，这不仅需要教师具备全面的科学知识和技术，更需要有一定的艺术修养。例如，课件的背景颜色和布局，文字的字体、字号、字形及颜色，图像、动画的艺术质量和制作质量，单击后揭示文字是否同整个课件的风格相一致等。

二、数学多媒体教学应处理好以下几个方面的关系

（一）网络资源与校本资源的关系

网络技术的发展摆脱了课堂教学资源的限制，使教师可以很方便地获取和选用教学资源。网络资源在给教学带来便利的同时，也出现了一些值得注意的倾向。第一，一些教师对网络资源过分依赖，耗费大量的时间和精力搜集网络教学资源，不重视也没有时间深入钻研教材，细致地分析学生，精心研究教法。其结果，教师在广征博引的基础上制作了"高质量"的课件，但是却不符合学生的实际情况；第二，一些教师对网络资源秉承"拿来主义"的态度，有了便利的网络资源就不愿意写教案，不愿意深入钻研教材，不愿意探索教育规律，上课之前只是看一看下载的课件，考虑一下课堂上怎样展示这些课件。

利用网络资源对教材、对现有的教学资源进行二次开发非常有必要，但也不能脱离教材、脱离教学目标、脱离学生的实际情况。教师应首先钻研课程标准，带着标准去钻研教材，去分析学生，然后再去选取网络资源。对内容的选取要从实现教学目标、完成教学任务的需要出发，既不能被教材所束缚，又要以教材为蓝本。对选取的内容要"去粗取精"，寻求与教学目标、教材、学生的最佳结合点，充分增加制作课件的含金量。要注意信息量的限制，不仅要"取之有道"，还要"用之有度"，只有适量的教学信息，才会取得最佳的教学效果，过于丰富或者过于贫乏的教学信息，都不利于教学的顺利开展。

（二）多媒体技术与传统教学手段的关系

多媒体技术能够极大提高学生学习的积极性和主动性，能够创造适宜的学习环境，能够更好地提高教学效率，与传统教学手段相比具有无可比拟的优越性。但是这并不意味着有了多媒体技术就可以完全取代传统的教学手段，多媒体技术运用得不好也会产生负面影响，传统教学手段也有多媒体技术所不具备的可取之处。教学中只有把多媒体技术和传统教学手段相互结合，取长补短，才能取得最佳的教学效果。

一般来讲，选用多媒体技术应考虑以下几条原则：一是必要性原则。要因教材内容而异，对一些用语言不易表达清楚的理论，借助常规教学手段难以取得理想效果的内容。通过多媒体手段可以让学生对传递的信息一目了然，一些传统教学手段不便展示的表格、插图等可以借助多媒体技术展示出来。二是效率原则。就是花费最少的时间，取得最理想的教学效果。要有利于节省教学时间，有利于调动学生的积极性、主动性，有利于学生对教学内容的理解和掌握，有利于开发学生思维能力，有利于培养学生自主学习能力。三是效益原则。就是要考虑到节约成本。成本既包括经济因素，也包括为此花费的精力、时间。采用先进的教学

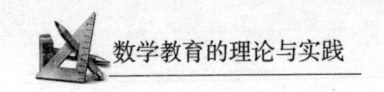

手段要能减轻师生的负担，不能反而增加师生的负担。

（三）多媒体技术与传统教学方式的关系

多媒体技术的应用给传统的教学方式带来了冲击，如何处理多媒体技术与传统教学方式之间的关系，如何实现多媒体技术与传统教学方式的整合是广大教师面临的一个重要问题。

多媒体技术与原有教学方式的结合，在实践中有以下几种类型：一是"翻版"，把板书电子化，这是多媒体技术与教学方式的简单结合。一些教师简单地把教案搬到计算机上，甚至从不采用各种信息资源来丰富自己的课件，从形式到内容都没有大的变化。二是添加，把多媒体技术简单地混合于数学课堂教学。虽然采用了先进的教学手段，但并没有利用现代化技术突破陈旧的传递式的教学设计，仍然沿袭原来的授课模式，"人灌"变成了"机灌"。三是整合，实现教学手段和教学方式有机结合。充分发挥多媒体技术的辅助作用，克服传统教学手段的局限性，并和教师个人的特色结合起来，实现教学手段和教学方式的同时提升。

（四）多媒体技术与培养学生思维能力的关系

多媒体的特点是能够使静态变为动态、抽象变为形象，运用得好有助于学生思维能力的培养，运用不当也会扼杀学生的想象力和创造力，不利于抽象思维能力的培养。所以，教学中运用多媒体技术要坚持抽象性与具体性相结合的原则。

教学中运用多媒体技术，首先要从学生的思维特点和认知结构出发。数学是抽象性、逻辑性都非常强的一门学科，小学生的思维以具体形象思维为主，抽象逻辑思维比较弱，要使多媒体技术在数学知识的抽象性和学生思维的形象性之间，在学生已有的知识结构和新知识之间架起一座桥梁，帮助学生掌握新知识，推动学生思维能力的发展。其次，要根据教材内容而定。数学教材中的一些内容，如概念、公式等，具有高度的抽象性和概括性，教师应充分利用多媒体处理信息迅速、图像直观的特点，把高度抽象的内容形象化、具体化。再次，要注意和教师的启发诱导相结合。多媒体将数学概念直观化、形象化、简单化，减少了给学生思考想象的空间，渐渐地就会产生依赖心理而不去想象，教师通过及时的启发诱导，及时拓展学生的思维，让多媒体展示的形象真正成为学生思维的中介。最后，要把握好"度"。过多使用多媒体，把一切抽象问题形象化，学生抽象概括的能力就有可能下降。

（五）多媒体、教师、学生之间的关系

多媒体是一种有效的教学手段，但多媒体并不能完全代替教师的作用。在运用多媒体技术的过程中，如何更好地发挥教师的主导作用和学生的主体作用，是一个值得探讨的问题。

实践中常常见到两种现象：一是多媒体辅"教"不辅"学"。教师只重视它的工具性功能，重课件的制作水平，忽视学生的主体作用，课堂成为"教师+电脑"，其结果是强化了教师的主动性和学生的被动性，其实质是传统的以教师为中心。二是多媒体主宰课堂。整个教学过程由计算机包揽，教学按既定的程序进行，甚至用课件代替教师的讲解与示范，多媒体"霸占"了整个课堂，教师变成了操作员，其结果是电教变成"电灌"，其实质是灌输式教学。

多媒体技术不管有多么先进，不管有多少优势，它始终是教学的辅助手段。教学过程还是以学生为主体、教师为主导的活动，师生双边的活动是连接各种教学因素最活跃的因素，多媒体技术始终处在辅助性的地位。采用多媒体技术是为了更好地调动学生的积极性、主动性，是服从服务于教学，而且多媒体技术与数学教学的整合促进了学生自主性和个性化学习的发展，更加突出了学生的主体地位。教师是学生学习的组织者、合作者、推进者和课程资源的开发者，使用多媒体技术不仅没有削弱教师的主导作用，相反是提高了对教师的要求。所以，教师在设计和使用课件时，必须确立和体现"以学生为中心"的思想，在教学过程中要充分发挥主导作用，使多媒体在教师的驾驭下有的放矢地发挥作用，充分发挥学生的主体性作用，引导学生合理地利用多媒体技术获得最大的学习效益。要充分利用多媒体技术交互性强的优势，积极组织师生、学生之间的交流与互动，使多媒体成为联系教师与学生的一个桥梁，而不能成为妨碍教学双方进行交流的"第三者"。教师必须提高自身素质，妥善处理多媒体、教师、学生之间的关系。

三、数学多媒体教学需注意的问题

多媒体教学不仅是一种教学手段和教学方式，更是一种独特的教学过程和教学模式。如何发挥多媒体教学的优势，使其与学科教学内容紧密地结合起来，成为多媒体教学的关键。在数学多媒体教学模式中，我们应注意以下几个问题：

（一）树立正确的教学指导思想

要在现代教育思想和教学观的指导下开展数学多媒体教学，明确开展数学多媒体教学不仅仅是使学生获得知识和技能，其目的主要是激发学生学习的兴趣，扩大学生数学知识面，使学生成为学习的主动参与者，培养学生数学应用知识的分析和解决问题的能力，在学生原有的数学知识基础上构建新的认知结构，因此，在多媒体课件设计及教学过程中要力图体现这一教学指导思想。

（二）选择适合数学多媒体的教学内容，科学、周密地设计课件

由于一个多媒体课件要花费大量的智力劳动，因此首先要选择适于多媒体的教学内容，在计算机硬件可能的情况下，要力图更好地体现多媒体动画模拟、交互性、个别化等教学特点，充分发挥多媒体的教学优势。如教学内容尽量形象直观，

切忌书本搬家；图形、动画要美观、清晰，声音要悦耳动听，色彩要符合美学要求；合理、适当设问，启而不发，引导学生积极思维；设计同一教学目的下的不同分支程序等。使多媒体课件在促进学生个性发展、发展学生智力、提高学生能力方面发挥最大功效。

（三）要制作多种类型、多种功能的智能型教学课件

在多媒体课件制作中，可开发用于教师课堂演示的，显示大规模、长时间、瞬时数学过程和现象的二维、三维动画等模拟课件；对于教学条件较好的学校，可开发数学多媒体教学课件，充分发挥计算机声像和存储量大的优势，增加学生的感性认识和课堂信息容量，改变课堂信息环境，使课堂教学更加生动和真实，教学效率得以提高。可设计交互性较强的数学"会话"课件，以解决教学中的重点、难点，培养学生的思维能力，增强学习的主动性，实现个别化教学；对目前市场上用于学生辅导、复习、练习、测试的数学软件，要更新内容，舍去死记硬背的公式及陈旧的题型，注重学生基本技能和能力的培养和测试，精心设计，丰富图形、动画、色彩、声音内容，使其有更优良的界面；开发用于教师使用的图形开发工具、表格与文字处理工具、图形库、资料库、题库等，以便教师根据本校实际自己设计课件。

四、数学多媒体教学的策略

（一）准确定位，权衡数学教学内容

在数学教学中，教师要将传统的以教师为主体的教学模式，转变为以学生为主体，站在学生的角度开展教学，并根据新课标要求，对多媒体教学进行准确定位，使学生能够在新的教学模式中充分发挥主体地位，构建自主学习模式。在此过程中，教师需要给学生充足的学习空间，充分与学生进行互动，丰富教学形式。

（二）教学设计，树立教学理念

即使多媒体教学优势众多，也需要教师有科学合理的教学内容设计，根据新课标教学要求，使多媒体教学能够充分发挥其教学价值和优势，增强教学效果。因此，教师要对教学进行设计，树立教学理念，体现教学内容，利用多媒体教学，优化教学内容，将数学教学融入多媒体教学中，利用影像、声音、颜色等优势，通过绘声绘色的教学形式带动教学气氛，构建一种形象生动的数学教学模式。

（三）使教学变得更加多样化

学生能够将知识点进行举一反三，这是教学效果的最佳体现。将教学模式与多媒体教学进行融合，进而增强教学效果，提高教学效率。在教学时，教师可以融入教学讨论、学生交流互动等环节，打破传统教学模式单一化的弊端，让教学

变得更加多样化，建立一套完整的教学模式。例如，在教学时增设讨论环节，在课堂教学中给予学生充分的讨论空间，通过学生间的探讨，使问题得到解决，进而增加知识视角，对问题进行深度研究，让学生能够形成自己的观点和见解。

（四）提升课堂气氛

教师要注意观察学生的思维反应，与学生进行互动，掌握学生学习状态，如果发现学生学习效果不佳，就要及时进行教学调整，多与学生进行教学沟通，采纳学生的合理教学建议，进而增强课堂气氛。此外，教师还可以在教学结束后，根据学生的课堂反映和教学情况进行教学反思，及时发现教学存在的问题和不足，进而合理优化，确保多媒体教学的顺利开展。

（五）创设教学情境

在数学教学中，要采取多元化的教学方式，既要调动学生学习的积极性与主动性，又促进学生综合能力的发展。为了使课堂气氛更加活跃与和谐，数学教师应当创设一定的教学情境。首先，在多媒体教学中充分体现学生的主体地位，提高学生的学习兴趣与热情；其次，采取小组合作式的教学模式，让每个小组进行讨论，基础较好的学生帮助基础较弱的学生，鼓励和推动他们共同进步；最后，教师结合多媒体，将教学内容提前分配给学生，让学生进行自主学习和探究。

（六）合理制作多媒体课件

1. 课件要坚持实用性

教师在应用多媒体开展教学的过程中，应该充实课件的内容，不能盲目地追求外在的形式。在制作多媒体课件的时候，切忌将课件看作是板书的替代品，要依据课程的具体内容和性质，同时结合学生的实际情况，制作出具有实用性的课件。在开展教学的时候，不可以过多依赖多媒体，而是应该与传统的板书相结合，以便使得多媒体可以充分发挥教学的辅助作用，促进课堂教学效率的真正提升。

在教学过程中，过分依赖多媒体开展教学，会显得老师在教学中方法过于单调，也会让学生滋生厌倦情绪，不利于数学教学工作的顺利开展，给学生的数学学习造成一定的负面影响。在数学教学的过程中，老师应该将传统的教学方法和多媒体教学结合起来进行使用。老师在上课的过程中，不能将多媒体当作是唯一的教学工具，而应该倡导教学方法的多样性，增强课堂教学中的互动，培养学生自主学习的意识，给学生更多的思考时间，对学生的思维能力进行培养和锻炼。小学数学的教学中，可以采取多媒体吸引学生的注意力，突出课堂教学的重点和难点知识，为学生提供形象生动的图片说明，进而充分调动学生的注意力，激发学生学习数学的兴趣。

2. 课件的设计要合理

多媒体丰富的表现形式，创造了更加活跃的课堂教学氛围，传统的教学显然无法做到这一点。教师在使用中要注意多媒体运用的时机和方式，让学生的学习更加合理。例如，在学习《三角形》这一课时，本节课是以图形为基础的课程，教师依靠讲解和板书，不容易直观地把要讲解的东西传授出来，而借助课件，教师可以把三角形的图片放在课件中，让学生去辨识，在图上可以很清晰地把三角形的各个特征性质表示出来。对于不同类型的三角形，可以把它们放在一起去比较，这对学生的认识和学习有很大的促进作用。搭配一些三角形在生活中的运用小视频，既能提高学生学习的兴趣，也能使学生对知识有更深入的了解。

第十一章 中小学数学生活化教学

第一节 生活化教学概述

一、数学生活化教学的内涵

（一）生活化教学的内涵

对于生活的理解，可谓是仁者见仁，智者见智。即便是生活在同一个地方、同一个家庭中，每个人对生活也都有自己独特的理解。《辞海》中对于"生活"是这样定义的：第一，表示生存、活着的意思；第二，表示生物为了生存发展而进行的各种活动，如政治生活，就是政治活动；第三，表示生涯的意义；第四，指生活现状和生计，如我国人民的生活水平不断提高。

对于"生活化教学"，人们普遍的理解就是要实现课堂教学与实际生活的和谐统一。但是，"生活化教学"不应仅仅是课堂教学的一种手段和策略，虽然在课堂教学中引入生活元素最终还是为教学目的服务的，但是"生活化教学"其实可以上升为一种系统完善的教学理论，从而更好地指导教学实践。

传统应试教育下培养出来的是"高分低能"的书呆子，课本上的知识背得滚瓜烂熟但是遇到生活实际问题却不知所措，学生根本不能把课本上的知识学以致用，这不能不说是传统教育的悲哀。我们提出进行"生活化教学"的根本目的就是要克服传统教育的弊端，让学生能够运用课堂上学到的理论知识来解决现实生活中遇到的实际问题。所以，提倡"生活化教学"的模式或许会成为拯救传统教育的一剂良药，其对基础教育的发展意义重大。

由此可见，生活化教学就是关注学生的生活经验和学习背景，从生活中挖掘数学知识让学生在熟悉的生活情境中学习知识，并能够运用所学知识为生活服务的一种教学方式。

（二）数学生活化教学的内涵

生活世界背景和教学世界是两个同构的同心圆，生活世界是大圆，教学世界是小圆，小圆是大圆的缩影。数学的生活化，就是要让数学教学贴近学生的生活，多从学生的角度看他们真正喜欢什么，而不是把数学知识硬塞给学生，把学生从教科书中枯燥乏味的数学理论知识中解放出来，让学生更快乐地学习，更热爱生活。提倡数学生活化，并不是要忽视数学教学的科学性，也不是要把数学教学完全等同于生活，更不是使数学教学回归到那种原始的未经课堂加工的日常生活中，而是要改革当今数学课堂"满堂灌""填鸭式"的教学现状，让数学课堂多点生活的味道，让数学教师多多关注学生的生活体验和内心的真实想法，使生活的意义和价值能够引导教学前行的方向。笔者认为，数学教学生活化就是在数学教学过程中，教师重视学生已有的生活经验，把数学教学与现实生活联系起来，学生能够运用课堂上学到的数学知识解决日常生活中的数学问题，回归生活实践。

二、数学生活化教学的重要性

（一）培养学生创新精神和创造能力

在科学技术高速发展的今天，知识不断更新，在任何一个岗位上，人们都不能缺乏创新精神和创造能力。虽然每个人都有创新的潜能，但是要把潜能转换成创新能力，必须要有一个合适的环境。在现在的中小学数学教学中，教师往往过于注重知识的传授，忽视了对学生兴趣的培养，学生缺乏创新能力。大多数的知识学习都是在黑板上完成，学生的个体学习被严重忽略，对学生的学习来说缺少创造性的思维，久而久之，学生的创造能力和创新精神受到制约，进而逐渐萎缩。

数学生活化教学在培养学生创新精神和创造能力上的作用，主要体现在以下几个方面：

第一，教师创造性地使用教材内容，不再是照着教材教，对教材中学生不熟悉的内容进行重组，改变旧的东西以适应新的需要，这样对学生能起到示范的作用，学生也会尝试改变，更能将学到的知识创造性地运用到生活之中。

第二，数学知识的学习不能只是简单呈现，这种方式难以激发学生学习的创造力，而放手让学生去寻找身边的数学问题，能显著激发学生的创造力。例如，在平行四边形面积计算公式的教学时，教师可以改变以往的教学方式，那就是先复习长方形的面积公式，然后过渡到平行四边形的公式上，最后学生应用公式进行计算。教师可以给学生一个生活情景：李大爷的花园里有一块平行四边形的地，他想种花，请你们帮忙计算这块地的面积，李大爷好去买肥料。学生通过对手中的长方形、平行四边形的卡片分割、剪拼、猜想、讨论，最后发现它们之间的联系，然后和老师、同学交流自己的发现。学生会发现自己的结论和数学家的结论完全一样，从中获得成功的喜悦。

第三，现在的课堂大多数都是老师讲授，学生接受，这样的课堂教学很难激发学生的学习积极性。生活化的数学课堂氛围更宽松、师生关系更和谐，这样更有利于发挥学生的创造潜能，将数学问题与生活实际结合起来，给学生提供更多创新的基础，让学生在数学课堂中实践、探索、交流，在探索中加深对知识的理解，产生新的思考方法，激发学生的好奇心，发展学生的创造潜能。

（二）发展学生的数学应用意识和实践能力

数学知识是在人类生产、生活中产生的，并广泛应用于生产、生活中的各个方面，在当今科技时代，数学已经成为人们生活中解决问题的有力工具。华罗庚说过，宇宙之大，粒子之微，火箭之速，化工之巧，地球之变，日用之繁，处处都要用到数学。在我们的数学课上，老师更多的是讲公式，然后用公式解决问题，如果长时间通过老师的讲解和练习来学数学，而不知道怎样把数学知识应用到生活中，学习数学就会失去实际意义。

数学教学新课程改革明确指出，发展学生的数学应用意识和实践能力，数学教学生活化对强化学生的数学应用意识发挥了重要作用。首先，教师应在生活中发现数学问题，收集学生喜欢又能引发学生思考的数学问题，比如商场搞活动、让学生到银行存钱等，将这些实际问题与课本知识相结合，从中体会到所学的数学知识与生活的密切联系，明白数学知识在生活中处处有用。其次，在生活化的数学教学过程中，给学生提供更多机会和条件让学生实践，让学生亲自实践是培养学生应用意识的最有效的办法之一。例如，在课堂上让学生扮演商店售货员，模仿现实生活情境开展购物活动，学生有了充分的实践经验，对人民币的认识也会更加深刻，对学生应用意识的培养具有重要作用。

（三）提高学生数学学习兴趣

兴趣是学习的原动力，如果学生学习缺乏兴趣，数学能力、数学素质就很难培养。但是在许多学生心中，数学就是通过做练习，得出结论，数学课就是由一些运算符号、定义、公式组成，离开数学课，数学仿佛就不存在了。造成这个问题的一个重要原因，就是数学教师在数学课堂上长期留给学生的印象。在新课标中，教材出现了与生活紧密联系的教材内容，但是仅仅靠这个是不能解决实际问题的，更多地需要教师对教材进行重组，让学生更深刻地认识数学，否则学生的学习兴趣很难培养。

第一，数学教学生活化可以激发学生的学习兴趣，教师的引入让学生眼前一亮，让学生感觉到这些内容来自自己的生活经验，或者就在学生的身边。相对于枯燥的内容和单纯地用公式就可解决的应用题，使学生感到新奇、有趣。在教学过程中，不再是老师教学生学的过程，更多的是让学生通过自主学习进行独立探索，让学生对数学学习产生好奇，从而对数学产生兴趣。例如，在教学方向时，教师可以带学生走出教室，在操场上去感受四个方位；在学习测量时，教师可以让学生准备工具亲自动手测量，通过步行来感受厘米、米、千米等长度单位。

第二，生活化的数学教学让学生在生活中感到有成就感。例如，教师在学习用数表示座位这个知识点时，引入在电影院里找位置这一生活情景，学生感到数学就在身边，并且处处都会用到，这比教师直接给学生讲解什么叫数有效得多，有利于增强学生学习数学的兴趣，通过这样的学习，能够让学生带着更饱满的热情投入数学学习之中。

三、数学生活化教学的理论依据

（一）义务教育阶段数学课程标准中的生活化观念

《义务教育数学课程标准（2011版）》指出，数学教学要使学生在自己的经验和知识的基础上进行学习，教师要让学生在生动、具体、有效的情境中探索知识。在数学教学与生活的联系方面，《义务教育数学课程标准（2011版）》指出："学生的数学学习内容应当是现实的、有意义的、富有挑战性的。"

《义务教育数学课程标准（2011版）》在分学段目标中明确指出："第一学段要充分提供有趣的与儿童生活背景相关的素材，让学生了解数学在日常生活中的简单应用；第二学段提供的材料要密切联系生活实际，让学生体会到数学在生活中的广泛应用，学会解决生活中的简单问题；第三学段所选择的素材应尽量来源于自然社会与科学中的现象和实际问题，应当反映一定的数学价值。"由此可见，新课程改革对义务教育阶段的数学教学有一个共同要求：数学教学必须联系学生生活实际；要让学生感受到身边的数学，体会数学的应用价值。

《全日制义务教育数学课程标准解读》中提出："数学课程的内容一定要充分考虑数学教育中人的活动轨迹，贴近学生熟悉的现实生活，不断沟通生活中数学与教科书上数学的联系，使数学与生活融为一体。"由此，"数学回归生活""情境教学"等开始受到人们的关注。

在学习方法和教学方法上，《义务教育数学课程标准（2011版）》指出："教学活动是师生积极参与、交往互动、共同发展的过程。学生是学习的主体，教师是学习的组织者、引导者与合作者。"《义务教育数学课程标准（2011版）》强调数学教学不仅要教给学生基本的数学知识和技能，还要培养学生的数学素养，提高学生学习数学的兴趣。《义务教育数学课程标准（2011版）》主张："学生学习应当是一个生动活泼、主动的和富有个性的过程。除接受学习外，动手实践、自主探索与合作交流同样是学习数学的重要方法。"

（二）弗赖登塔尔的现实数学教育思想

弗赖登塔尔是荷兰著名的数学家和教育家，被誉为20世纪数学教育改革的领路人。他在长期的研究和实践中，形成了现实数学教育思想体系。现实数学教育思想有两个特征：第一，它是现实的。所谓数学现实，是指人们利用数学概念和数学方法对客观事物的总体认识，其中既含有客观世界的现实情况，也包含受教育者使用自己的数学能力观察这些客观事物所获得的认识。弗赖登塔尔认为，数学教育计划应该确定各类学生在不同阶段所要达到的数学现实，以便在教学过程中，通过不同层次的数学化，使学生掌握不同抽象程度的数学形式语言，以达到各个阶段的数学现实。第二，它是实现的。弗赖登塔尔数学教育思想的基本内容是："与其说让学生学习数学，还不如说让学生学习数学化。"弗赖登塔尔指出："数学学习与其说是学习公理化系统，还不如说是学习'公理化'；与其说是学习形式体系，倒不如说是学习'形式化'。"在他看来，数学知识不是教出来和学出来的，而是研究出来的。学校必须让学生通过自身的实践活动来主动获取知识，让学生在学习中掌握再创造的方法，以便学生进行数学化。

（三）中小学数学的学科特点和学生的认知特点

数学有抽象性、严密逻辑性、应用广泛性的特点。数学的抽象性表现为数学研究的相关概念、定理是抽象的，因此数学教育要发展学生的抽象思维能力，对于中小学而言，在教学中，要从实际事物中抽象出数学知识。数学的抽象性决定了数学具有严密逻辑，这就要求在教学中，教师要因材施教，根据不同的学生制定不同的教学设计，同时需要教师提供充分的时间和机会，让学生经历实验、推理、验证的过程，重视培养学生的科学精神和科学态度。数学具有广泛的应用性，数学存在于社会生活的各个领域，因此必须着力培养学生的数学应用意识和能力，但并不是所有学生将来都要从事高深的数学行业，因此对于中小学生而言，要培养其数学学习兴趣，使不同的学生获得不同的发展。中小学数学有其自身的特点，其是生活化的数学，是大众化的数学，中小学数学教学不像高中数学一样使学生能形成严密的逻辑体系，理解高深的数学概念和原理，而是使学生乐学，形成初步的数学思维。

中小学生的心理和认知各方面发展迅速，学生的感知觉发展快速，但是小学低年级学生感知事物比较笼统。学生的注意力开始发展，但是注意力水平低，尤其是小学低年级的学生上课的注意力与教师教学的直观性、形象性有关。小学生尤其是低年级学生的注意的集中性与稳定性发展较快但水平较低，如7到10岁的儿童可以注意20分钟，高年级的学生可以保持注意30到45分钟。小学生的有意记忆开始发展，随着学生经验的增加和思维理解力的发展，大约到三、四年级，小学生的意义记忆占主导地位。小学低年级学生的知识经验还不丰富，第一信号系统占有较大优势，因此往往以形象记忆为主。小学生三年级以前主要是形象思维为主，10岁左右开始向逻辑思维发展。基于小学数学的学科特点和小学生的认知特点，在教学中，教师要实施生活化的数学教学，深化学生对于数学的理解。

四、数学生活化教学的特征

（一）教学要从生活出发

数学教学从生活出发，就是数学学科知识要与学生的实际生活相贴近，要关注学生的生活世界，学科知识应符合学生的日常生活逻辑，力求把学生的生活经验和学科理论知识紧密联系起来。只有在社会生活中，学生才能通过经历社会现象获得对事物的基本认识和情感体验并进而转化为自身的生活经验，生活才是学生获得知识和经验的沃土。在学习小学数学课之前，学生们已经具备一些简单的生活经验，对一些社会事物和现象有了自己的基本认识和情感体验，这些都是他们进一步学习数学理论知识的基础，这对于数学学习非常重要，而且也为小学数学实行生活化教学提供了可能性。如果小学数学课不关注学生的生活经历和体验，那么数学基础知识将会失去生命力和价值。小学生由于受年龄和思维发展特点的影响，对新鲜事物和自己感兴趣事物的好奇心和探索欲非常强，小学数学课教学要关注学生心理的发展特点、了解学生的兴趣爱好、重视学生探索知识的过程，教师要引导学生主动关注生活，从生活中挖掘数学知识，养成观察生活、体验生活的良好习惯。

（二）教学要高于生活

数学生活化教学要高于生活，就是要对我们生活中的事物和现象进行提炼和艺术加工，发现它们的数学意义和价值。生活化教学提倡的是关注学生的生活背景和生活经验，但绝对不是生活经验在课堂上的简单再现。如果只是把原汁原味的生活世界搬上数学课堂，课堂将变得无序和杂乱，那么数学学科就会失去知识性这一根本属性。数学生活化教学，并非让学生仅仅停留在自己狭隘的生活世界里，而是为学生构建了可能的未来生活，只有学生的视野开阔了，才不会只关注自己的生活世界，而是更加关注周围、关注社会，增强对人生和社会的责任感，人生意义更加充实，人生价值得到更显著的提升。

（三）教学要服务于生活

数学生活化教学就要服务于生活，就是要引导学生将课堂上学到的具有浓郁生活气息的数学知识用于解决生活实践中遇到的问题，为生活服务，体现数学学科的应用价值。数学课的目的不是教给学生数学理论基础知识，而是使学生通过数学知识的系统学习能够提高适应社会发展的能力，更好地规划自己未来的人生。新课改要求中小学数学课生活化教学要培养学生合作交流、探索实践等多方面的能力，从而促进学生的全面发展。在教学中，教师要引导学生透过生活现象看本质，落脚点还是体现数学学科为生活服务的应用价值。

五、数学生活化教学的内容

（一）教学内容生活化

数学教学的内容应与生活密切相关，教师在向学生讲授数学知识的时候，应该注入生活中出现的实际情况,使教学内容不断贴近学生的生活。学生在这一过程中,能够逐步产生对数学的兴趣。教学内容上的生活化,符合学生的心理需要,能够调动学生学习数学的积极性。就当前来讲,大多数教师都是以教材为蓝本,过于强调理论性的知识,包括公式的记忆、公理与定理的记忆等,这种教学方式忽略了数学学科的初始优势。教学内容的生活化,提高了对教师的要求,教师在备课的过程中需要对教材内容进行灵活变通,特别要注意教材的理论知识与实际生活的结合。数学的产生来源于生活,是解决生活中所出现问题的一个工具,那么,在教学过程中就应该引导学生通过自身的经历来解决数学问题,以此达到更好的教学效果,使得学生更容易理解所要学习的知识,降低数学知识的难度。例如,当我们在学习和认识多边形的时候,我们可以引导学生通过生活中常见事物进行初步的认识,将死板的定义通过具体的事物生动地展现出来,学生通过回忆生活中的门窗、课本,就可以将知识掌握在脑海当中。

（二）教学过程生活化

1. 课堂学习问题生活化

在教学过程中,教师可以根据每一个教学知识点编写一些实际应用的题目,在课堂上让学生练习,逐步提高学生解决实际问题的能力,培养学生运用数学知识解决实际问题的能力。在这样一个过程中,学生能够深刻体会到学习数学、解决问题所带来的乐趣。

加强沟通也是课堂学习问题生活化的一个重要方法。在这个过程当中,应当加强教师与学生、学生与学生之间的交流和互动,也就是说,通过互动的学习,分享生活中与所学知识相关的事情,让学生们尽情发挥,加深学生对所要学习内容的了解,也能够非常有效地提高学生在学习过程中的积极性。这种头脑风暴式的教学方式,非常有利于开阔学生的思维,对数学学习,乃至其他所有知识的学习都非常有帮助。

2. 课外生活问题数学化

数学作为应用型的学科,在生活中具有非常广泛的应用。生活中常常可以看见数学理论知识的应用。例如,在学习完三角形具有稳定性这一知识点后,可以布置学生在实际生活中找出该理论在生活中的应用,并尽可能用现有的模具证明三角形的稳定性确实高于其他的多边形。通过这种课外文体的生活化教学,在提高学生动手能力的同时,能够有效地帮助学生掌握理论知识,将数学转变为一种爱好。课外问题生活化力图实现将数学回归到生活,充分体现教与学合一的理念,把学生的生活经历与数学教学有机地结合在一起,激发学生学习数学的兴趣,从而培养学生利用数学思维思考身边的问题和事物的能力。数学学习是让学生从已有的生活经验出发,将其实际的生活经历等实际问题转化为数学模型并能够进行

· 171 ·

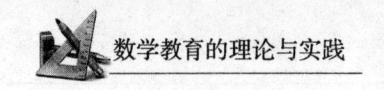

合理的解释和应用,从而使学生在这一过程中运用数学思维进行思考。

(三)教学评价生活化

教学评价生活化是促进教师进行生活化教学的一个重要方法。当前背景下,我们在教学测评的时候一般都是从教师上下课时间、穿着、上课效果等方面进行。不可否认,这样的评价对教师个人的上课习惯有一定的促进作用,但是对教学效果起到的作用微乎其微。笔者认为,在进行教师测评的时候,还应该充分考虑教学生活化的程度。

六、数学教学中应用生活化教学模式的必要性

(一)改善教学现状的必然要求

随着教育改革的推进,数学教学模式上有了较大改变,生活化教学模式已然成为教育发展的一种现代化趋势。中小学是学生学习的初级阶段,也是奠基阶段,还是后期学习的重要积累阶段,教师应寻找更优的教学模式来帮助学生理解知识,在这个过程中增强学生学习数学的兴趣,寓教于乐可以取得更优的教学效果。生活化教学模式是新课改下出现的一种新型教学形式,目前中小学学习数学仍处于理论层面,比如数字加减法单纯教导孩子一个数字加或减另一个数字,结果是多少,通过抽象进退位、列算式等方式得到计算结果,较少涉及实际生活,纯粹学习理论知识不仅理解不深刻,还不利于后期知识在生活中的应用,因此为改善目前小学数学教学现状,实施生活化教学模式十分必要,而且也十分符合小学生的心理、生理特点。

(二)新课程改革的必然要求

新课程改革在数学科目上,重在向更贴近日常生活的方向发展,这一点从教材编写内容就可以看出,一般引出新知识点时往往以日常生活事件情境或事物为引子,同时增加一些学生的兴趣点。比如"图形"章节的学习,第一篇教学内容上面有可伸缩大门、侧面为三角形的板凳,通过初步认知学生懂得了图形的形状,为图形特征归类打下了基础。教学中融入生活化情境及事物,可以迅速拉近与学生的距离,和新课程改革理念相吻合。

(三)教学效果的必然要求

兴趣是最好的老师,可以说,浓厚的兴趣是高效课堂教学的基石。目前,随着时代的发展,各课程教学形式虽有所改变,但传统以教师为主导的方式仍然占有较大比重,教师提出问题,要求学生参与作答,最后再根据一定运算、解决规律来解决问题,得到的结果唯一、局限性强,学生对抽象的知识没有更直观的感受与理解,反复多次的练习成为巩固数学知识的主要方式,这将极大降低学生的

学习兴趣，难以取得良好的教学效果，而生活化教学则是取得良好教学效果的重要途径。

第二节　数学生活化教学的误区

一、数学生活化教学的主要误区

（一）教学目标偏离生活

教学目标既是教师进行教学设计的起点，也是教学活动的最终归宿。在新课程标准的指导下，中小学数学教学确定了三维的教学目标，即知识与技能、过程与方法、情感态度与价值观。这充分体现了新课标"为了一切学生的发展"的理念。然而，在传统教学中，大部分教师认为教学的目标是让学生掌握基本知识和基本技能。这种目标驱使下的教学变得枯燥无味，教师想方设法地让学生掌握学科的基础知识。数学教学的目标，不应该仅仅考虑到基础知识的掌握，还要让学生亲身经历探索数学知识的过程，并且要培养学生乐观的生活态度。

荷兰著名数学家弗赖登塔尔从数学的特点出发，提出了"数学现实"原则，即"数学来源于现实，也必须扎根于现实，并且应用于现实"。这是弗赖登塔尔的基本出发点，也是我们历来提倡的基本思想。确实，数学不是符号的学习。人类对生活经验的不断总结，促成了数学学习的主要内容。在数学不断发展的过程中，数学的观念与运算规则发生了变化。这些变化都与现实世界的实际需要密不可分。数学教育离不开背景材料，丰富的背景材料为数学学习提供了良好的平台，促使学习者更有效地掌握数学知识。数学教育远离生活，便是"无源之水，无本之木"。

（二）教学内容远离生活或泛生活化

卡西尔说："与科学的术语相比，普通言语的语词总是显出某种含糊性，它们几乎无例外地都是这么含糊不定和定义不确，以致经受不住逻辑的分析。"义务教育阶段的学生有严重的自我封闭性，在数学学习时，他们通过技能的训练和题海战术，能够掌握一定的基础知识和基本技能。然而，他们在处理生活中的数学问题时，却经常遇到困难。由于数学教学对逻辑和科学过于重视，学生在学习时对数学知识不易理解，难以建构自身的知识体系。脱离学生生活的数学是枯燥的、理论化的，数学教学如果缺乏日常生活话语知识，即使是知识技能掌握得很好的学生，也会难以解决生活中的数学问题。因此，关注数学教学的生活化，应当重视生活话语的合理运用。

在实际教学中，小学数学教学内容还存在遮盖生活化的问题。虽然新课程改革已经实施了十多年，但是应试教育在我国仍具有举足轻重的地位。国家明确规定，小升初就近入学。然而，有一大部分家长为了子女能够读上所谓的"名校"，不惜一切代价。与此同时，教师的绩效以及职称评定也与学生的成绩密不可分。所以，家长希望子女的成绩能够提高，而教师也希望通过提高学生的成绩来获得更大的发展空间。教师在教学时，忽略了学生已有的生活经验，对实际解决问题的能力不够重视，只是一味地强调教学目标的达成。许多教师在上公开课和平时上课时的状态完全不一样。公开课教学时，教师往往精神饱满，积极与学生互动，并将数学学习与生活实际紧密结合在一起。而平常教学中，教师关注的重心还是定义以及公式的掌握，课后作业也忽略生活中的种种变量，基本是采用固定的练习例题。数学的学习不是为了考试，而是为了更好地适应生活。基于生活的数学学习，可以发散学习者的思维，提高他们的审美能力。中小学数学的教学内容重视科学性和逻辑性，忽视了生活性。

（三）教学内容与生活脱节

教学内容就是课堂教学为了传授知识培养能力所使用的教学素材，有人可能会把教学内容理解为就是教材中的内容，其实学生的实际生活也是可以利用的教学素材。有的教师无法将不适合学生实际生活和不利于学生理解掌握的教学内容，设计成适合学生思维发展特点的具体形象的数学知识。时代在发展，教学内容却不能与时俱进，而且距离小学生的实际生活太远，教材内容中比比皆是"黑兔白兔""修一条水渠""加工一批零件"等诸如此类的经典的教学例题，进入21世纪的学生学的仍然是父辈们当年学过的经典例题，毫无时代性和创新性可言，与当今学生的生活严重脱轨，学生学起来当然感到乏味单调，不能对数学产生积极正面的情感，这显然与素质教育的要求不符合。

（四）教学方法脱离生活

新课程标准强调："数学课程应当从学生已有的生活经验出发，让学生亲身经历将实际问题抽象成数学模型并进行解释和应用的过程。"数学教学并不是简单的点与点的联结，而是师生共同交流探讨，并且运用数学理论解决生活问题的过程。传统教学把学生当作知识的接受者，教师是教学的主体。他们认为，学生在进行学习前对这个世界一无所知。教师作为知识传输的纽带，发挥着传递者的作用。所以讲授法成为主要的教学方法，学生间缺乏交流，这种单一的讲授方式压制了学生学习兴趣的发展。中小学阶段的学生童心未泯，他们喜欢玩耍与游戏，对知识的渴求并不强烈。远离生活情境的学习内容对他们来讲，枯燥又乏味。为了应付考试，取得高分的学习方式，压抑了学生的天性，阻碍了学生创新能力的发展。新课程改革实施以后，大部分教师认识到这种教学方式的缺陷，并进行了改正。

弗莱登塔尔认为："数学化是数学教学的基本原则之一。"学习者将所学知识应用于现实生活中的过程就是数学化的过程。这个过程不是一朝一夕即可完成的，而是慢慢将生活问题抽象和提炼出来的。建构主义认为："学习者不是空着脑袋走进教室的，他们对呈现在面前的问题，往往可以根据相关经验，依靠他们的认知能力，形成对问题的合乎逻辑的假设。"所以，教学应当从情境开始。面向现实生活的教学活动才是我们追求的教育，才是有利于学生意义建构的教育，才是真实的教育。然而，在实际课堂教学中，仍旧存在不合理的教学方式。

（五）课堂教学忽视生活过程

英国数学家怀特海认为，世界是一个有机整体。在这个整体之中，所有事物都是相互联系的。这些相互联系的事物又都是发展变化的，而发展的过程是享受的。怀特海把世界看成是不断变化发展的，因此，教学应看重学习者的过程体验。在这个过程中，存在着很多变化的因素。学习者应该主动应对出现的变化，享受学习的过程，关注当下的价值。

但是，在现阶段的教学中，不少教师依然过度强调学习结果。究其原因，主要有以下几个方面：首先，各地存在着教育评比，教育局的教育任务分派到各个学校，最终落实到教师身上；其次，学生的成绩关系教师的绩效和职称评定；最后，许多家长希望自己的孩子取得高分，他们根据成绩来评价学生学习成果，无形中给教师施加了极大的压力。鉴于上述原因，教师不得不强调学习结果，而忽视了教学过程所蕴含的巨大价值，这突出表现在以下两个方面：

第一，关注知识积累，忽视学生的情感、态度和价值观。新课程标准明确指出，要关注学生的情感生活，促成正确价值观的形成。教育应当重视人的发展过程，把基础知识和基本技能作为教学目标的观念已经不再适用于当前的教育形势。小学数学教育应当是培养学生正确的人生观和价值观的教育，然而，一些教师将教学的重心放在知识的积累上，忽略了学生的情感体验。

第二，重视正确的结论，忽视学习过程中错误的价值。一方面，传统的教师重视学生结论的正确性，对学生出现的错误做了不全面的评价。数学学习是一个过程，学生在这个探索过程中或多或少会出现错误。教师应肯定这些失败和错误的价值，让学生从失败中发现问题，总结经验。传授知识并不是教学的最终目的，而是追求真理的一个重要手段。数学教学应重视学生实践能力和创新精神的培养，数学学习是一个复杂多变的过程，充满了许多未知的因素。教师如果过分强调正确的结论，那么就很难为学生营造一个轻松的学习氛围。俗话说："失败是成功之母。"教师应当正确引导学生在失败中勇于冒险，发现问题，培养创新精神。教师对学生失败的肯定与鼓励，会让学生在以后的学习中不惧失败，勇于探索。

另一方面，教师过分强调解题技能，忽视思维能力的培养。教育的全部目的就是使人具有活跃的思维，灵活的思维是学生学习的重要支撑。新课程改革也提倡，数学教学是数学活动的教学。所以,教师要明确活动对于学生思维培养的积极作用,在数学活动中,学生能够自主参与,体验数学学习的乐趣。然而,在现在的教学中,仍有部分教师过度重视解题的步骤,对学生思维的培养则很少关注。

二、数学生活化教学出现误区的原因

(一)学科文化掩盖了数学教学生活化的深化

学科文化指根植于学科,每门学科的成员都拥有共同的信念,拥有自己的符号系统、价值观念、学术精神等,这些元素组成了学科文化。数学学科文化是指数学学科所具有的目的性、准确性和客观性等特点。数学学科是一门研究数量关系和空间形式的科学,具有严密的符号体系、独特的公式结构。正是这种严谨的特性,使数学学科具有自身独特的价值与魅力。从数学学科的特点我们可以看出,数学学科理性、抽象的特点与教学生活化感性、具体的特征犹如"冰与火"的关系。教师一旦没有认识到这种区别,一味地开展数学教学生活化,在一定程度上就会阻碍学生数学抽象思维的发展,也会影响学生对数学学科的正确认识。正是由于数学准确性、唯一性的特点,使得教师在数学教学过程中,无法合理使用生活化素材、生活情境,也让教师在教学中无法对教学生活化有更深的理解,从而无法将教学生活化真正运用到数学课堂之中。

(二)教师提炼生活素材的能力严重不足

目前,虽然大部分学校和教师都注重教学生活化,但是教学效果并不理想。教师不善于对生活化素材进行精加工,使得创设的教学情境、引用的生活化素材并不能引起学生的共鸣,难以让学生从情境中理解数学知识。由于学生的认知发展水平、生活环境等方面的不同,数学教材中的教学情境,并不能很好地联系学生的生活实际。这样的教学情境与学生的生活实际存在较大差距,甚至脱离了学生真实的生活情境,无法直接应用到数学教学中,需要教师对这部分情境进行整理,使其符合学生的生活环境,只有这样才能让学生透过情境理解数学。笔者认为,教师对引进课堂的素材如果不加以提炼,粗制滥造,脱离学生真实的生活背景,这样的生活情景引入数学课堂,会使课堂得到适得其反的效果,让学生更加困惑。所以,教师对生活化素材提炼的能力,也是影响教学生活化有效性的一个关键因素。教师提炼生活化素材能力的不足,直接影响教学生活化在数学课堂教学中实施的有效性。

(三)传统教学观念的束缚

教育从产生至今发生了巨大变化,教师的教学观念也随着教育理论的变化而不断变化。原始社会时期,生产力水平非常低下,生活的维持主要是依靠打猎、采集和纺织。这时候的教育主要是在生产生活实践中进行,没有专门的教师和教育场所。学校是在进入奴隶社会后才开始出现，专门的教师也随之产生。从封建社会开始，我国的教育目的主要是培养国家需要的人才，教育有很强的阶级性。从先秦的"六艺"到宋代的"四书"和"五经"，再到明代八股文作为考试的固定格式，教育内容脱离生活实际，教师也只是单一的角色——知识的传授者。

新课程改革实施以前，应试教育在我国有着重要地位。教师在教学中充当知识传授者的角色，他们的教学目标是让学生更好、更快地掌握更多的书本知识，教学与生活相脱离。新课程改革实施以来，素质教育的观念已经被越来越多的人所接受，教师的教学观念发生了巨大转变。然而，在实际教学中，仍有一部分教师受到传授教学观念的束缚，无法将教学与生活密切联系起来。

（四）教师对教学生活化的实质理解不够

教师对教学生活化的实质理解不够深入，会直接导致教师对教学生活化的滥用，或者对生活化产生抵制，这些都不利于学生数学思维的发展，同时对教学生活化、形式化的认识也会导致生活化在教学中无法发挥十足的作用而被淹没。现如今，教学生活化主要用于新课导入部分，用以吸引学生的注意力，这种情况的出现是因为教师对教学生活化理解不够深刻。同时，这也说明了教师在这方面缺乏相应的培训，无法将教学生活化很好地辅助于数学课堂教学之中，这样也阻碍了教学生活化在课堂上的实施。所以，教师只有对教学生活化产生更加深刻的理解，才能更加得心应手地实施生活化教学，才能让生活化教学更好地在课堂上得到应用。一旦教师无法对生活化教学的实质有透彻的理解，就会影响生活化教学在课堂中的辐射广度，使其无法在数学课堂中得到重用，发挥应有的作用。

（五）教师课前准备不充分

做好课堂准备是提高课堂教学质量的手段之一，教师在课堂教学前进行课前准备，能够更加清晰地了解教学目标，熟悉教学内容，选取合适的教学方法，保证课堂教学健康有序地进行。教师的课前准备主要从以下几个方面展开：

首先，教师应该充分分析教材，这是课前准备的前提。有一部分教师会认为课本已经对教学内容进行了详细的阐述，没有必要再对教材进行分析，这种想法明显是不对的。书本上的知识是一种储存状态，课堂教学要将书本上的知识通过转化，使之内化为学生已有认知结构里的知识。由于篇幅的限制，教材只是将最精华、最需要被学生掌握的知识呈现出来，却无法将所有的知识都纳入其范围。因此，教师要对教材进行深入分析，提炼学生应该掌握和通过努力可以掌握的内容。

其次，教师应该充分分析学情。学情分析是对学生进行的分析，通过学情分析，教师可以了解学生掌握知识的情况、学习方面的特点、学习习惯、学习兴趣等。学生心理发展存在着个别差异，对学生学情进行分析则显得尤为重要，这是尊重学生个别差异性、进行因材施教的重要体现。教师针对学生的不同情况，选取难

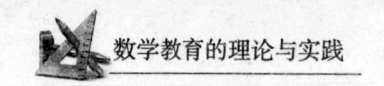

度不同的教学内容和不同的教学方式，做出不同的教学评价。

最后，教师要根据教材和学情，写好教案。教案是教师对教学进行的精心设计，在教案中，教师确定每个课时的教学目标，安排好教学内容和教学步骤，选择合适的教学方法以及教具和学具。通过撰写教案，教师可以明确本课时的教学目标，学生可以掌握的知识和达到的水平。对教学过程进行精心设计，教师可以事先设想教学的展开过程，教学过程中可能出现的情况以及应对措施。总之，教案对教学的顺利进行起着至关重要的作用。

第三节　数学生活化教学的优势

一、强调学生是数学课堂的主人，能够提高学生学习的积极性

数学生活化教学以学生生活中经常遇到的生活问题为切入口，关注学生真正需要什么知识、真正喜欢什么样的知识，完全体现学生在教学中的主体地位，着力于提高学生参与课堂的积极性。不同于以往传统教学中灌输式、命令式的教学方式，学生不再只是被动地为了应付考试接受知识，而是完全出于兴趣爱好主动去探索发现新知，然后用数学知识去解决生活问题。

二、关注学生的学习兴趣和生活经验，加深学生对于知识的理解

生活化的教学方式，要把学生从教材中枯燥烦琐的公式定理中解放出来，为学生提供具有生活气息的教学素材，让学生学到真正感兴趣的数学知识，数学知识不再只是单调的符号，学生在自己主动的探究中既掌握了数学知识，又加深了对于知识的理解。例如，人教版三年级数学《认识人民币》这一课时，就是与我们的生活实际联系非常紧密的一个例子，教师在设计这一节时要注重把人民币在人们生活中的使用作为课堂教学的主要内容，如果课堂教学内容仅仅停留在人民币的换算规则上面，那么难免会让学生感到枯燥乏味。

三、注重联系实践，能够培养学生的知识应用能力

生活化教学提倡教师在课堂教学中引导学生关注数学知识在实践中应用的实例，让学生具备实践的意识。教师加以引导让学生通过经历、探索、发现的学习活动，理解数学知识的价值就在于指导实践、服务实践。任何知识只有亲身经历探索实践的过程，才能真正被理解和运用。实践是检验数学知识合理与否的重要标准，让学生在实践中体验数学学习的乐趣，充分感受数学的实用性，培养学生应用知识的能力。

四、由"终结性评价"向"形成性评价"转变，减轻学生的负担

评价学生的学习，不能简单地用考试分数来为学生定性，避免学生把考高分作为唯一的学习目标。传统应试教育下，这种不合理的评价制度对教师和学生的影响可见一斑，造成教师片面地以考试分数为标准将学生分为三六九等。数学生活化教学更关注教师的教学方式和学生的学习过程，学生成为课堂的主人，可以学习自己真正感兴趣和有用处的知识，教学评价注重考查学生对知识的应用能力，依靠传统的题海战术根本无法满足生活化教学的要求，把学生从烦琐枯燥的习题中解放出来，极大减轻了学生的负担。

五、教学密切联系生活，能够提高课堂教学效率

生活化教学以学生的生活经验和生活中遇到的问题为学习起点，与生活密切联系，可以让学生在自己熟悉并亲身参与实践的生活经验中学习到系统的数学知识，提高了课堂教学效率。学生在生活中发现数学问题、运用数学知识解决生活问题，实现了数学学科知识性和趣味性的统一，这些都说明了这一教学模式具有明显的生活性。

第四节 数学生活化教学的策略

一、教师要树立生活化教学的理念

教师是教育教学的主导者，数学课要实行生活化教学，需要教师树立生活化的教学理念来指导数学生活化教学实践，引导学生主动去关注生活现象。教师应改变传统教育只重视知识传授，不重视学生全面发展的教学理念，努力创设与学生生活实际和内心世界相符合的富有活力与乐趣的课堂。

数学教师要改变过去只重视理论知识的教学观念，树立生活中处处都有数学的观念，平时要多留心观察生活中的数学现象，善于挖掘生活中蕴藏的数学教学资源，把握教材知识与生活的契合点，根本目的还是让学生结合生活实际学习数学，感受数学的实用性。

传统教育模式培养出来的学生，数学理论知识掌握得非常牢固，但是数学应用能力相对来说要弱很多，学生掌握了知识却不会应用，这是传统教育的硬伤。学生在课堂上学到的是与现实生活相距甚远的知识，教师也只是为了完成上级的教学任务而"满堂灌"，根本不关心学生真正的兴趣所在。数学生活化教学需要教师树立生活化的教学理念，身体力行地引导学生多多关注生活，调动学生学习数学的积极性，鼓励学生多多关注生活，从生活中寻找数学的身影，在实际生活

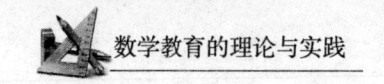

中善于利用学到的数学知识解决实践活动中遇到的问题。

课前预习是学习新课必不可少的环节，教师可以在课前给学生布置生活化的预习任务，预习任务是要引导学生主动去探索发现生活，这样做的目的就是要将生活中的数学引入课堂。

二、创设生活化教学情境，让数学课堂充满生活气息

数学新课标指出："现实生活是数学的源泉，数学问题是现实生活数学化的结果。"有意义的学习，一定要把数学内容放在真实且有兴趣的情境中，让学生经历从生活问题的自然语言逐步抽象到形成数学问题。知识并不是孤立产生而存在的，而是有着丰富的生活背景，立足生活，还原生活，为学生创设丰富多彩的生活化教学情境，让数学课堂教学充满生活气息，这样不仅可以强化学生的熟悉感与认可感，而且可以提升学生对于数学学习浓厚的学习兴趣。同时，还可以体现数学知识来源于生活的特征，可以引导学生在熟悉的生活现象中自主提取和发现数学问题。在探究的过程中认识到数学知识与现实生活的内在关系，这正是实施生活化教学策略的一个重要方面。例如，在学习"角的概念"时，教师可以借助钟表、墙角等学生熟悉的生活事物来创设生动形象的教学情境，将学生带入熟悉的生活情境之中，唤起学生对生活的印象，从而引导学生开展主动思考，这样学生在教师的启发下联系生活现象，自然就可以提炼出与角有关的数学问题，并展开积极的探究活动。

三、联系学生的生活实际，让数学课堂充满生活案例

学生的认知是由形象到抽象再到形象的过程，而数学知识具有相对的抽象性，如果割裂数学与生活的关系，只是就知识本身来进行讲解，那么必然会陷入机械的灌输之中，学生学习动机不强，学习效率低下。数学教师要引导学生做一个生活的有心人，以学生的现实生活为出发点，密切联系学生的现实生活实际，引导学生自主地去观察、去发现。

从生活案例中来学习数学知识。例如，在学习"绝对值"时，教师可以通过学生熟悉的生活实例来提供丰富的生活素材：王先生下班后开车向东前行 10 千米到达超市，而后他又向西走了 50 千米回到自己家中。这三个地方在同一条直线上，如果向东为正，那么问题一，用有理数学来表示王先生两次所走的路程；问题二，如果汽车每公里耗油 0.15 升，那么王先生两次行程共耗油多少升？问题三，原点来表示公司，请在数轴上标出超市和家的点。这样将抽象的数学知识与学生所熟悉的生活事例结合在一起，学生运用生活经验与数学知识就可以认识到实际生活中有些问题只与量的具体值有关，而与正负性无关。

四、转变教学评价方式

教学评价贯穿于整个教学过程，它是对教学活动现实的或潜在的价值做出判断的过程，以教学目标为依据。在很长一段时间内，我们都只关注教师对学生学习成绩的评价，忽视了学习过程的评价。同时，以分数为唯一标准，教师根据分数的高低把学生分成三六九等。教学评价的恰当与否，关系着整个教学是否能够顺利进行，关系着学生能否得到合适的学习反馈，关系着学生是否能够积极主动地学习数学。教学评价为教学提供了及时有效的信息反馈，教师可以根据反馈的信息，调整课堂教学的节奏和内容。教师、学生、教学内容和教学环境等都是教学评价的重要组成部分。教学评价有着不同的价值取向，最主要的是"目标取向的评价""过程取向的评价"以及"主体取向的评价"，他们对课程评价的操作态度有着重要影响。随着多元化世界的形成，教学内容和课程类型日新月异，出现了极大的变化。因此，教师应该综合各种评价方式，对学生做出有效的评价，培养他们的学习信心，促进身心的健康发展。

五、提供运用知识的实践机会，回归生活实际

提供运用知识的实践机会，就是要运用数学知识去解决实际生活问题，走出课堂深入生活，重在学生的参与实践。在实际的小学数学教学中，许多人都对数学持有偏见，认为学习数学知识没有太大的用途，课本上的数学知识与生活实际相差太大，这种想法导致很多学生对数学学习没有足够的兴趣，学好数学也只是为了应付考试和升学，没有真正发现数学的应用价值。教师要摆脱课堂的束缚，给学生提供实践的机会，让学生能够既动手又动脑去解决生活中的实际问题，让数学知识为生活服务。

实践是知识的来源，通过给学生提供实践机会，让学生感受到数学知识就在身边，培养学生解决问题的能力。在我们身边处处都有数学问题：如课桌的长短和面积、从家到学校的路程远近、文具盒的长宽高和体积等。要给学生运用所学知识的机会，让学生通过实际的测量和计算，提高独立思考探究和亲自动手操作实践解决生活问题的能力。数学生活化教学就是要让学生学到有意义和充实的数学知识，把学生从课堂繁重的数学练习中解放出来，让学生深入生活中寻找应用数学知识的实践机会，在实践中探索发现、举一反三、全面发展。

第十二章　中小学数学教学的创新性发展

第一节　数学教学的创新性发展路径

一、数学教学创新性发展的具体路径

（一）创设问题情境，激发兴趣，挖掘创新因素

马克思说："自由是创造的前提。"数学学习过程是一个不断发现问题、分析问题和解决问题的动态过程。创设问题情境就是在教材和学生之间创造一种协调，把学生引入与问题有关的情境之中。精心创设各种教学情境，就是为激发学生的创新精神、激活学生的创造能力创造良好的"软环境"；要适时适度地放手，让学生自主操作、交流、探索知识，主动获取知识，在概念的抽象，定理、公式的发现和推导，解题思路的探求过程中逐步培养学生探究、发现、解决问题的能力。

（二）加强发散思维训练，促进创造性思维的养成

数学上的新思维、新理论和新方法，往往来源于发散思维。正如徐利治所言："任何一位科学家的创造能力，可用如下公式来估计：创造能力＝知识量×发散思维能力。"由此可见，加强发散思维训练，的确是培养创造性思维能力的重要方法。发散思维是指从同一信息源出发，运用全部信息进行发散性联想，从而产生各式各样、为数众多的输出，从多渠道探求问题的答案。在数学教学中，通过变量代换、几何问题代数化与代数问题几何化等，加强学生发散思维的训练，有助于扩大思维的面，使其在思维的量的积累过程中，充分锻炼发散思维，促使他们的创造性思维实现质的提升。

（三）启发多向思考，拓宽学生的创新广度

学数学需要解题，但怎样通过解题的作用，达到学习的目的呢？笔者认为，题不在多而在精，重要的是"多题归一"与"一题多解，多解归一"。多题归一，是题目类型的归类综合与精简；一题多解，将使学生身临其境，加深理解；多解归一，是寻求不同解法的共同本质，乃至不同知识类别和思考方式的共性，上升到思想方法、哲理观点的高度，从而不断地抽象出具有共性的解题思想方法。在解题中要鼓励学生对同一个知识点从多方面进行思考，多角度进行探索，挖掘新思路，表达新见解，对例题、习题进行拓宽加深，进行一题多解练习，使学生的思维从

单一性向多维性发展，真正做到举一反三、触类旁通。这样，一方面起到强化知识点的作用，另一方面更能增强学生的应变能力，发展创新思维。

（四）开展研究性学习，培养学生的应用创新能力

数学是一门具有广泛应用性的学科，如何将数学用于其他学科，如何给现实问题建立数学模型，这本身就包含了创造因素。研究性学习是新课程计划规定的一项必修课程，它主要是对某些数学问题进行深入探讨，或者从数学角度对某些日常生活中和其他学科中出现的问题进行研究。开展研究性课题的学习活动，可以打破数学传统的封闭性，使数学教学保持开放性，让学生感受到数学就在自己身边。

（五）鼓励学生质疑，诱发创新动机

爱因斯坦说过："提出问题比解决问题更重要。"敢于并善于提出问题是创新动机的具体表现。对于学生的质疑，教师应给予重视，多鼓励、多引导，使学生由不敢提问题到敢于提问题，逐步做到善于提问。在此过程中，教师要保护和提升学生的学习热情，认真研究学生的思维，教给他们严密、合理地提出问题的方法，发现、捕捉好的提问，带动全体学生积极参与，提高学生的学习积极性。另外，教师要树立创新意识，创设良好的创新氛围。学生是创新的主体，在适宜的环境和条件下，学生的创新潜能就会被激活，进而充分释放出来。在教学实践中，教师要首先树立创新意识，改变以知识传授为中心的教学方法，确立培养学生的创新意识和实践能力的目标。在教学中，教师要考虑如何才能激发学生的兴趣，如何才能培养学生的良好习惯，如何培养学生坚定的意志和品质，如何拓宽学习的空间，如何改进教学方法等。

（六）理论联系实际，提高学生对数学知识的创新应用

把数学知识运用到实践活动之中。比如，轴对称及中心对称的知识，可以设计出美观、实用的建筑图案，教师要善于从生产实践中探索出有利于体现数学创新应用的事例介绍给学生，激发学生的学习热情，认真研究学生的思维，使全体学生积极参与其中，提高学生的学习积极性。人的认知规律，是实践—认识—再实践—再认识的过程。美国教育家杜威说过："最好的教育就是从生活中学习。"数学本身也是一门理论与实践相联系的学科，因而在教学过程中，要注重巧设问题，将抽象的知识与实际相联系，保证学生的好奇心、探索欲望得到满足，激起学生内心深处的学习动机。同时，要鼓励学生多参加社会实践，从实践中学习数学、体验数学，增强认识能力。教师要结合教学内容，给学生提供实践的机会和条件。

（七）学生创新兴趣和思维能力的培养是发展创新能力的关键

兴趣是最好的老师，是推动学生自主学习的原动力。在数学教学中培养学生

具有浓厚的数学学习兴趣，使学生能在学习中克服困难，勇于探索，产生强烈的求知欲和积极的情感体验，激励学生带着兴趣走进数学、探索数学，提高数学课堂教学效率。教师在上课时，不直接板书课题，而以充沛且丰富的思想感情，用有趣而富有思考的问题，用精湛而富有魅力的谈话，吸引学生的注意，激发学生的兴趣，以产生直接的内驱力。例如，在讲幂的运算之前，讲芝麻与太阳的质量：一粒芝麻的质量不到克，它与太阳的质量简直无法相比。但是，如果把一粒芝麻作为第一代播种下去，收获的芝麻作为第二代，把第二代再播种下去……如果播种下的芝麻全部能发芽、成长，这样一直到第十三代，芝麻的质量是太阳质量的5倍！这是一个惊人的增长，这时则可顺势导入幂的运算。

教师要精心设计每节课，要使每节课形象、生动，有意创造动人的情境，设置诱人的悬念，激发学生思维的火花和求知的欲望，并使学生们认识到数学在现实生活中的重要地位和作用。经常指导学生运用已学的数学知识和方法解释自己熟悉的实际问题，新教材中安排的"想一想""读一读"，不仅能扩大知识面，还能提高同学的学习兴趣，培养他们的观察分析能力。

（八）注意培养学生的发散思维能力

注意培养学生的发散思维能力，激发学生学习数学的好奇心和求知欲，通过独立思考，不断追求新知、发现、提出、分析并创造性地解决问题，在课堂上，要打破以问题为起点，以结论为终点，即"问题—解答—结论"的封闭式过程，构建"问题—探究—解答—结论—问题—探究"的开放式过程。

例如，在学习圆周角定理时，可以通过教具移动圆周角顶点的位置，让学生观察一条弧所对的圆周角和它所对的圆心角的位置关系，通过观察，应当认识到有些问题的答案并不是唯一的，要分情况进行讨论：当圆心在圆周角的一条边上，同一弧所对的圆周角和圆心角有什么关系？先让学生猜想，然后证明；当圆心在圆周角的内部或外部时，同一弧所对的圆周角和圆心角又有什么关系？可以让学生展开讨论，要训练学生的发散思维，打破习惯的思维模式，发展思维的"求异性"，一题多解、多证，就是很好地体现这种模式。

二、着力提升数学教学的有效性

（一）确立教学目标，优化教学内容

课堂教学目标直接关系着教学的形态，关系和影响到整个课堂教学过程。例如，数学教师要从思想上创新，要注重知识与技能、过程与方法、情感态度的结合。教师可以穿插认识数学世界的载体，搭建数学知识结构，数学目标一定要服务于学生掌握知识、运用知识、提高认识、丰富经历，数学教学内容的实施一定要体现情感态度价值观的升华，建构并完善数学学习素质、学习人格和世界观塑造的保证。教学内容要关注学生的学习需要。教师要围绕教学目标选择各个组成部分，让教学内容符合总目标的要求，又把握数学教学的广度和深度的随意性和盲目性，我们的数学课堂教学需要实实在在的知识教学，应切实保证数学知识教学的有效性。

（二）创设生活化问题情境，加强知识与生活的联系

知识与生活是密不可分的，知识是来源于生活，并服务于生活的。很多人有误区，觉得数学知识并不实用，其实数学是一门生活的艺术，与生活有着极为密切的联系。教师要多引导学生，帮助学生发现数学的学习乐趣，为学生创设生活问题情境，加强知识与生活的联系。教师要多多站在学生的角度和立场思考问题，深入研究教材，做生活的有心人，多多将学生喜欢的感兴趣的事情设计成数学问题，以学生熟悉的生活现象入手，帮助学生理解数学，增加数学抽象知识与生活的联系，诱发学生的内在学习动力。除了将数学问题生活化，教师还要多创造机会，让学生用所学的数学知识尝试解决生活问题，让学生感受到数学的应用，体会学习后的成就感，激发学生的学习兴趣。

（三）合理利用多媒体

信息技术飞速发展，也逐步渗透了我们的生活学习。在初中数学教学中，多多应用多媒体手段，可以起到事半功倍的学习效果。多媒体图文并茂、声像俱全，可以形成友好的人机界面，同时刺激学生的多种感官，通过图像的旋转、色彩的变化、立体的呈现，可以将抽象的知识具体化，复杂的问题简单化，可以有效地化解重点，突破难点，加深学生的理解与记忆，并能将知识深化拓展加以灵活运用。

由于数学学习的抽象性特点，学习起来难免活力不足，理解也相对困难，教师教学不当会导致学习情趣的丧失甚至厌学、抵触。多媒体教学，充分调动了学生的视觉和听觉，寓教于乐，以鲜艳的色彩、动态的文字、优美的动画与动听的音响吸引学生的注意力，以激起学生参与数学教学的积极性。

（四）合理评价，保护学生学习的自信心

我们要建立相应的合理的评价体系。评价的主要目的是全面了解学生的数学学习历程，激励学生的学习和改进教师的教学；应建立评价目标多元、评价方法多样的评价体系。对数学学习的评价要关注学生学习的结果，更要关注他们学习的过程；要关注学生数学学习的水平，更要关注他们在数学活动中所表现出来的情感与态度，帮助学生认识自我，建立信心。由此可见，建立科学合理的评价机制极为重要。

首先，要实现评价主体的多元化。传统评价模式的主体是校领导和教师，学生的主体地位没有得到体现，学生容易产生叛逆的心理。其实，学生、家长、老

师和领导都有权利参与到评价中来，通过评价督促改进完善，真正实现评价从管理工作的外在手段到促进学生发展的内在需求的转变。其次，要注重实现评价内容的多元化。新形势下的评价内容包括：对学生参与数学活动程度的评价。如学生参与教学的积极性、主动性与有效性等；对学生合作交流意识与能力的评价，如与学生合作的积极性、与学生交流的积极性及表达时语言与思路的评价；对学生数学思考与发展水平的评价，如学习过程中思维、方法、策略的评价；对学生发现问题、提出问题和解决问题过程的评价。再次，评价方法的多元化，如成长记录袋、课堂观察、作业评价等。

（五）充分的教学准备

凡事预则立，不预则废。提升教学有效性要从教学准备工作开始，教学准备工作包括对于教学的长期规划和短期规划。其中，短期规划是在长期规划的基础上对其目标进行分解后得到的，并在教学过程中根据情况的变化及时予以调整。

短期教学规划包括准备讲授的知识，教师首先要对教材所包含的知识点进行详细研读，对教材进行二次开发，而不是照搬教材上的内容。例如，对于相关的公式定理的证明，教学进度如何安排，教学重点在哪里，应该向学生提什么样的问题，辅助性的教学资料应该准备哪些，课后的习题如何设计都是教师在课程准备过程中应该考虑到的，未雨绸缪，有备无患。

（六）创造合理有趣的教学情境

数学科目由于其自身的逻辑性和抽象性，教学过程较为枯燥乏味，学生理解较为困难，很容易产生畏难情绪，注意力不集中等现象。教师在课堂教学环节要营造轻松的氛围，创造良好的教学环境，相关研究已经证明了环境对人的影响是潜移默化的。在教学过程中要尽可能将知识与生活联系起来，从学生的兴趣点入手。例如，在学习函数的时候可以先引入情境，纸张折叠的高度能超过珠峰吗？学生会就此问题作为思考，答案五花八门，比如登顶珠峰的时候将纸张举起，就高过了珠峰，当然也有学生觉得不可能。在学生简单讨论后，教师才开始解答提出的问题，经过相应的计算，一张纸在对折一定的次数之后就会高于珠峰的高度。结果听起来是不可思议的，但是通过相应的计算证明了这一点。相关研究表明，学生在上课过程中注意力集中是有规律可循的，教师开始授课的时候就吸引学生注意力，能够在黄金时间进行知识传授，达到效率的最优。

（七）及时认真的教学反思

有句名言说的是成长是经验和反思相加的结果，教学工作同样如此。教师首先要对教学内容进行反思，教学过程中知识点是否全面、内容难度是否合理；其次是对教学过程进行反思，在教学过程中是否最大限度地照顾到了每一位学生，

· 187 ·

教学方法是否合理,有没有和学生进行有效的互动,有没有对学生的思维进行启发;最后反思在教学工作结束后,有没有做相应的跟进工作,是否对学生学习的情况进行过了解,学生学习的重点、难点在哪里,为什么会这样等。通过对多方面的考虑,改进教学工作中的不足,从而提升课堂教学效率。

第二节 数学教学中学生创新意识的培养

一、创新意识的内涵

"创"为创始、首创之意,"新"是第一次出现、改造和更新之意。"创新"和"创造"是近义词,基本上属于同一范畴,其主体都是人,其形成的结果都具有首创性、新颖性、价值性和实用性特征。二者侧重点不同,创造强调的是新颖性和独特性,着重指"首创",是一个具体结果,而创新则强调的是创造的某种社会实现,是创造的过程和目的性结果,侧重于宏观影响的结果。它们既相互区别又互为存在。创造本身是一种创新,但不是创新的全部,它是创新的最高层次。总而言之,创新就是在原有资源(工序、流程、体系单元等)的基础上,通过资源的再配置、再整合(改进),进而提高(增加)现有价值的一种手段。

从创新的社会意义而言,创新具有层次性,有相对于社会、所属群体和个人之分,所以人人都可以创新。学生的创新就属于相对他们这个年龄层次的人而言的。创新意识属于性格结构中的对待现实的态度,指人们根据社会和个体发展的需要,引起创造新的事物或观念的动机,进而在活动中表现出的想法、愿望和假设,也可以说是一种不满足当前的状况的意识。就数学这门学科来说,培养学生的创新意识主要是促使学生对自然界和社会中存在的数学问题产生兴趣,用数学方法解决问题,能自己思考和解决问题。裴光亚认为,创新意识包括三个要素:一是创新品质,属于动力系统,包括好奇心、求知欲和批判精神;二是创新思维,属智能系统,强调独立思考;三是创新方式,属于工作系统中关于问题的一个序列,即发现—提出—探索—研究。

从操作层面来讲,创新意识的实质就是打破定势思维。所谓定势思维是心理学一个概念,是指人们在认识事物时,由一定的心理活动所形成的某种思维准备状态,对后面的思维活动产生影响的现象。唯物辩证法认为,不同的事物之间既有相似性,又有差异性。定势思维强调的是事物之间的相似性。在问题解决中,它是一种"以不变应万变"的思维策略。所以,当新问题相对于旧问题,是其相似性起主导作用时,由旧问题的求解所形成的思维定式往往有助于新问题的解决。而当新问题相对于旧问题,是其差异性占主导地位时,由旧问题的求解所形成的思维定式则会有碍于新问题的解决。

二、培养学生的创新意识在数学教学中的重要性

（一）创设质疑情境，培养创新意识

质疑情境具有强烈的吸引力，能够激发学生对学习的需要，激活学生的创造性思维。因此，教师在教学活动中应有意识地创设质疑情境，激发学生探索事物的愿望，引导他们体验解决问题的愉悦，促进创造思维的发挥。

（二）激发学生兴趣，鼓励学生勇于创新

布鲁纳曾说："兴趣是最好的老师。"数学的特点之一是抽象、枯燥。为此，在数学课堂中，如何激发学习兴趣，就成了学好数学的前提。只有具备强烈的求知欲，学习才能有动力，才能激发学生创新。由此，在课堂教学中，教师要激发、保护学生的求知欲，要认真对待学生提出的问题，善待提出问题的学生，要鼓励学生自觉地探索事物，创造性地解决问题。

（三）保护好奇心，激发求知欲，鼓励学生大胆质疑

好奇是儿童的天性，好奇心是学生创造性活动的诱发剂，是学生创造性思维的原动力。牛顿看到苹果从树上掉下来发现了地球引力；瓦特受水开的壶盖掀动的启发而发明蒸汽机……这些例子都与他们强烈的好奇心有关。因此，教师在数学教学过程中，首先要爱护学生的好奇心，并善于培养学生的好奇心，引导他们提出各种新奇的问题。

（四）鼓励学生参与实践、合作、交流

在课堂教学中采用小组合作学习，是培养学生创新意识的一种有效方法。教学中，学生根据教师提供的系统材料和问题展开研讨和交流，这样学习好的学生可以得到更好的发展，中等学生可以得到锻炼，学习困难的学生可以得到帮助和指导，群体之间可以发挥互补作用。

（五）创设成功的机会，提高创新意识

每个人都希望自己是一个发现者、研究者、探索者。教师在教学中创设条件，以多种形式激发学生主动参与活动，在学生获得成功的同时，争取他们成功的能力和成功心理得到高层次的发展，逐步产生自我期望、自我鼓励的动力，有助于学生形成"乐学"的心态，再加上教师语言鲜明的评价，使学生一直处于情绪高涨的状态，以提高学习效率。

三、数学教学培养学生创新意识的策略

（一）营造一个良好宽松的学习环境，给学生进行创新提供条件

良好的学习环境，是学生学习取得进步与学校提高教学质量的重要条件。对

于学生创新实践来说，学校如果没有良好的教育教学环境，就很难提高学生在创新活动上的积极性。只有学校形成一种友善、和谐的氛围，学生才能放开自己的思维和胆量，勇于思考和想象，表达自己的思想和看法，从而在创新实际活动中建立信心。要创造良好的教学氛围，教师应该做到以下几点：

第一，建立民主和谐的课堂。在课堂上，教师创造一种宽松民主的氛围，在学生与教师之间建立平等的关系，使得学生可以放松自己的紧张情绪，轻松愉悦地进行学习，从而更好地发挥自己的创新灵感。

第二，教师要关爱学生。教师通过自己的身体语言传达给学生友爱、和蔼的情感信息，使学生感觉到教师的亲切和关怀。在课余，教师要尽量帮助学生解决学习以及生活上的困难，给学生一个良好的印象。

第三，教师要尊重学生。教师要相信学生，给他们信心和鼓励，使他们心中充满希望。要坚信每一个学生都很优秀，都会成功，教师的信念会影响到学生，学生会从教师身上受到鼓舞。教师对于学生提出的问题要给予充分的重视，从中培养学生的创新精神，切忌损害学生的自尊心。

（二）转变教学观念

传统的数学教学模式之下，教师并没有意识到创新的重要性，而是一味地向学生灌输知识，长期以来的应试教育导致学生学习过于被动，缺乏自主创新能力，这严重影响了素质教育的贯彻落实和综合性人才的培养。中小学生正处于激发创新意识的关键时期，他们有着巨大的创新潜力，所以中小学数学教师应当转变传统的教学观念，改变狭隘的传授书本知识的教学方式，改变过于僵化的教学模式，这样既有利于培养学生的创新意识，也能够促进教师树立全新的教育教学观念。

九年义务教育要求中小学数学教学打好学生的数学基础，培养学生的数学学习兴趣和能力，并培养他们良好的学习习惯。这就要求教师在教学过程中不仅要让学生学习还要学会学习，学会培养创新性思维，多方位、全角度地培养学生的自主创新意识。

（三）提升教师素质

俗话说："师傅领进门，修行在个人。"要想培养一个学生的创新意识，老师必须要具有创新意识。当今社会是一个信息高度发达、科技飞速进步的社会，面对大千世界，孩子们的内心就如同一张白纸等待着新鲜事物的临摹、描写。孩子们思维敏捷，对事物极其敏感，作为老师必须对学生提出来的问题逐一解答，不厌其烦。要想积极培养学生的创新意识，教师必须具有足够的创新意识和创新能力。只有这样，教师才能正确引导学生走出一条创新学习之路。

作为学生学习的培养者，教师不仅要有自主创新的意识，而且应该具有与时俱进的精神。数学教育具有高度的抽象性，教师要想培养学生的创新意识，应该在工作之余加强创新理论学习，及时深刻地汲取最新的教育成果，将理论联系到自己的实际课堂，促进在数学教育中学生创新思维的形成。

（四）改善学生思维方式，培养创新意识

学生的思维应该是灵活多变的，单一、僵化的思维不利于学生创新意识的培养。创新性的思维方式要求学生在学习和创造中求新求异，对于同一数学问题，要多角度换位思考，勇于尝试不同的解决方法。在数学活动中，教师要尽可能运用多种不同的方法讲解数学问题，起到示范性的作用，从而引导学生改变以往的思维方式，勇于创新，形成自我的思维模式。教师布置数学任务，应尽量要求学生一题多解，训练学生灵活运用知识和技能的能力。这样，学生在完成任务的同时，就能够学会发散性的思维方法，并能够在不同方法的比较中寻求最佳的解决方法，达到培养学生创新意识的目的。

（五）提高学生的动手能力，鼓励学生创新实践

培养学生的动手能力是教育的重要环节。在教学中，数学教师要鼓励学生亲自动手操作，只有在动手的过程中学生才能加深对知识的认识和理解，提高教学质量。当然，培养学生的创新意识，还必须提高学生的动手能力，因为很多的创新都来源于社会实践活动，只有在社会实践中，学生才能重新认识知识，从而激发自己的灵感，增强创新的意识。在小学数学教学中，教师要充分利用数学教学工具，提升教学活动的趣味性，激发学生动手的欲望，让学生参与自己的教学活动之中，与教师一起分享动手的快乐。教师应鼓励学生多参加课外实践活动，大胆想象、敢于创新，把所学的数学知识和技能运用到实践活动中去，做到眼、手、脑的有机结合，提高自己的动手能力和综合素质。另外，在课外活动中，学生可以通过亲身实践获得更多的新知识，在看待问题的时候会有新的观点和看法。这样，学生在实践中不仅提高了自己的动手能力，锻炼了自己的观察力，还能够充分发挥自己的想象力，使得学生敢于创新，并能增强自己的自信心。

（六）启发学生想象，提高学生的创新能力

想象力是创新的源泉，只有拥有好的想象，才能引发好的创意，一个人要想具备较强的创新能力，就必须开拓自己的想象空间。小学阶段是学生心智飞速发展的重要时期，学生的想象通常十分丰富，教师应根据学生这一特点，在教学中多赋予学生想象的空间，通过各种方法启迪和开拓学生的想象力，使学生的想象富有创造性，从而培养学生的创新意识，提高学生的创新能力。

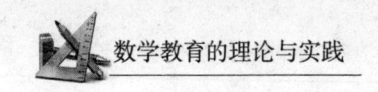

第三节　数学教学中创新性发散思维的培养

一、发散思维的内涵及特点

（一）发散思维的内涵

发散思维是指对已知的信息进行多方向、多角度、多层次的思考与分析，不局限于既定的理解，提出新问题、探索新知识或发现多种解答和多种结果的思维方式。这种思维是开放式的，表现出灵活、巧妙和创新的特征，它思路广阔，寻求变异，对已知信息通过转换或改造进行扩散、派生以形成各种新信息。在思维内容上具有变通性和开放性，它对推广原理问题、引申旧知识、发现新方法等具有积极的开拓作用。

（二）发散思维的特点

1. 流畅性

流畅性就是观念的自由发挥，指在尽可能短的时间内生成并表达出尽可能多的思维观念以及较快地适应、消化新的思想观念。机智与流畅性密切相关，流畅性反映的是发散思维的速度和数量特征。

2. 变通性

变通性就是克服人们头脑中某种自己设置的僵化的思维框架，按照某一新的方向来思索问题的过程。变通性需要借助横向类比、跨域转化、触类旁通，使发散思维沿着不同的方面和方向扩散，表现出极其丰富的多样性和多面性。

3. 独特性

独特性是指人们在发散思维中做出不同寻常的异于他人的新奇反应的能力，独特性是发散思维的最高目标。

4. 多感官性

发散思维不仅运用视觉思维和听觉思维，而且也充分利用其他感官接收信息并进行加工。发散思维还与情感有密切关系，如果思维者能够想办法激发兴趣，产生激情，把信息感性化，赋予信息以感情色彩，则会提高发散思维的速度与效果。

二、数学教学中培养发散思维的必要性和意义

（一）数学教学中培养发散思维的必要性

1. 培养发散性思维的必要性

由于发散思维的直接趋向就是创造性思维，而创造性思维与它的结果，即发

现、发明或创造，是人类社会发展的原动力。一般来说，创造是指发现新事物、揭示新规律、获得新成果、建立新理论、创造新方法、发明新技术等。因此，创造所涉及的范围是非常广泛的，创造性思维就是"创新过程中的思维活动"。即只要思维的结果具有创新性质，那么它的思维就是创造性思维。就当前中学数学教学而言，我们的学生还谈不上严格意义的"创造"，但却有大量的"再发现"的内容与机会。因此，在数学教学中，要培养学生发散性思维，要让他们从多角度、多方向去分析思考问题，让学生不断地"再发现"，这样才会为学生以后的创造打下坚实的基础。

2. 培养创新能力的必要性

素质教育着眼于未来社会对人才的需求，为了适应于社会发展，必然以培养学生创新能力为重点和关键，造就一批知识经济时代杰出人才。培养创新能力的前提是更新教育观念，创新能力是在学习前人知识技能的基础上，提出创见和发现的能力。学生用现有知识储备和智力水平，对未知的东西进行探索、掌握、完善的过程都可看作是一种创新活动。由此可见，创新并不神秘，每个学生都有创新潜能。因此，学校必须确立培养创造性人才的素质教育目标，从传授、继承已有知识为中心的传统教育，转变为着重培养学生创新精神和创新能力的教育。在数学学习中培养创新能力有利于提高学生的思维能力，提高解题效率，培养学生形成良好的数学思维品质以及运用数学思想及方法的能力。

（二）数学教学中培养发散思维的意义

1. 便于课堂教学情境的创设

数学教学中对发散性思维的重视与运用，有助于创设良好的教学情境，可以通过一题多变、一题多解、一图多用等多种方式对各类问题进行提问，使学生的好奇心和求知欲得到激发。在教师的指导下，学生的学习思考应该带着积极的情感，使思维能够更加活跃，这样就能充分地施展智力活动。在学生的有意知觉和无意直觉相对和谐时，顺畅、融洽的课堂氛围就会更加容易创设，也能达到最佳的学习效果。

2. 利于积极思维定式的构建

数学教学中对发散性思维的重视与运用，能够便于打破原有的思维习惯，突破相对消极的思维定式。在进行数学教学过程中，需要让学生能够形成一种思维定式，进而对概念进行分析与理解，对公式和定理进行初步应用，通过对这一思维定式的巩固强化和练习，使其具有更加积极的作用。

3. 利于拓宽学生的知识层面

数学教学中对发散性思维的重视与运用，有利于将知识从纵向和横向上进行联系，将学生的知识面拓宽。想要培养学生的发散思维，就要增加学生的知识面，因为知识是思维的对象，不论无知还是少知，都不利于学生对思维的发散。思维的结晶就是能力，经常思考与想象，多疑并善解，就会使学生的思维得到创新。教师可以让学生从多个方位与角度对一道问题进行快速的联想，使学生的知识从"点"发展到"线"与"面"，乃至整个数学空间。

三、数学教学中培养创新性发散思维的路径

（一）建立新型的师生关系，创设宽松融洽、竞争合作的班风，营造创造性思维的环境

要使学生积极主动地探求知识，发挥创造性，必须克服那些课堂上老师是主角，少数学生是配角，大多学生是观众、听众的旧的教学模式。因为这种课堂教学往往过多地发挥了教师的主导作用，限制了学生创造性思维的发展。教师应以训练学生创新能力为目的，保留学生自己的空间，尊重学生的爱好、个性和人格，以平等、宽容、友善的态度对待学生，使学生在教育教学过程中能够与教师一起参与教学，做学习的主人，形成一种宽松和谐的教育环境。

（二）教师应当充分鼓励学生独立思考，在鼓励独创中培养学生的发散思维能力

为了提升学生思维的灵活性，教师在数学教学中不仅要教给学生数学知识，而且要揭示获取知识的思维过程。培养学生的发散思维，应围绕以下几个方面进行：

第一，淡化标准答案，鼓励多向思维。教师在教学中要多表扬少批评，让学生建立自信，承认自我同时鼓励学生求新，训练学生沿着新方向、新途径去思考新问题，弃旧图新、超越已知。

第二，打破常规，弱化思维定式，培养学生反向思维的能力。数学教学中应当增强数学思维的变化性，为学生提供思维的广泛联想空间，使学生在处理问题时能够从多种角度进行考虑，并迅速地建立起自己的思路，真正做到"举一反三"。

第三，延迟评价。延迟评价可以给学生创设一种畅所欲言、互相启发的氛围，使学生在有限的时间内提出尽可能多的创造性设想，因而有助于培养学生的发散思维能力。在学生思维启动的过程中，别人的、特别是教师的过早评价，往往会成为思维展开的抑制因素。正因为如此，我们在课堂上应当表现出极大的耐心，给学生充分的时间，让他们驰骋联想、各抒己见。在这种情况下，学生们会有一种"安全感""自由感"，从而无拘束、无顾虑地针对问题展开积极的思维活动和语言活动，起到相互启发的作用。

第四，采用变式教学。变式是指变换问题的条件或形式，而问题的实质不改变，只改变其形态或者通过引入新条件、新关系将所给的问题或条件变换成具有新形态、新性质的问题或条件，以达到加强"双基"、训练思维和提高能力的目的。

它不仅是一种教学途径，而且是一种重要的思想方法。教学实践表明，变式教学对于培养学生思维的灵活性有很大作用。例如，在概念教学中，使学生用等值语言叙述概念；数学公式教学中，要求学生掌握公式的各种变形，这些都有利于培养思维的灵活性。教师运用有深度的语言，创设情境，激励学生打破自己的思维定式，从独特的角度提出疑问。能够打破常规，并且勇于实践、验证，寻求解决的途径，是具有创新意识的学生必备的素质，从而在分析和解决问题的过程中，学生能够别出心裁地提出新颖的想法和解法。教师鼓励学生别出心裁地思考问题，大胆提出与众不同的意见和质疑，独辟蹊径地解决问题。

（三）在鼓励独创中，培养学生的发散思维能力

心理学研究表明，创造性既非与生俱来，也不是少数尖子生所特有的。85%的创造性，只需要具有中等或中等以上的智力。教师在教学中要多表扬、少批评，让学生建立自信、肯定自我，同时鼓励学生求新。训练学生沿着新方向、新途径去思考新问题，弃旧图新、超越已知，寻求首创性的思维。

第一，淡化标准答案，鼓励多向思维。学习知识要不唯书、不唯上、不迷信老师和家长、不轻信他人。应倡导让学生提出与教材、老师不同的见解，鼓励学生敢于和同学、老师争辩。

单向思维大多是低水平的发散，多向思维才是高质量的思维。只有在思维时尽可能多地给自己提一些"假如……""假定……""否则……"之类的问题，才能强迫自己换另一个角度去思考，想自己或别人未曾想过的问题。在寻求"唯一正确答案"的影响下，学生往往是受教育越多，思维越单一，想象力也越有限。这就要求教师要充分挖掘教材的潜在因素，在课堂上启发学生，展开丰富合理的想象，对作品进行再创造。

第二，学会反向思维。反向思维也叫逆向思维，它是朝着与认识事物相反的方向去思考问题，从而提出不同凡响的超常见解的思维方式。反向思维不受旧观念束缚，积极突破常规，标新立异，表现出积极探索的创造性。另外，反向思维不满足于"人云亦云"，不迷恋于传统看法，但是反向思维并不违背生活实际。

在分析和解决问题的过程中，学生能够别出心裁地提出新奇的想法和见解，这是思维独创性的表现。教师应满腔热情地鼓励他们别出心裁地思考问题，大胆地提出与众不同的意见与质疑，独辟蹊径地解决问题，这样才能使学生思维从求异、发散向创新推进。实际上，独创往往蕴含于求异和发散之中，经常诱导学生思维发散，才有可能出现超出常规的独创；反之，独创性又丰富了发散思维，促使思维不断地向横向与纵向发散。

（四）创设实验型思维情境

在数学教学中，教师应尽可能为学生提供概念、定理的实际背景，设计定理、

公式的发现过程，让学生的思维经历一个从模糊到清晰、从具体到抽象、从直觉到逻辑的过程。再由直观、粗糙向严格、精确的追求过程中，使学生体验数学发展的过程，领悟数学概念、定理的根本思想，掌握定理证明过程的来龙去脉，增强数学学习的自觉性。另外，还要让学生在对概念形成过程的分析中更多主动参与，以便学生在"做数学"的过程中提升独立思考的能力，这对于培养发散性的思维能力起着至关重要的作用。

（五）数学教学中要发挥知识的智力因素

灵活多变的教学是培养学生创新能力的重要途径，这是由于一个数学问题经常有许多不同的表现形式或不同的表达方式，这有利于学生创新思维能力的发展。在数学教学中，教师引导学生从平常中发现不平常，不受"定势"或"模式"的束缚，去探索各种结论或未确定条件的各种可能性。这样充分发挥知识的智力因素，有利于逐步培养学生的发散思维能力。多种思路（方法）解题特别能调动学生思维的积极性和创造性，知识的综合性决定了思维活动发展的多样性。发散思维富于创造性，能够提供大量的新思路、新方法，教师要采用灵活多变的教学方法，创设情景，着力营造一种轻松愉快的学习氛围，从而培养学生的学习兴趣和热情，用妙趣横生的数学问题吸引学生思考、探索、创新。

参考文献

[1] 谢富华. 浅谈中学数学教学的现状与对策 [J]. 中学时代，2012（04）：6-7.

[2] 赵文彬. 中小学数学教学的衔接探索与实践 [J]. 中学数学，2014（24）：51-52+58.

[3] 吕子琦. 试述当前中学数学教学的现状与优化策略 [J]. 中华少年，2015（29）：194.

[4] 杨峰. 浅析中学数学课堂教学 [J]. 中国校外教育，2015（16）：73.

[5] 庞伟，邓玉林. 中学数学课堂教学有效性的探究 [J]. 才智，2014（15）：89.

[6] 宋鸿梨. 中小学数学的衔接研究 [D]. 华中师范大学硕士学位论文，2011.

[7] 陈海娃. 中学数学教学方法现状的调查研究 [D]. 华中师范大学硕士学位论文，2011.

[8] 王光明. 数学教学效率研究 [D]. 南京师范大学硕士学位论文，2005.

[9] 谢宁艳. 小学与初中数学学习衔接研究 [D]. 湖南师范大学硕士学位论文，2016.

[10] 徐锦乐. 中学数学教学诊断现状的调查研究 [D]. 云南师范大学硕士学位论文，2016.

[11] 游佳佳. 高中数学"学案导学"教学模式应用研究 [D]. 福建师范大学硕士学位论文，2015.

[12] 曹光明. 关于目前初中数学课堂教学现状的思考及对策 [J]. 新课程（下），2016（04）：190.

[13] 史永江. 初中数学课堂教学的现状及对策 [J]. 甘肃教育，2017（10）：79.

[14] 段学仙. 初中数学课堂教学的师生互动现状与对策 [J]. 课程教育研究，2017（25）：138-139.

[15] 周艳. 中小学数学衔接教学的对策研究 [D]. 苏州大学硕士学位论文，2007.

[16] 丁文. 中小学数学教学衔接问题研究 [D]. 华中师范大学硕士学位论文，2015.

[17] 吕世虎. 中国当代中学数学课程发展的历程及其启示 [D]. 东北师范大学硕士学位论文，2009.

[18] 杨孝斌. 中小学"数学情境与提出问题"教学研究探析 [D]. 贵州师范大学硕士学位论文，2004.

[19] 谢明初，孙旭花. 中小学数学教育国际化趋势及影响 [J]. 外国中小学教育，2013（12）：44-49.

[20] 杨庆生，高耀华. 中小学数学教育的改革趋势 [J]. 乌鲁木齐成人教育学院学报，2001（01）：48-51.

[21] 张冬梅，郑红飞. 学案导学教学模式：理论、实践与展望 [J]. 吉林省教育学院学报，2016，32（07）：117-120.

[22] 国佳. 数学新课程理念下的学案导学教学模式研究 [D]. 天津师范大学硕士学位论文，2009.

[23] 刘美慧. 初中数学"学案导学"教学模式研究 [D]. 聊城大学硕士学位论文，2014.

[24] 成敬瑜. 学案导学在初中数学教学中存在的问题及对策研究 [D]. 天津师范大学硕士学位论文，2014.

[25] 李靖雪. 中小学数学教学中合作学习模式的应用探讨 [J]. 才智，2016（15）：16.

[26] 吕传汉，汪秉彝. 中小学教学的一种基本教学模式——中小学"情境—问题"教学模式 [J]. 贵州师范大学学报（自然科学版），2005（01）：86-90.

[27] 王敏雪. 数学教学目标在中小学数学课堂教学中的应用研究 [D]. 云南师范大学硕士学位论文，2017.

[28] 常磊. 中小学数学教学情境的国际比较研究 [D]. 华东师范大学硕士学位论文，2017.

[29] 杨文. 小学数学小组合作学习教学模式的实践探究 [D]. 湖南师范大学硕士学位论文，2014.

[30] 王晴晴. 小学数学教学生活化研究 [D]. 山东师范大学硕士学位论文，2014.

[31] 姜燕. 高中数学概念教学案例研究 [D]. 四川师范大学硕士学位论文，2012.

[32] 李荣. 初中数学分层教学研究 [D]. 信阳师范学院硕士学位论文，2014.

[33] 姚朋利. 中学数学分层教学研究 [D]. 信阳师范学院硕士学位论文，2014.

[34] 李洋. 信息技术与中学数学课程整合的实践探究 [D]. 辽宁师范大学硕士学位论文，2011.

[35] 田曼曼. 高中数学概念及其教学模式研究 [D]. 河南大学硕士学位论文，2012.

[36] 卢仲学. 高中数学概念教学模式研究 [D]. 西北师范大学硕士学位论文，2007.

[37] 屈改婷. 延安市小学数学教学生活化研究 [D]. 延安大学硕士学位论文，2016.

[38] 李姣. 高中数学概念课堂教学设计研究 [D]. 湖南师范大学硕士学位论文，2016.

[39] 任亚楠. 高中数学情境教学的有效性研究 [D]. 福建师范大学硕士学位论文，2016.

[40] 黄银生. 小学数学翻转课堂的实践与思考 [J]. 教师博览（科研版），2015（10）：72-73.

[41] 陈康金. 初中数学概念教学模式的分析 [J]. 中学数学教学参考，2015（36）：39.

[42] 王雪玲. 翻转课堂教学模式在小学数学教学中的应用 [J]. 新课程研究（下旬刊），2016（04）：48-49.

[43] 周凤梅. 初中数学生活化教学探略 [J]. 考试周刊，2016（25）：60.

[44] 史春香. 初中数学概念课有效教学模式初探 [J]. 吉林教育，2016（24）：119-120.

[45] 徐丹阳，张维忠. 初中数学概念课教学模式案例简析 [J]. 中学数学教学参考，2002（07）：10-11.

[46] 孙永嘉. 支架式教学模式在初中数学概念教学中的应用研究 [D]. 鲁东大学硕士学位论文，2017.

[47] 韩晓雪. 初中数学概念课导入方法研究 [D]. 内蒙古师范大学硕士学位论文，2017.

[48] 于清. 初中数学"概念课"教学模式探索 [J]. 新课程学习（上），2014（04）：42-43+45.

[49] 刘秀明. 关于小学数学生活化教学的思考 [J]. 课程教育研究，2014（32）：169-170.

[50] 李庆英. 网络环境下小学数学探究教学策略研究 [D]. 江苏师范大学硕士学位论文，2013.

[51] 秦性杰. 情境教学在中学数学教学中的应用探究 [D]. 河南大学硕士学位论文，2014.

[52] 刘刃白. 高中数学多媒体辅助教学的实效研究 [D]. 广州大学硕士学位论文，2013.

[53] 刁守娣. 小学数学翻转课堂的课例研究 [D]. 山东师范大学硕士学位论文，2015.

[54] 李金洁. 小学高年级数学探究式教学研究 [D]. 河北师范大学硕士学位论文，2015.

[55] 吴峥. 基于翻转课堂理论的小学数学个别化教学模式 [D]. 华东师范大学硕士学位论文，2014.

[56] 吴慧伶. 小学数学探究式教学模式初探[J]. 科教文汇（上旬刊），2009（04）：139.

[57] 刘颖斯. 试论初中数学探究教学模式的实施与应用[J]. 科技资讯，2009（27）：171.

[58] 潘恭银. 发挥师生互动在中学数学教学中的作用[J]. 教育教学论坛，2009（03）：183-184.

[59] 彭光明. 转变教学模式，提高农村数学教师的教学效果[J]. 兴义民族师范学院学报，2011（01）：77-80.

[60] 罗继舟. 初中数学情境教学浅析[J]. 才智，2011（20）：107-108.

[61] 李伟. 小学数学探究式教学模式初探[J]. 黑河学刊，2011（11）：158.

[62] 孟繁微. 小学数学探究式教学的实践研究[J]. 赤子（中旬），2014（02）：257.

[63] 王淑玉，高文君，薛琳. 中学数学情境教学法的探讨与实践[J]. 洛阳师范学院学报，2014，33（05）：133-135.

[64] 周艳. 初中数学探究性学习的策略研究[J]. 科学大众（科学教育），2014（05）：32+6.

[65] 王国芹. 职业中学数学分层教学的探讨[J]. 科学大众（科学教育），2014（08）：126.

[66] 张海华. 中学数学课堂中师生互动有效性研究[J]. 华夏教师，2014（10）：56.

[67] 苟天发. 小学数学探究式教学模式初探[J]. 求知导刊，2014（06）：40.

[68] 张宝霞. 中学数学教学中使用多媒体教学的误区[J]. 中国校外教育，2017（03）：164.

[69] 李静，朱晓明. 多媒体技术在数学教学中的利与弊分析[J]. 电脑知识与技术，2017，13（12）：177-178.

[70] 董雪梅. 信息技术条件下的中学数学教学分层教学[J]. 赤子（上中旬），2017（06）：268.

[71] 李伟蓉. 初中数学探究性教学应注意的几个问题分析[J]. 教育现代化，2017，4（31）：269-270.

[72] 余承荣. 翻转课堂在小学数学教学中的运用[J]. 西部素质教育，2017，3（18）：151-152.

[73] 马鸣. 初中数学探究式教学方法刍议[J]. 新课程研究（基础教育），2010（03）：52-53.

[74] 胡朝勇，吴波. 中学数学情境教学中学生提问能力的教学研究[J]. 科技信息，2010（02）：327-328.

[75] 李杰，王文彦. 教学改革中多媒体教学应用的探索[J]. 中国西部科技，2010，9（27）：91-92.

[76] 买买提江·玉山. 探究性教学模式在初中数学教学中的应用[J]. 赤子（上中旬），2014（09）：83.

[77] 岳胜. 中学数学课堂上的创新教学[J]. 才智，2015（04）：82.

[78] 田鸿雁. 浅谈中学数学教学中的互动和启发[J]. 中国校外教育，2015（02）：64.

[79] 热汗古丽·阿不都克然木. 新课程下的情境教学设计浅析[J]. 赤子（上中旬），2015（14）：178.

[80] 张晨莹. 普通高中翻转课堂教学模式探究与实践——以G高中为例[J]. 郑州师范教育，2015，4（05）：40-44.

[81] 蒋蕾. 中学数学情景教学模式的有效运用[J]. 群文天地，2012（13）：228.

[82] 任慧东. 中学数学课堂分层教学的模式构建研究[J]. 读与写（教育教学刊），2012，9

（08）：116.

[83] 王海永. 小学数学翻转课堂教学浅议 [J]. 中国培训，2015（08）：168.

[84] 王洪燕. 中学数学教学改革研究 [J]. 亚太教育，2016（23）：151.

[85] 陈辉. 翻转课堂教学模式在小学数学教学中的应用 [J]. 读与写（教育教学刊），2016，13（08）：205.

[86] 李俊. 新课标理念下中学数学情境教学模式探讨 [J]. 西部素质教育，2016，2（17）：163.

[87] 刘佳佳. 互动教学模式在中学数学教学中的实践探究 [D]. 河南大学硕士学位论文，2015.

[88] 黄青. 农村中学实施数学分层教学的问题与对策研究 [D]. 湖南师范大学硕士学位论文，2015

[89] 秦耀新. 高中数学情境教学策略的实证研究 [D]. 广西师范大学硕士学位论文，2005.

[90] 刘艳菊. 初中数学分层教学的实践研究 [D]. 东北师范大学硕士学位论文，2007.

[91] 章帼. 初中数学分层教学的实践研究 [D]. 江西师范大学硕士学位论文，2005.

[92] 张竹萍. 高中数学情境教学研究 [D]. 山东师范大学硕士学位论文，2005.

[93] 李化友. 新课程理念下中学数学课堂互动教学模式初探 [D]. 山东师范大学硕士学位论文，2005.

[94] 蒋淑莲. 高中数学情境教学的实践与探索 [D]. 上海师范大学硕士学位论文，2006.

[95] 岳冰洁. 中学数学翻转课堂的教学设计研究 [D]. 辽宁师范大学硕士学位论文，2015.

[96] 孙占红. 翻转课堂教学模式在小学数学教学中的应用 [J]. 数学大世界（上旬），2016（12）：15.

[97] 陈彬. 翻转课堂教学模式在小学数学教学中的应用 [J]. 数学大世界（上旬），2016（10）：55.

[98] 顾梦亚. 数学生活化教学策略探研 [J]. 成才之路，2017（17）：45.

[99] 姚建国. 小学数学生活化教学相关举措探析 [J]. 新课程（中），2017（10）：255.

[100] 洪文质. 生活化教学使中学数学教学更精彩 [J]. 语数外学习（高中版中旬），2017（07）：59.

[101] 张延岭. 翻转课堂教学模式在小学数学教学中的应用 [J]. 考试周刊，2018（14）：117.

[102] 沈艳微. 中学数学课堂师生互动研究 [D]. 辽宁师范大学硕士学位论文，2009.

[103] 高育梅. 初中数学情境教学的有效性研究 [D]. 上海师范大学硕士学位论文，2009.

[104] 周海燕. 中职数学教学生活化的实践研究 [D]. 上海师范大学硕士学位论文，2010.

[105] 董怀金. 中学数学课堂师生互动研究 [J]. 才智，2018（03）：105.

[106] 闫柄瑞. 农村中学数学教学问题调研 [D]. 河南大学硕士学位论文，2013.

[107] 郭宏梅. 多媒体教学在中学数学教学中的作用 [J]. 学周刊，2013（19）：128-129.

[108] 陈宇. 情境教学在高中数学教学中的应用 [D]. 苏州大学硕士学位论文，2009.

[109] 王瑞华. 高中数学教学生活化研究 [D]. 内蒙古师范大学硕士学位论文，2011.

[110] 王家平. 关于中学数学生活化教学实践模式探讨 [J]. 语数外学习（数学教育），2012（04）：47.